GERHARD ENGELMANN

DIE HOCHSCHULGEOGRAPHIE IN PREUSSEN 1810–1914

ERDKUNDLICHES WISSEN

SCHRIFTENREIHE FÜR FORSCHUNG UND PRAXIS
HERAUSGEGEBEN VON ADOLF LEIDLMAIR,
EMIL MEYNEN UND ERNST PLEWE

HEFT 64

GEOGRAPHISCHE ZEITSCHRIFT · BEIHEFTE

FRANZ STEINER VERLAG GMBH WIESBADEN
1983

GERHARD ENGELMANN

DIE HOCHSCHULGEOGRAPHIE

IN PREUSSEN 1810-1914

FRANZ STEINER VERLAG GMBH WIESBADEN
1983

Zuschriften, die die Schriftenreihe „Erdkundliches Wissen" betreffen, erbeten an:
Prof. Dr. E. Meynen, 5300 Bonn 2, Langenbergweg 82
oder
Prof. Dr. E. Plewe, 6900 Heidelberg, Roonstr. 16

Gedruckt mit Unterstützung des Förderungs- und Beihilfefonds Wissenschaft der VG Wort

CIP-Kurztitelaufnahme der Deutschen Bibliothek
Engelmann, Gerhard:
Die Hochschulgeographie in Preussen 1810–1914 / von Gerhard Engelmann. – Wiesbaden : Steiner, 1983.
   (Erdkundliches Wissen ; H. 64)
   ISBN 3-515-03984-8
NE: GT

Alle Rechte vorbehalten
Ohne ausdrückliche Genehmigung des Verlages ist es auch nicht gestattet, das Werk oder einzelne Teile daraus nachzudrucken oder auf photomechanischem Wege (Photokopie, Mikrokopie usw.) zu vervielfältigen. © 1983 by Franz Steiner Verlag GmbH, Wiesbaden.
Printed in Germany

VORWORT

> Das Zweifeln ist die Quelle der Forschung
> wie die Unzufriedenheit der Sporn zum Fortschritt.
> Albrecht Penck 1897

Unter den Männern, denen die Geographie ihre Entwicklung im 19. Jahrhundert verdankt, stehen die Vertreter der Geographie als Hochschulwissenschaft an vorderer Stelle. Sie wurden bisher aus ihrem Wirken gewürdigt. Nunmehr soll zugleich ihre berufliche Tätigkeit auf archivalischer Grundlage dargestellt werden. Die Beiträge beschränken sich auf die Vertreter der Hochschulgeographie an den preußischen Universitäten in den Jahren 1810 bis 1914. Sie gründen sich auf die Akten des ehemaligen Preußischen Geheimen Staatsarchivs, dessen Bestände im Potsdamer Zentralen Staatsarchiv und seiner Dienststelle Merseburg aufbewahrt werden. Ausgewählte Dokumente werden im vollen Wortlaut mitgeteilt. Das benutzte Schrifttum wird in Auswahl genannt.

Mögen die vorliegenden Beiträge auch den jüngeren Generationen willkommen sein. Wer in die Zukunft schreitet, muß wissen, woher er kommt.

Potsdam, 1983

Gerhard Engelmann

INHALTSVERZEICHNIS

Vorwort V

Die Hochschulgeographie in Preußen nach archivalischen Quellen

1.	Die Zeit der klassischen Geographie	3
1.1.	In der Gründungszeit der Berliner Universität 1810–1817	3
1.1.1.	Universität Berlin – August Zeune	6
1.2.	Im Zeichen Alexander v. Humboldts und Carl Ritters 1817–1859	8
1.2.1.	Universität Berlin – Carl Ritter	10
1.2.2.	Universität Halle-Wittenberg – Friedrich Hoffmann	24
1.2.3.	Universität Berlin – Alexander v. Humboldt	27
1.2.4.	Friedrich Hoffmann	29
1.2.5.	Universität Bonn – Georg Benjamin Mendelssohn	32
1.3.	Die stillen Jahre vor der Reichsgründung 1859–1870	35
1.3.1.	Universität Berlin	36
1.3.1.1.	Carl Ritters Lehrstuhl	36
	Ferdinand Müller	37
	Heinrich Barth	37
	Heinrich Kiepert	40
	Carl Eduard Meinicke	43
	Johann Eduard Wappäus	45
	Hermann Albert Daniel	45
	Carl Neumann	45
	August Petermann	46
	Julius Fröbel	48
	Ernst Kapp	50
1.3.1.2.	Nochmals Ritters Lehrstuhl	54
	Oscar Peschel	54
1.3.2.	Universität Göttingen – Johann Eduard Wappäus	55
1.3.3.	Universität Breslau – Carl Neumann	56
2.	Die Zeit der Neueren Geographie	59
2.1.	Die Aufbaujahre nach der Reichsgründung 1871–1881	59
	Adalbert Falks Richtlinien 1874	62
2.1.1.	Universität Halle-Wittenberg – Alfred Kirchhoff	63
2.1.2.	Universität Berlin – Heinrich Kiepert	67
2.1.3.	Kriegsakademie Berlin – Friedrich Marthe	68

2.1.4.	Universität Bonn – Ferdinand v. Richthofen	69
2.1.5.	Universität Königsberg – Hermann Wagner	78
2.1.6.	Universität Breslau – Joseph Partsch	79
2.1.7.	Universität Marburg – Johann Justus Rein	82
2.1.8.	Universität Kiel – Hans Christian Dreis	84
2.1.9.	Universität Kiel – Theobald Fischer	85
2.1.10	Universität Göttingen – Hermann Wagner	86
2.1.11	Universität Königsberg – Karl Zöppritz	87
2.1.12.	Universität Greifswald – Rudolf Credner	90
2.2.	Das Vierteljahrhundert unter Friedrich Althoff 1881–1907	92
	Friedrich Althoffs Denkschrift 1883	93
2.2.1.	Universität Bonn – Johann Justus Rein	94
2.2.2.	Universität Marburg – Theobald Fischer	95
2.2.3.	Universität Kiel – Otto Krümmel	98
2.2.4.	Universität Königsberg – Karl Zöppritz' Lehrstuhl	101
	Exkurs Friedrich Simony und seine Nachfolge in Wien	105
	Friedrich Hahn	110
2.2.5.	Akademie Münster – Richard Lehmann	112
2.2.6.	Universität Berlin	114
	Ferdinand v. Richthofen	114
	Eduard Hahn	124
	Wilhelm Sieglin	125
	Konrad Kretschmer	128
	Erich v. Drygalski	129
	Albrecht Penck	131
2.3.	Die letzten Jahre vor dem Ersten Weltkrieg 1908–1914	135
2.3.1.	Universität Berlin – Versuchte Wiederherstellung von Carl Ritters Lehrstuhl	135
3.	Hundert Jahre Hochschulgeographie in Preußen	137
3.1.	Die Wirksamkeit der Hochschullehrer an den Universitäten	137
3.2.	Die Bereitschaft zur Überlieferung im 20. Jahrhundert	140

Dokumente zur Hochschulgeographie in Preußen 143

Dok.		
	Universität Berlin	143
1–2	August Zeune	143
3–4	Carl Ritter	144
5	Ritters Nachfolge	148
	Universität Breslau	150
6	Carl Neumann	150
	Universität Göttingen	153
7	Johann Eduard Wappäus	153

		Universität Halle-Wittenberg 156
8		Alfred Kirchhoff 156
		Universität Berlin 157
9		Ferdinand v. Richthofen........................... 157
10		Richthofens Nachfolge............................. 166

Quellennachweis
Akte
   1– 76 Zentrales Staatsarchiv Potsdam mit Dienststelle Merseburg 171
 77– 92 Universitätsarchiv in Berlin 175
 93–102 Universitätsarchive in Bonn, Halle, Heidelberg, Kiel und Leipzig ... 176
103–109 Weitere Archive in Berlin 176
110–115 Staatsarchiv in Dresden 177
116–121 Weitere Archive in Dresden, Göttingen, Jena und Leipzig 178
122–123 Staatsarchiv in Potsdam 178

Autorenverzeichnis der benutzten Literatur 179
Autorenverzeichnis der benutzten Dokumente 183

Tafeln

DIE HOCHSCHULGEOGRAPHIE IN PREUSSEN NACH ARCHIVALISCHEN QUELLEN

1. DIE ZEIT DER KLASSISCHEN GEOGRAPHIE*)

1.1. IN DER GRÜNDUNGSZEIT DER BERLINER UNIVERSITÄT 1810–1817

Nach Preußens Zusammenbruch im Jahre 1806/07 galt für die Zukunft das Königswort: „Der Staat muß durch geistige Kräfte ersetzen, was er an physischen verloren hat." Die preußischen Reformer, die den niedergeschlagenen Staat wiederaufrichten wollten, sahen die Erneuerung in der Erziehung. In Königsberg, wo Hof und Regierung Zuflucht gefunden hatten, erhielt Wilhelm v. Humboldt am 28. Februar 1809 die „Sektion für Kultus und Unterricht" im Departement des Inneren übertragen. Er wollte die Erziehung der Nation unmittelbar in die Hände des Volkes legen. Als eine Voraussetzung dafür erschien ihm die Gründung einer Universität in Berlin. Sie sollte unter den bereits bestehenden Universitäten eine gehobene Stellung einnehmen[1]. Für diese Aufgabe gewann Wilhelm v. Humboldt[2] als seinen Mitarbeiter Georg Heinrich Ludwig Nicolovius[3]. Er stammte aus einer ostpreußischen Beamtenfamilie und hörte auf der Königsberger Universität noch Immanuel Kant. Nach Reisen begann er seine amtliche Tätigkeit in der bischöflichen Kammer zu Eutin in Holstein. Eine Reise mit Friedrich Leopold v. Stolberg führte ihn 1791 in die Schweiz und nach Italien. Unterwegs besuchte er Heinrich Pestalozzi auf dem Neuhof[4]. Humboldts Zusammenarbeit mit Nicolovius begann erfolgversprechend, wurde aber bald durch aufsteigende Kräfte der Reaktion erschwert. Unter Rulemann Friedrich Eylert, der 1817 als evangelischer Bischof Mitglied des Kultusministeriums wurde, wirkten in reaktionärem Sinne die Regierungsbevollmächtigten der Berliner Universität[5] und der Rektor des Joachims-

---

*) ADB = Allgemeine Deutsche Biographie 1875–1910
 NDB = Neue Deutsche Biographie 1953 ff.
 Akte = Akteneinheit s. im Quellenverzeichnis
 o.Bl. = ohne Blattzählung

1 Die Einrichtung der Universität zu Berlin. In: Akte 9. Koepke, R.: Die Gründung der Königlichen Friedrich-Wilhelms-Universität zu Berlin, nebst Anhängen über die Geschichte der Institute und den Personalbestand. Berlin 1860. Lenz, M.: Geschichte der Königlichen Friedrich-Wilhelms-Universität zu Berlin. Halle (S.) Bd. I 1910, Bd. II, 1 1910, Bd. II, 2 1918, Bd. III 1910. Spranger, E.: Wilhelm v. Humboldt und die Humanitätsidee. Berlin 1909.

2 Spranger, E.: Wilhelm v. Humboldt und die Reform des Bildungswesens. Berlin 1910.

3 Friedlaender, E. in ADB 23. 1886. Müsebeck, E.: Das Preußische Kultusministerium vor hundert Jahren. Stuttgart 1918. Lüdicke, R.: Die Preußischen Kultusminister und ihre Beamten im ersten Jahrhundert des Ministeriums 1817–1917. Stuttgart 1918, betr. L. Nicolovius.

4 Briefe von Nicolovius an Pestalozzi 1792–1821. Briefdrucke in: Pestalozzi-Blätter. Zürich 17. 1896, S. 35–49.

5 Die Anstellung der außerordentlichen Regierungsbevollmächtigten und der Universitätsrichter 1819–1845. In: Akte 7.

thaler Gymnasiums Bernhard Mauritz Snethlage, der die Jugend vom Vorwärtsdrängen abhielt. Wilhelm v. Humboldt entwarf noch die Denkschrift „Über die innere und äußere Organisation der höheren wissenschaftlichen Anstalten in Berlin" (1810) und berief die ersten Berliner Professoren. Dann schied er aus seiner Arbeit aus. Nicolovius blieb im Amt und vollzog den Abschluß der Universitätsgründung mit der Eröffnung der Lehrveranstaltungen am 18. September 1810. Er unterschrieb das Vorwort zum ersten Index Lectionum.

Mit der weiteren Einrichtung der Friedrich- Wilhelms- Universität wurde — da Alexander v. Humboldt nicht zugriff — Friedrich Schleiermacher betraut. Neben Nicolovius traten nunmehr Uhden und Süvern. Wilhelm v. Uhden[6] stammte aus einer Berliner Juristenfamilie und studierte in Halle die Rechte und in Göttingen Philologie, ehe er nach Rom ging. Von da rief ihn Wilhelm v. Humboldt 1809 in die Sektion für Kultus and Unterricht, in der er noch an der Berliner Universitätsgründung mitarbeiten konnte, indem er vergleichsweise deutsche Universitäten aufsuchte. In seinem Bericht erwähnte er nur eine geographische Vorlesung an der Universität Göttingen, wo sich Arnold Heeren als Historiker durch seine Beschäftigung mit Handel und Verkehr der antiken Völker der Geographie genähert hatte[7]. Johann Wilhelm Süvern[8] war Westphale und stammte aus einem Pfarrhause. Sein Theologiestudium in Jena und Halle verband er mit seiner pädagogischen Ausbildung. Er wurde Rektor der Gymnasien in Thorn und Elbing und lehrte seit 1807 als Professor der Geschichte an der Universität Königsberg. 1808 übernahm er in der Sektion für Kultus und Unterricht das Referat für die Gymnasien. Süvern hielt eine Reform des preußischen Schulwesens für unumgänglich und sandte zur Vorbereitung einer neuen Volkserziehung „preußische Eleven" zu Pestalozzi nach Iferten[9]. Er wollte Pestalozzis persönlichem Werke im preußischen Staate rechtliche Gültigkeit verleihen und forderte in seinem Schulgesetzentwurfe von 1819 die Einheitsschule. Aber Süverns Schulgesetz scheiterte am Widerstand des steigenden kirchlichen Einflusses.

Die Bildung des Lehrkörpers der Berliner Universität wurde dadurch erleichtert, daß schon vor der Gründung der Universität in der Stadt ein Vortragswesen für Hörer aller Stände über wissenschaftliche, vor allem praktisch ausgerichtete naturwissenschaftliche Themen bestand. Friedrich Nicolai zählte 1786 in seiner „Beschreibung von Berlin und Potsdam" 21 Lehrende auf. Nach den Kriegen bis 1815 wurden feste Lehrkurse eingerichtet, deren Hörsäle über die Stadt verstreut lagen. Die Bekanntgabe dieser Lehrveranstaltungen erfolgte in den „Berlinischen Nachrichten von Staats- und gelehrten Sachen" (Haude & Spener), die auch Vorlesungen „im Heinrichschen Palais" ankündigten. Die neugegründete Universität wies in ihrem

---

6 Müsebeck 1918, Lüdicke 1918, I. Crusius in NDB 8. 1969 betr. W.v. Uhden.

7 Bericht des Herrn Staats Raths Uhden über die Bereisung mehrerer Universitäten Deutschland im Jahre 1810. In: Akte 10, Bl. 1–6 (4). Heeren. A.: Ideen über die Politik, den Verkehr und den Handel der vornehmsten Völker der alten Welt. Göttingen 1793–1796, 4.Afl. 1824–1826.

8 Dilthey, W. in ADB 37. 1894, Müsebeck 1918, Lüdicke 1918 betr. J.W. Süvern.

9 Briefe Süverns an die preußischen Eleven in Yverdun 1810–1812. Briefdrucke in: Pestalozzi-Blätter. Zürich 15. 1894, S. 52–60.

Schlußericht über die „Einrichtung der Universität" vom 22. September 1810 58 Lehrende aus: 24 ordentliche (o.) Professoren, 9 außerordentliche (ao.) Professoren, 14 Privatdozenten, 5 Lektoren und 6 Lesende Mitglieder der Akademie der Wissenschaften[10].

Die Berliner Akademie der Wissenschaften trat in ihrem von Alexander v. Humboldt mitgestalteten Akademiestatut von 1812 für ein fortschrittlich ausgerichtetes wissenschaftliches Arbeiten ein. Da sie seit 1810 ihre eigenen Forschungseinrichtungen der Universität zur Verfügung stellte und sie ihr schließlich abtrat, bestand die Betätigung der Akademie in der Folgezeit neben ihrer Gutachtertätigkeit in der Abhaltung von Sitzungen mit Vorträgen ihrer ordentlichen Mitglieder und in der Herausgabe eigener Jahresschriften mit den Forschungsergebnissen der Mitglieder. Ihr Ansehen beruhte damals auf Altertumskunde, Geschichte und philologischen Editionen. – Die Verbindung der Akademie mit der Universität bestand in der Einrichtung der „Lesenden Akademiemitglieder". Leibniz hatte bei ihrer Gründung im Jahre 1700 durchgesetzt, daß die „Societät" vor Hörern, die nicht Akademiker waren, keine Vorträge zu halten brauchte. Den Wunsch Friedrichs II., sie möge sich zugleich als Lehranstalt nützlich machen, lehnte die Akademie ab. Doch die Beteiligung von Akademiemitgliedern am Berliner Vortragswesen und ihr Eintritt in den Lehrkörper, insbesonders in die Philosophische Fakultät der Universität führten Akademie und Universität enger zusammen. Wilhelm v. Humboldt stellte in seiner Denkschrift von 1810 fest: „Akademie und Universität sind beide gleich selbstständig, allein insofern verbunden, daß sie gemeinsame Mitglieder haben, da die Universität alle Akademiker zu dem Rechte, Vorlesungen zu halten, zuläßt"[11]. Diese Gleichstellung ging in die Akademiestatuten von 1812 ein und wurde durch das Statut von 1838 auf alle preußischen Universitäten ausgedehnt. Unter den Geographen wirkten zeitweise als Lesende Akademiemitglieder Alexander v. Humboldt (WS 1827/28) und Heinrich Kiepert (WS 1855/56 bis WS 1859/60). Mitglieder der Akademie waren während der Berichtszeit Alexander v. Humboldt (ao. Mitglied 1800, o. 1805), Carl Ritter (o. 1822), Heinrich Kiepert (o. 1853), Heinrich Barth (korr. 1855), Ferdinand v. Richthofen (korr. 1881, o. 1899) und Albrecht Penck (o. 1906)[12].

Gleichzeitig mit der Gründung der Berliner Universität setzte eine Reform des militärischen Erziehungswesens in Preußen ein. Die „Kriegsschulen" der einzelnen Waffengattungen und Heereseinheiten waren nach dem Friedensschluß von Tilsit aufgelöst worden. Die 1804 von Gerhard v. Scharnhorst eingerichtete „Akademie

---

10 Eckenstein, J.: Der akademische Mentor für die Studierenden der Friedrich-Wilhelms-Universität zu Berlin. Ein praktisches Handbuch für Studierende sowohl als für Ältern und Vormünder, welche ihre Pflegebefohlenen dieser Universität anvertrauen wollen, Berlin 1835.
11 Harnack. A.: Geschichte der Königlich Preußischen Akademie der Wissenschaften zu Berlin. Berlin 1900, 1901.
12 Amburger, E.: Die Mitglieder der Deutschen Akademie der Wissenschaften zu Berlin 1700 –1950. Berlin 1950. Biermann, K.–R. u. G. Dunken: Deutsche Akademie der Wissenschaften zu Berlin. Biographischer Index der Mitglieder. Berlin 1960.

für junge Offiziere" wurde maßgebend für die Gründung einer „Allgemeinen Kriegsschule", die dem Chef des Generalstabes unterstellt wurde. Sie erhielt Hochschulrang und 1859 den Namen „Kriegsakademie". Vorsitzender der Studienkommissionen der Lehranstalt wurde wiederholt August Rühle v. Lilienstern, der seine militärische Erziehungsarbeit als Generalinspektor des preußischen Militärbildungswesens beendete. Rühle hielt trotz eintretender Schwierigkeiten am Hochschulcharakter der Kriegsschule fest und erwog die Übernahme des Lehrgutes auf die Universität. Carl v. Clausewitz, der nur Verwaltungsdirektor der Kriegsschule, jedoch der Verfasser des Werkes „Vom Kriege" (1832–1837) war, trat für eine polytechnische Fachhochschule zur Heranbildung von Generalstabsoffizieren und von Truppenführern ein. Das Ziel wurde durch die Instruktion vom 22. März 1868 erreicht. Diesen Charakter behielt die Kriegsakademie bis zu ihrer Auflösung im Jahre 1919[13]. Unter den Geographen war für Carl Ritter Gerhard v. Scharnhorst „mein näherer Freund, derjenige, welcher unter dem hiesigen Offiziers-Corps das größte Interesse von jeher für Geographische Wissenschaft und Studien und meine Betreibung derselben insbesondere gezeigt hat"[14]. Als Geographen lehrten an der Allgemeinen Kriegsschule Carl Ritter (1820–1853), Ferdinand Müller (1853–1871), Alfred Kirchhoff (1871–1873), Friedrich Marthe (1873–1893) und Konrad Kretschmer (1893–1907).

1.1.1. Universität Berlin – August Zeune

Die Geographie war unter den Lehrfächern der Universität seit der Gründung der Hochschule vertreten[15]. Im Schlußbericht der Sektion Kultus und Unterricht vom 22. September 1810 wird unter den ao. Professoren August Zeune aufgeführt[16]. Zeune studierte an der kursächsischen Universität Wittenberg, an der sein

13 Scharfenort, L.v.: Die Königlich Preußische Kriegsschule 1810–1910. Im dienstlichen Auftrag aus amtlichen Quellen zusammengestellt. Berlin 1910.
14 Zitiert nach L. Zögner: Carl Ritter in seiner Zeit 1779–1859. Ausstellungskatalog Nr. 11 der Staatsbibliothek Preußischer Kulturbesitz. Berlin 1979, S. 106.
15 Wagner, H.: Die Pflege der Geographie an der Berliner Universität im ersten Jahrhundert ihres Bestehens 1810–1910. In: Petermanns Geographische Mitteilungen. Gotha 56. 1910 II. Teil, S. 169–176. Penck. A.: Die erdkundlichen Wissenschaften an der Universität Berlin. Rede zur Gedächtnisfeier der Berliner Universität ... am 3. August 1918 gehalten. Berlin 1918. Haefke, F.: 150 Jahre Geographie an der Berliner Universität. In: Berliner Geographische Arbeiten, Beitrag 31. In: Wissenschaftliche Zeitschrift der Humboldt-Universität. Mathematisch-Naturwissenschaftliche Reihe X. 1961, S. 5–12. Lembke, H.: Das Geographische Institut der Berliner Humboldt-Universität. Abteilung Physische Geographie. In: Geographische Berichte. Gotha 11. 1966, S. 316–317.
16 Berghaus, H.: August Zeune. In: Hertha. Zeitschrift für Erd-, Völker- und Staatenkunde. Stuttgart 5. 1826. S. 376–379. Fränkel, L. in ADB 45. 1900. Preuß, H.: Johann August Zeune in seiner Bedeutung für die Geographie. Halle (S.) Diss. Naturwiss. Fakultät 1950 (mit Bibliographie). Preuß, H.: Johann August Zeune als Hauptvertreter der „reinen" Geographie. In: Erdkunde. Archiv für wissenschaftliche Geographie. Bonn 12. 1958, S. 277–284 (mit Bibliographie). Preuß, H.: J.A. Zeune in seinem Einfluß auf Carl Ritter. In: Die Erde. Zeitschrift der Gesellschaft für Erdkunde zu Berlin 90. 1959, S. 230–240.

Vater Professor der griechischen Literatur war, Theologie. Dabei wandte er sich — vom Kirchenhistoriker betreut — auch der Geographie zu. Seine Dissertation „De Historia Geographiae" (1802) behandelte wissenschaftshistorische Fragen, auch las er in Wittenberg WS 1802/03 über „Neue und Historische Geographie." Dabei blieb er innerlich mit den Wegbereitern der Geographie im 18. Jahrhundert verbunden, die beide Theologen waren. Eberhard David Hauber[17] hatte eine historische oder Universal-Geographie verfaßt, die eine Übersicht über die zersplitterten Territorialverhältnisse mit ihren verwickelten Rechts- und Grenzfragen gab, sowie die geographischen Kenntnisse der Antike und des Entdeckungszeitalters kritisch zusammenfaßte. Haubers Stadthagener Schüler Anton Friedrich Büsching[18] beschrieb als Göttinger Professor der Theologie den gegenwärtigen Zustand der Erdoberfläche nach ihrer natürlichen und „bürgerlichen" Verfassung. — Zeune ging in seinen „Erdansichten"[19] von der Natur aus und schrieb: „Was der Mensch erwirkt, indem er Städte und Dörfer baut, Kanäle gräbt, Heerstraßen und Meeresdämme anlegt, das alles hat eine Seite, welche ihm von der Natur des Landes diktiert wird." (S. 114). „Wenn wir Erdkunde vortragen wollen, muß durchaus von dem Leben der Erde (nicht des Menschengeschlechts) ausgegangen werden, da das Leben der Menschheit durch das allgemeine Erdleben bedingt ist." (S. 126). Bei der Gliederung der Erdoberfläche suchte Zeune durch Gebirgszüge abgegrenzte „natürliche" Räume auszusondern. Durch diese „Reine Geographie" glaubte er der geographischen Wissenschaft „eine neue Bahn" gebrochen zu haben.

Von Wittenberg wechselte Zeune nach Berlin über, wo er am Gymnasium zum Grauen Kloster Anstellung fand. Nach seiner Begegnung mit dem Pariser Begründer der ältesten Blindenanstalt erhielt er den Auftrag, in Berlin die erste deutsche Blindenanstalt einzurichten (1806). In den Wintersemestern 1803/04, 1805/06 und 1807/08 beteiligte er sich an dem Berliner Vortragswesen. Die vorwiegend physisch-geographischen Vorträge faßte er 1808 in seinem Lehrbuch „Gea" zusammen[20]. Seine spätere Wendung zum „Natur-und Völkerleben" wurde durch die geographische Betrachtung Ritters bewirkt. Für seine kartographischen Entwürfe die Priorität vor Ritter nachzuweisen, gelang Zeune nicht. Als Blindenlehrer entwickelte er einen Reliefglobus, den er als „Tasterdkugel" seinen „Erdansich-

---

17 Oehme, R.: Eberhard David Hauber (1695–1765). Ein schwäbisches Gelehrtenleben. In: Veröffentlichungen der Kommission für geschichtliche Landeskunde in Baden-Württemberg. Reihe B: Forschungen. Stuttgart 88. 1976.
18 Plewe, E.: D. Anton Büsching. Das Leben eines deutschen Geographen in der zweiten Hälfte des 18. Jahrhunderts. In: Stuttgarter Geographische Studien. Stuttgart 69. 1957, S. 107–120. Plewe, E.: Studien über D. Anton Büsching. In: Geographische Forschungen (Hans Kinzl-Festschrift) Innsbruck 1958, S. 203–223.
19 Zeune, A.: Erdansichten oder Abriß einer Geschichte der Erdkunde, vorzüglich der neuesten Fortschritte in dieser Wissenschaft. Berlin 1815, 2. Afl. 1820.
20 Zeune, A.: Gea. Versuch einer wissenschaftlichen Erdbeschreibung. Berlin 1808, 2. Afl. 1811, 3. Afl. mit dem Untertitel: Versuch, die Erdrinde sowohl im Land- als Seeboden mit Bezug auf Natur- und Völkerleben zu schildern. Die Ausgabe Berlin u. Leipzig 1833 erschien unter dem Titel: Allgemeine naturgemäße Erdkunde, mit Bezug auf Natur- und Völkerleben.

ten" (1815) beizugeben bereit war. Im preußischen Heer wurde er zu Fähnrichsprüfungen zugezogen.

So lag es nahe, daß Zeune 1810 Verbindung mit der Universität aufnahm. Er sprach mit Wilhelm v. Humboldt und richtete nach dessen Ausscheiden ein Schreiben an Friedrich Schleiermacher[21]. (*s. Dokument 1!*) Schleiermachers nachfolgende öffentliche Aufforderung zur Gewinnung von Universitätsdozenten veranlaßte Zeune, seine Wittenberger Dissertation und die Ankündigung einer geographischen Vorlesung nachzureichen[22]. (*s. Dokument 2!*) Daraufhin stellte ihm Schleiermacher am 23. September 1810 eine ao. Professur — zunächst ohne Gehalt — in Aussicht. Zeune begann seine akademische Lehrtätigkeit mit Vorträgen über ältere deutsche Literatur, wobei er durch romantischnationale Begeisterung über das Nibelungenlied unter der Jugend der Befreiungskriege eine Hörerschaft gewann, deren Zahl nur in Johann Gottlieb Fichtes Vorlesungen übertroffen wurde. In seinen geographischen Vorlesungen mußte Zeune mit einer weit geringeren Hörerzahl rechnen. Er kündigte sie in der Abteilung Naturwissenschaften an. Durch Ritters Berliner Lehrtätigkeit bedingt ging Zeune unter wechselnden Titeln zu jener „Allgemeinen Erdkunde" über, die er nach der dritten, an Ritters Auffassung angeglichenen Auflage seiner „Gea" las. Schließlich bat Zeune um Entlastung von seinen Vorlesungen[23]. Sie wurde ihm am 27. Juni 1835 gewährt. Von der fortdauernden Schätzung Zeunes durch die Öffentlichkeit zeugt sein Vortrag über Erdbildung im April 1842, der in der Berliner Singakademie 300 Zuhörer vereinigte[24].

1.2. IM ZEICHEN ALEXANDER V. HUMBOLDTS UND CARL RITTERS 1817–1858

Die Sektion für Kultus und Unterricht wurde am 3. November 1817 aus dem Departement des Inneren gelöst und zum Ministerium der Geistlichen, Unterrichts- und Medizinal-Angelegenheiten (Kultusministerium) erhoben. Kultusminister wurde Carl Freiherr vom Stein zum Altenstein[25]. Er entstammte einem fränkischen Adelsgeschlecht und war von frühauf den Naturwissenschaften zugetan. Nach seinem Rechtsstudium in Erlangen, Göttingen und Jena trat er in den Dienst der Preußen zugefallenen fränkischen Markgrafschaften Ansbach und Bayreuth. Dort lernte ihn Carl August v. Hardenberg kennen, der ihn 1799 nach Berlin zog. Als Kultusmini-

---

21 Schreiben Zeunes an Friedrich Schleiermacher, Berlin 1810 VIII 12. In: Akte 9, Bd. 4 Bl. 119 (s. Dokument 1!).
22 Schreiben Zeunes an Friedrich Schleiermacher, Berlin 1810 VIII 16. In: Akte 9, Bd. 4 Bl. 136 (s. Dokument 2!).
23 Schreiben Zeunes an Altenstein, Berlin 1835 VI 20. In: Akte 12, Bd. 2 Bl. 138–139.
24 Zeune, A.: Über Erdbildung. Ein öffentlicher Vortrag. In: Lüddes Zeitschrift für vergleichende Erdkunde. Magdeburg 2. 1842, S. 193–204.
25 C.v. Altenstein in: Lenz 1910, Bd. II, 1, S. 3–7, Müsebeck 1918, Lüdicke 1918, H. Gollwitzer in NDB 1. 1953.

ster befürwortete Altenstein den Gesetzentwurf Süverns zur Erneuerung des preußischen Unterrichtswesens. Er konnte ihn aber gegen die Reaktion nicht durchsetzen. Süverns Nachfolger wurde 1829 Johannes Schulze[26]. Er war der Sohn eines mecklenburgischen Elbzollverwalters. Während seines Studiums der Theologie und Philologie wurde er mit Schleiermachers Gedankenwelt vertraut. Später wandte er sich Hegel zu. Nach Gymnasialdienst und Verwaltungsarbeit als Schulrat trat er 1818 als Vortragender Rat in das Kultusministerium ein. Er war der letzte preußische Reformer, der Pestalozzi aufsuchte. Von Süverns Reformplänen konnte er einiges auf dem Verwaltungswege verwirklichen. Für die Berufung an Universitäten entwickelte er ein Verfahren, bei dem die Fakultäten wenig mitzusprechen hatten. Berufen wurden nach Altensteins Vorsatz nur Protestanten und selten Nicht-Preußen. Nach Altensteins Tod führte Johannes Schulze sein Amt noch 18 Jahre unter fünf Kultusministern weiter.

Altensteins Nachfolger wurde zunächst auf kurze Zeit Adelbert v. Ladenberg, der Sohn eines Ansbacher Staatsministers. Er war nach seinem Rechtsstudium in Königlichen Regierungen und als Regierungspräsident von Trier tätig. Auf Ladenberg folgte 1840 Friedrich Eichhorn[27], der Sohn eines Gräflich Löwensteinschen Hofkammerrates aus Wertheim a. Main. Während der Befreiungskriege stand er an der Seite von Schill und Gneisenau. Hardenberg übertrug ihm im Ministerium der auswärtigen Angelegenheiten den Vortrag über die deutsche Frage, wodurch er 1831 ein Mitbegründer des Deutschen Zollvereins wurde. Für seine Berufung zum Kultusminister setzte sich Alexander v. Humboldt ein. Doch fügte sich Eichhorn zu Humboldts Enttäuschung der Reaktion. Die Revolutionstage von 1848 beendeten seine Laufbahn. Ihm folgte als Kultusminister für wenige Monate Maximilian v. Schwerin-Putzar und auf acht Tage Karl Rodbertus. Graf Schwerin bewilligte das Vorschlagsrecht der Fakultäten bei der Wahl der o. Professoren. Von den letzten Kultusministern, unter denen noch Johannes Schulze arbeitete, entwarf Adelberg v. Ladenberg 1850 eine Regelung des Unterrichtswesens von der Volksschule bis zur Universität, wobei er den kirchlichen Forderungen weit entgegenkam. Noch bevor der Entwurf den gesetzgebenden Körperschaften vorgelegt werden konnte, übernahm das Ministerium Manteuffel die Regierung, in der Otto v. Raumer Kultusminister wurde. Als Generalssohn aus Pommern studierte er die Rechte in Göttingen und Berlin und wurde Regierungspräsident in Königsberg i. Pr., Köln und Frankfurt a. Oder. Als Kultusminister wandte er sich durch die drei preußischen Regulative vom Oktober 1854 von fortschrittlichen Gedanken ab, beachtete jedoch im Hochschulleben das Vorschlagsrecht der Fakultäten. Im Jahre 1858 mußte das Ministerium Manteuffel der „Neuen Ära" des Prinzregenten Wilhelm weichen.

---

26 Varrentrapp, C.: Johannes Schulze und das höhere preußische Unterrichtswesen in seiner Zeit. Leipzig 1889. Hertz, M. in ADB 33. 1891, Scharfenort 1910, S. 156–157, Müsebeck 1918, Lüdicke 1918.
27 Lenz 1910 Bd. III, S. 5–8, Müsebeck 1918, Lüdicke 1918, Skalweit, St. in NDB 4. 1959 betr. F. Eichhorn.

1.2.1. Universität Berlin — Carl Ritter

Der erste o. Professor der Geographie an der Berliner Universität und damit für ganz Deutschland wurde Carl Ritter[28]. Unter dem Eindruck von Rousseaus „Emile" hatte Johann Gottfried Herder 1769 einen Erziehungsplan entwickelt, der in den Philanthropinen verwirklicht wurde[29]. Die erste dieser „Erziehungsanstalten der Menschenfreundlichkeit" errichtete 1774 Johann Bernhard Basedow in Dessau. Heute besteht noch das 1784 von Christian Gotthilf Salzmann in Schnepfenthal vor dem Thüringer Walde gegründete Philanthropin der heutigen Salzmannschule[30]. Salzmann nahm zwei Brüder des frühverstorbenen Quedlinburger Arztes Friedrich Wilhelm Ritter samt ihrem Hauslehrer Johann Christoph Friedrich Guts Muths auf. Carl Ritter erfuhr in den Jahren seines Schnepfenthaler Aufenthaltes (1787—1796) durch Salzmann eine Ausbildung, die der „Würde des Menschen" entsprach. Sachlich förderte ihn auch Guts Muths, der in Schnepfenthal den Geographieunterricht übernahm und das Turnen in der Schule einführte. Die Zöglinge sollten in die Gesellschaft als körperlich kräftige Menschen, begabt mit praktischem Sinn und handwerklichem Geschick eintreten und dabei über eine realistisch geprägte geistige Ausbildung verfügen. Auf Wanderungen und ausgedehnten Fußmärschen, die mit Betriebsbesichtigungen verbunden waren, wurde der Sinn für die Betrachtung der Landschaft geweckt. Durch eine solche naturgemäße Erziehung gefördert gelang Ritter als erste Veröffentlichung die Zeichnung von zwei Karten für den „Boten aus Thüringen" (1795. 1796).

Aus dieser Erziehung in engem Kreise wurde Ritter herausgeführt, als er auf das Angebot des Frankfurter Bankherrn Johann Jacob Hollweg einging Erzieher seiner Söhne zu werden. Zur Vorbereitung seiner Hauslehrertätigkeit konnte er zunächst die Universität Halle beziehen (1796—1798). Unter der Betreuung durch August

---

28 Zögner, L.: Carl Ritter in seiner Zeit 1779—1859. Ausstellungskatalog Nr. 11 der Staatsbibliothek Preußischer Kulturbesitz Berlin 1979. Beck, H.: Carl Ritter. Genius der geographie. Zu seinem Leben und Werk. Berlin 1979. Büttner, M. (Hrsg.): Carl Ritter. Zur europäisch-amerikanischen Geographie an der Wende vom 18. zum 19. Jahrhundert. In: Abhandlungen und Quellen zur Geschichte der Geographie und Kosmologie. Bd. 2. Paderborn 1980. Plott, A.: Bibliographie der Schriften Carl Ritters. In: Die Erde. Berlin 94. 1963, S. 13—36. Bernhardt, P. u. J. Breuste: Zum Schrifttum über Carl Ritter. In: Carl Ritter — Werk und Wirkungen. In: Wissenschaftliche Abhandlungen der Geographischen Gesellschaft der DDR.

29 Pfauch, W.: Herder und Christian Gotthilf Salzmann. In: Johann Gottfried Herder. Zur Herder-Rezeption in Ost- und Südosteuropa. In: Slawistische Studien und Texte des Zentralinstituts für Literaturgeschichte der Akademie der Wissenschaften der DDR. Berlin 1978, S. 212—224.

30 Festschrift zur hundertjährigen Jubelfeier der Erziehungsanstalt Schnepfenthal. Schnepfenthal 1884. Die Erziehungsanstalt Schnepfenthal 1784—1934. Festschrift aus Anlaß des hundertfünfzigjährigen Bestehens der Anstalt. Schnepfenthal 1934 (S. 206—319 Verzeichnis der sämtlichen Schnepfenthaler Zöglinge von 1784—1934, S. 320—331 Verzeichnis der sämtlichen Schnepfenthaler Lehrer von 1784—1934). Festschrift zum 200. Geburtstage von Johann Christoph Friedrich Guts Muths, hrsg. vom Wissenschaftlichen Rat des Staatlichen Komitees für Körperkultur und Sport beim Ministerrat der DDR. o.O.o.J. [1959].

Hermann Niemeyer, Leiter des Pädagogiums der Franckeschen Stiftungen, erweiterte er sein Kameralstudium zu einem Bildungsstudium. Geographische Kenntnisse vermittelte ihm im Rückgriff auf Büsching der Historiker Matthias Christian Sprengel[31], der Schwiegervater Johann Reinhold Forsters. Der Teilnehmer an der zweiten Weltreise James Cooks hatte in Halle Vorlesungen gehalten und wirkte auf Ritter vorwärtsblickend ein. In seinem ersten Studienjahr entwarf Ritter eine Handzeichnung „Rußland 1796", auf der er klimatische, auf Vegetationszonen zurückgreifende Landstriche unterschied.

In Frankfurt a. Main mußte Ritter dem aristokratischen Hause die Erziehung seiner Zöglinge zum Natürlichen und allgemein Menschlichen seiner Schnepfenthaler Zeit abringen. Diese Hauslehrerjahre (1798–1813) brachten ihm den Brückenschlag zwischen Natur und Kultur und trugen Früchte, denn August v. Bethmann-Hollweg wurde zum Erforscher des römischen Rechts und Wilhelm v. Sömmering, ein ihm zusätzlich anvertrauter Zögling, entschied sich für den Arztberuf. Die Wanderungen mit seinen Zöglingen durch Deutschland und die gemeinsamen Reisen in die Schweiz und nach Italien boten Ritter die Gelegenheit zu Beobachtungen und Handzeichnungen in der Landschaft sowie am Fuße des Mont Blanc die messende und zeichnende Erfassung der Hochgebirgswelt. In Johann Gottfried Ebel, einem schlesischen Emigranten, der sich als Arzt in Zürich niedergelassen hatte, fand Ritter einen Beobachter der alpinen Natur und den Deuter des schweizerischen Raumes mit seinen Bewohnern[32]. Diese alpinen Erkenntnisse übertrug er später auf die Betrachtung der gesamten Erdoberfläche.

Frühzeitig gewann Ritter in Frankfurt Klarheit über das Wesen der Geographie. 1806 trat er mit „Einigen Bemerkungen über den methodischen Unterricht in der Geographie"[33] hervor, in denen er schrieb: „Geographie ist eine aus der Erfahrung geschöpfte Erkenntnis" (S. 200) und zwar „die Beschreibung des gegenwärtigen Zustandes der Erde in allen ihren Verhältnissen als Theil des Weltgebäudes und als Ganzes für sich betrachtet ... – als ein Product der Natur und der Kunst." (S. 203–204). Die Beschreibung des gegenwärtigen Zustandes der Erde wies er drei Teilen der Geographie zu: der Mathematischen Geographie, der Physischen Geographie oder „Natürlichen Erdbeschreibung" und der Ökonomischen Geographie oder „Bürgerlichen (gewöhnlich politischen) Erdbeschreibung oder vielmehr Erdkunde"

---

31 Hänsch, F.: Matthias Christian Sprengel, ein geographischer Publizist am Ausgange des 18. Jahrhunderts. Halle (S.) Diss. 1902.

32 Escher, H.: Johann Gottfried Ebel. Nach seinem Leben und Wirken geschildert. Trogen (Schweiz) 1835. Jüggli, A.E. in NDB 4. 1959. Ebel, J.G.: Anleitung die Schweiz zu bereisen. Zürich 1793, 2. Afl. 1804–1805, 3. Afl. 1809, 4.–8. Afl. hrsg. von A. Escher von der Linth 1843. Ebel, J.G.: Schilderung der Gebirgsvölker vom Kanton Appenzell und Glarus. Leipzig 1798. 1802. Ebel, J.G., Über den Bau der Erde im Alpengebirge ... nebst einigen Betrachtungen über die Gebirge und den Bau der Erde überhaupt, Zürich 1808.

33 Ritter, C.: Einige Bemerkungen über den methodischen Unterricht in der Geographie. In: Guts Muths' Zeitschrift für Pädagogik, Erziehungs- und Schulwesen. Leipzig 7. 1806, Bd. 2, S. 198–219.

(S. 204). „Aber nur insofern ein Gegenstand mit *uns* in einer gewissen Relation steht, kann er uns wichtig seyn, die Erdoberfläche also, in so fern sie Wohnung und Bildungsstätte der Thierwelt und des Menschen und Schauplatz seiner Wirksamkeit ist. Der Zusammenhang, wie sie auf ihn und er auf sie zurück wirkt, ist also ebenfalls nothwendiger Theil dieser Wissenschaft, und ich möchte ihn in Ermangelung eines bessern Nahmens den Zoologischen Theil derselben nennen." (S. 204). Die natürlichste geographische Methode war nach Ritter die Vereinigung „der verschiedenartigen Gegenstände aus Geographie, Naturgeschichte und Geschichte nebst Völkerkunde" (S. 206). „Es ist diejenige, welche das Kind zuerst in der Wirklichkeit orientirt und zu fixiren sucht auf der Stelle, wo es lebt, auch sehen lehrt. Sey es nun Stadt oder Dorf, Berg oder Thal, wo das Kind seine ersten geographischen Kenntnisse — nicht in der Stube, auf der Landkarte und aus dem Buche — sondern in der Natur erhalten kann, dieses bleibt immer gleich. Diese Elementarmethode vereinigt alle Forderungen der Wissenschaft und der Methode und ist darum die einzige. Hier lernt das Kind das Land in allen seinen Verhältnissen kennen, lernt im selbst davon verzeichneten Bilde die Karte aller anderen Länder verstehen. Ist diese Elementarbildung zweckmäßig beendet, so sind auch die meisten Schwierigkeiten, welche die Geographie als fernerer Unterricht darbietet, gehoben." (S. 207). In der Natürlichen Erdbeschreibung dieses ferneren Unterrichts ordnete Ritter alles, „was vom Locale abhängt" (S. 211), in die „natürlichen Abtheilungen der Erdoberfläche" (S. 209) ein. Sie bilden die Grundlage der Politischen Erdbeschreibung oder der Erdkunde, die pragmatisch zu behandeln ist: „Ich verstehe darunter Darstellung des Mannigfaltigen zu einem continuirlichen und stetigen Ganzen." (S. 218). „Der Schüler wird sich an den philosophischen Gesichtspunkt gewöhnen, daß nicht das Land an den Staat, sondern der Staat an das Land gebunden ist, daß alles, was in ihm ist, auf das Bestimmteste modificirt ist. Kurz die große Weltansicht, das Detail im Bezug auf das Ganze zu denken, der Blick in das Universum wird durch diesen Gang vorbereitet, und nicht der engherzige, der den Geist tödtende Sinn, statt der höhern Weltordnung alles für Menschenwerk zu halten." (S. 213). Ritter wies der Wissenschaft die Verantwortung vor metaphysischen Werten zu und sah im Relief der Erdoberfläche einen von Gott gewollten Bau, dessen Umwandlung in eine Kulturlandschaft die den Menschen von Gott gestellte Aufgabe sei. Die Erde sei das „Erziehungshaus" des Menschen.

Dem geographischen Unterricht dienten auch seine ersten Buchveröffentlichungen. In „Europa, ein geographisch-historisch-statistisches Gemählde" (Frankfurt a.M. 1804. 1807) setzte er sich das Ziel, „den Leser zu einer lebendigen Ansicht des ganzen Landes, seiner Natur und Kulturprodukte, der Menschen-und Naturwelt zu erheben, und dieses alles als ein zusammenhängendes Ganzes so vorzustellen, daß sich die wichtigsten Resultate über die Natur und die Menschen von selbst, zumal durch die gegenseitigen Vergleichungen entwickelten." (Vorwort zu Bd. 1). Aber die Durchführung entsprach nicht der Ankündigung. Nach der Besprechung des ersten Bandes durch Guts Muths ließ er den dritten Band fallen. Dagegen wurden die als eine Ergänzung zum Textwerk gedachten „Sechs Karten von Europa" (Schnepfenthal 1806) ein physikalischer Atlas, durch den er „die große Weltansicht, das Detail nicht als Detail, sondern in bezug auf das Ganze zu denken" vorbereitete (Vorrede zum Atlas). Mit diesem Rüstzeug ausgestattet trat er vor Pestalozzi.

Seine erste Reise in die Schweiz trat Ritter 1807 als Begleiter von Frau Bethmann-Hollweg und ihren Kindern an. Im September konnte er sie zu Pestalozzi führen, wo Ritter in Iferten sofort Unterrichtsstunden in dessen Institut besuchte. Pestalozzi bat Ritter: „Den letzten Tag, wenn Ihr hier seid, sagt auch, was wir machen sollen. Wir wissen nicht die Bücher, die Wissenschaft, die wir brauchen"[34]. In der Tat waren unter Pestalozzis Mitarbeitern, soweit sie Ritter kennen lernte, keine Fachvertreter. In gemeinsamen Gesprächen erkannte Ritter die Nähe seiner methodischen Gedanken mit Pestalozzis Lehrmethode. Über ein Gespräch mit Johannes Niederer berichtet er: „Ich erzählte ihm den Gang, wie ich darauf gekommen; er gibt mir zu, daß er niemand kenne, der so schnell zur Richtigkeit der Ansicht und der Methode gekommen"[35]. Ritter war von den sieben Tagen in Iferten so beeindruckt, daß er zum Jahreswechsel 1808 an Pestalozzi schrieb: „Mein größter Wunsch ist, bei Ihnen ein Jahr zuzubringen, um mich mit dem Inhalt zu erfüllen, den ich ahnde"[36]. Pestalozzi antwortete ihm: „Sie werden uns glücklich machen. Unsere Endzwecke fordern die mitwirkende Hand von so viel verschiedenen Ansichten, Kenntnissen und Fertigkeiten, und wir sind, was wir sind, meistens durch das Glück dieser vielseitig sich oft selbst zu durchkreuzen scheinenden Ansichten, Kenntnissen und Erfahrungen"[37]. Zustande kam dieser Jahresaufenthalt in Iferten nicht. Nach seinem zweiten Besuch in Iferten (1809), das damals schon von Gegensätzen um Pestalozzi belastet war, beantwortete Ritter dessen Anfrage, ob er bereit sei, im Institut mitzuarbeiten, ablehnend: „Es will bis diesen Augenblick die Vorsehung, welche mir jeden meiner Wege bezeichnete, noch nicht, daß ich mich dem ersten Wunsche meiner Seele überlasse"[38]. – Zum letzten Male weilte Ritter im Januar 1812 in Iferten, als Pestalozzi seinen 70. Geburtstag feierte. In diesen Tagen fanden Ritters Bemühungen um den Geographieunterricht des Instituts ihren Abschluß. Auf seiner anschließenden Italienreise (1812/13) schrieb er einen ersten Entwurf für eine Abhandlung nieder, die er zwei Jahrzehnte später am Jahrestag von Iferten in der Berliner Akademie der Wissenschaften vortrug (10. Januar 1833): „Über das historische Element in der geographischen Wissenschaft"[39].

34 Ritters Tagebuch I der Schweizerreise 1807, Freitag, den 18. September. Briefdrucke in: Die Erde. Berlin 90. 1959, S. 138.
35 Ritters Tagebuch II der Schweizerreise 1807, den 25. September. Briefdrucke in: Die Erde. Berlin 90. 1959, S. 141.
36 Brief Ritters an Pestalozzi, Frankfurt a. Main 1808 I 12. Briefdrucke in: Pestalozzi-Blätter. Zürich 11. 1890, Nr. 1, S. 3–8 (5–6) und: Die Erde. Berlin 90. 1959. S. 143–144.
37 Brief Pestalozzis an Ritter, [Iferten, 1810 Anfang IX]. Briefdrucke in: Johann Heinrich Pestalozzi. Sämtliche Briefe. Bd. 7. Zürich 1965, S. 120–121.
38 Brief Ritters an Pestalozzi, Frankfurt a. Main 1810 IX 20. Briefdrucke in: Pestalozzi-Blätter. Zürich 11. 1890, Nr. 2, S. 9–12 und: Die Erde 90. 1959, S. 144.
39 Ritter, C.: Über das historische Element in der geographischen Wissenschaft. In: Abhandlungen der Akademie der Wissenschaften zu Berlin. Abhandlungen der historisch-philologischen Klasse aus dem Jahre 1833. Berlin 1835, S. 41–67. Wiederabdruck in: Einleitung

Pestalozzi hatte die Geographie nicht unter die Fächer seiner Elementarbildung aufgenommen[40]. Ritters Besuche in Iferten veranlaßten ihn zu dem Ausspruch: „Ich will meinen Muth und die Hoffnung nicht fallen lassen, mein Haus werde sich aus seinem Zurücktreten bald dahin erheben, auch in *Ihrer* Wissenschaft die Kräfte zu zeigen, die unsere Mittel in anderen Fächern bei unseren Zöglingen unwidersprechlich entfalten"[41]. Johann Georg Tobler hatte sich jahrelang mit der Übertragung der Methode Pestalozzis auf den geographischen Unterricht abgemüht. Er schloß sich der „Reinen Geographie" an. Diese aber lehnte Ritter ab: „Reine Wissenschaft, gleichbedeutend mit dem Inbegriff einer Erkenntniß aus Vernunftsprinzipien, nicht aus Erfahrung geschöpft, kann Geographie nicht seyn"[42]. Zielbewußter als Tobler griff Wilhelm Henning, ein preußischer Eleve bei Pestalozzi, die Aufgabe an, ein geographisches Lehrbuch abzufassen. Ende des Jahres 1809 sandte er an Süvern eine Studie „Über den geographischen Unterricht im Institut zu Iferten" nach Berlin[43]. Hennings Entwurf läßt eine Aufnahmebereitschaft für Ritters methodische Gedanken verspüren. Zur Unterstützung Hennings sandte Ritter „Hefte über Geographie" sowie Kartenentwürfe nach Iferten. Bei seinem letzten Besuche in Iferten billigte er Hennings Manuskript für einen „Leitfaden beim methodischen Unterricht in der Geographie" (Iferten 1812). Rückschlüsse aus Hennings Leitfaden auf Ritters nicht erhalten gebliebene „Hefte über Geographie" zu ziehen, geht nicht an, denn Hennings Anteil an der Textgestaltung und das Ausmaß seiner Rücksichtnahme auf Toblers Manuskript können nicht abgeschätzt werden.

Wie Ritters Beitrag für Iferten war auch Pestalozzis Einfluß auf Ritter bedeutend. Dies zeigte sich bereits in „Einigen Bemerkungen" gelegentlich einer Atlas-Besprechung Ritters[44]. Von Göttingen aus, wo er in Ruhe verarbeiten konnte, was er Pestalozzi verdankte, versicherte er 1815: „Meine ganze geographische Arbeit ist Darstellung der Pestalozzischen Methode"[45].

zur allgemeinen vergleichenden Geographie und Abhandlungen zur Begründung einer mehr wissenschaftlichen Behandlung der Erdkunde. Berlin 1852, S. 152–181.
40 Schönebaum, H.: Pestalozzi. Ernte und Ausklang 1810–1827. Langensalza 1942, S. 510.
41 Brief Pestalozzis an Ritter, Yverdun 1818 III 14. Briefdrucke in: Johann Heinrich Pestalozzi. Sämtliche Briefe. Bd. 11. Zürich 1969, S. 67–68.
42 Ritter, C.: Einige Bemerkungen über den methodischen Unterricht in der Geographie. 1806 (s. Anm. 33!) S. 200.
43 Dejung, E.: Pestalozzi im Lichte zweier Zeitgenossen. Henning und Niederer. Zürich 1944. In einer Akte des Zentralen Staatsarchivs, Dienststelle Merseburg, über die Verbreitung besserer Lehr- und Erziehungsmethoden und die Ausbildung ausgewählter Jugendlicher an dazu geeigneten Instituten und in anderen Beständen des Archivs ist das Original der Studie nicht nachzuweisen. Ein Abdruck befindet sich in: Pestalozzi-Studien. Liegnitz 2. 1898, S. 60–65.
44 Ritter, C.: Einige Bemerkungen bey Betrachtung des Handatlas über alle bekannten Länder des Erdbodens, hrsg. von Heusinger im Herbst 1809. In: Guts Muths' Neue Bibliothek für Pädagogik, Schul- und Erziehungswesen. Leipzig 11. 1810, Bd. 1, S. 298–312. Wiederabdruck mit Vorwort von E. Plewe in: Erdkunde. Bonn 13.1959, S. 83–88.
45 Ritters Göttinger Tagebuch 1815–1816. Briefdrucke in: Die Erde. Berlin 90. 1959, S. 165.

Pestalozzi forderte, daß der Erzieher die Gesetze kenne, nach denen sich in der Natur die Kräfte entfalten. So entsprach seine Methode dem „Gang der Natur"[46]. Er erkannte, „daß die Anschauung das absolute Fundament aller Erkenntnis sei"[47]. Dabei unterschied er zwischen äußerer und innerer Anschauung: „Der einfache Eindruck, der alles, was ist, auf die Sinne macht, ist das Äußere der Anschauung. Das Urteil meines Geistes über diesen Eindruck und das Gefühl der Behaglichkeit und der Unbehaglichkeit, das derselbe in mir hervorbringt, ist das Innere der Anschauung"[48]. „Die Sache des Unterrichts ... ist es, ... daß sie die Verwirrung, die in der Anschauung liegt, aufhebe, die Gegenstände unter sich sondere, die ähnlichen und zusammengehörigen in ihrer Vorstellung wieder vereinige, sie alle uns dadurch klar mache und nach vollendeter Klarheit derselben in uns zu deutlichen Begriffen erhebe. Und dieses tut sie, indem sie uns die ineinander fließenden verwirrten Anschauungen einzeln vergegenwärtigt, dann uns diese vereinzelten Anschauungen in verschiedenen wandelbaren Zuständen vor Augen stellt und endlich dieselben mit dem ganzen Kreis unseres übrigen Wissens in Verbindung bringt"[49]. Pestalozzi führte in drei Stufen aufwärts: vom Lernen des Einzelnen über das Vergleichen des Vorhandenen aus allen Standpunkten zu einem naturbedingten System für Wissenschaft und Erziehung[50]. Dabei müsse die Überfülle des Stoffes durch die Grundbegriffe Form und Zahl überwunden werden. „Die Form führt den Keim des Irrtums und der Täuschung sehr oft und auf verschiedene Weise in sich selbst, die Zahl niemals, sie allein führt zu untrüglichen Resultaten"[51]. Das volle Gelingen verbürge schließlich die „bis zur Klarheit ausgewachsene Sprache"[52].

Ritter war wie Pestalozzi vom Wert der Anschauung überzeugt. Im Tagebuch seiner ersten Schweizerreise notierte er: „In der Anschauung liegt das Ururbild von allem"[53]. In der ersten Ausgabe seiner „Erdkunde" erklärte er: „Wir suchen

---

46 Pestalozzi, H.: Meine Nachforschungen über den Gang der Natur in der Entwicklung des Menschengeschlechts. Zürich 1797. Abdruck in: Pestalozzi. Sämtliche Werke, hrsg. von A. Buchenau, E. Spranger, H. Stettbacher. Berlin u. Leipzig 1927–1943, Zürich 1972 ff., hier Bd. 12. 1938, S. 1–241.
47 Pestalozzi, H.: Wie Gertrud ihre Kinder lehrt. Ein Versuch, den Müttern Anleitung zu geben, ihre Kinder selbst zu unterrichten, in Briefen. 10. Brief. Bern u. Zürich 1801. Abdruck in: Pestalozzi. Sämtliche Werke, Bd. 13. 1932, S. 184–389 (309).
48 Pestalozzi, H.: Fragment über die Grundlagen der Bildung. Manuskript Sommer 1803. Druck in: Pestalozzi. Sämtliche Werke. Bd. 16. 1935, S. 1–6 (3).
49 Pestalozzi, H.: Wie Gertrud ihre Kinder lehrt. 6. Brief. Abdruck in: Pestalozzi. Sämtliche Werke. Bd. 13. 1932, S. 254.
50 Abendgespräch Ritters mit Niederer bei Tobler. Iferten 1807 IX 25. Briefdrucke in: Die Erde. Berlin 90. 1959, S. 139–140. Ritter, C.: Schreiben eines Reisenden über Pestalozzi und seine Lehrart. In: Guts Muths' Neue Bibliothek für Pädagogik. Leipzig 9. 1805, Bd. 1, S. 17–33, 112–135.
51 Pestalozzi, H.: Wie Gertrud ihre Kinder lehrt. 6. Brief. Abdruck in: Pestalozzi. Sämtliche Werke. Bd. 13. 1932, S. 253 u. 298.
52 Gespräch Ritters mit Pestalozzi. Iferten 1807 IX 25. In Ritters Tagebuch II der Schweizer Reise 1807. Briefdrucke in: Die Erde. Berlin 90. 1959, S. 142.
53 Unterrichtsbesuche Ritters in Pestalozzis Institut. In Ritters Tagebuch II der Schweizer Reise 1807 IX 18. Briefdrucke in: Die Erde. Berlin 90. 1959, S. 138.

überall nur dasjenige, was zu Anschauungen verhilft, die für die Entwicklungsgeschichte des Menschen und die Individualität der Erdoberfläche von Wichtigkeit sind"[54]. Auch Ritter sprach von „Innerer Anschauung". Er benutzte sie, um bei der Darstellung nie selbst gesehener Länder unmittelbare Anschauungen durch Analogie zu übertragen. So gelangen ihm bei der Beschreibung räumlicher Einheiten anschauliche Bilder der Wirklichkeit.

Auch Pestalozzis drei Stufen der Lehrmethode übernahm er in sein geographisches Werk. Der ersten Stufe „Vom Lernen des Einzelnen" entsprechen in der geographischen Methodik „Vorkenntnisse" wie „die Aufzählung der einzelnen Theile, die Bezeichnung und Benennung der Grenzen, die Angabe des wahrscheinlichen Flächeninhalts"[55]. Aber diese Elementargeographie dürfe nicht „ein mannigfaltiges Gemenge ohne inneres Gesetz" werden[56]. „Ihre sinnlosen Einzelheiten und ihr unnützer Gedächtniskram" müsse „edlerer Geistesbeschäftigung" weichen — der „pragmatischen" Darbietung im Wechselspiel von Ursache und Wirkung[57]. Als Guts Muths 1810 in seinem „Lehrbuch der Geographie"[58] eine Elementargeographie bot, die Ritter als „solide Ware" anerkannte, fühlte er sich „einer mühseligen Arbeit quitt". Er schrieb an Guts Muths: „Meine Arbeit wird nun im Grunde nichts anderes als den Grund dieses *Daseins* [in der physischen Organisation der Erde] enthalten — dessen Kenntnis ich nun voraussetzen kann. [...] Meine Arbeit wird als ein Kommentar zur Geographie betrachtet werden können"[59]. Ebenso versicherte er beim Erscheinen von Hennings „Leitfaden" (1812), sein eigenes Werk über physische Geographie könne „als eine wissenschaftliche Begründung und Erweiterung des in diesem Leitfaden vorbereitenden Stoffes angesehen werden"[60]. — Nunmehr konnte sich Ritter einem Werke widmen, das der zweiten Stufe Pestalozzis angehörte: dem „Vergleichen des Vorhandenen aus allen Standpunkten". Dabei griff er Pestalozzis Ausdruck „Vergleichen" auf und nannte sein Werk „Ver-

---

54 Ritter, C.: Die Erdkunde im Verhältniß zur Natur und zur Geschichte des Menschen oder allgemeine vergleichende Geographie als sichere Grundlage des Studiums und Unterrichts in physikalischen und historischen Wissenschaften. Erste Ausgabe Bd. 1: Afrika und [Ost] Asien, Bd. 2: Westasien. Berlin 1817. 1818 [mehr nicht erschienen], hier Bd. 1, S. 491. Besprechungen des Werkes (s. Zweite Ausgabe Bd. 1. 1822, S. XV): Eichhorn, J.G. in: Göttingische gelehrte Anzeigen auf das Jahr 1818. Bd. 2, S. 1057—1068 und 1821, Bd. 1, S. 371—374. anonym in: Neue Allgemeine Geographische Ephemeriden. Weimar Bd. 5. 1819, S. 439—445 und Bd. 6. 1819, S. 183—190. Rhode, J.G. in: Jahrbücher der Literatur, Wien, Bd. 11. 1820. S. 175—215.
55 Ritter, Erdkunde erste Ausgabe Bd. 1. 1817, S. 61.
56 Ritter, Erdkunde erste Ausgabe Bd. 1. 1817, Vorrede S. VI.
57 Ritters Gutachten über Heinrich Berghaus, Berlin 1833 V 1. In: Akte 54, Bl. 12—13.
58 Guts Muths, J.C.F.: Lehrbuch der Geographie für den Unterricht in Gelehrten- und Bürgerschulen, ausgearbeitet mit Rücksicht auf die sämtlichen politischen Veränderungen der neueren Zeit. Leipzig 1810—1813.
59 Brief Ritters an Guts Muths. Frankfurth a. Main 1810 VII 29. Briefdrucke in: Die Erde. Berlin 90. 1959, S. 134—135.
60 Ritter, C.: Anmerkung in W. Hennings Anzeige eines „Leitfadens" in: Wochenschrift für Menschenbildung von Heinrich Pestalozzi und seinen Freunden. Aargau 4. 1812, S. 117—123 (122).

gleichende Geographie"[61]. Wenn im Raume beim Vergleich von Einzelfällen gleichartige Tatsachen aufgefunden werden, ergeben sich Typen von Naturgebilden und durch deren Einwirkung auf das Schicksal der Menschen Typen von Kulturräumen und Reichen sowie typische Funktionen. Dynamisch denkend erklärte Ritter: „Nicht von den Begrenzungen, sondern von der Mitte gehen wir aus, um uns zur Charakteristik des Ganzen zu erheben"[62]. So ließ Ritter Kulturen und Reiche aus der Mitte eines Raumes herausdrängen. Über die Grenzen hinweg strömen sie in andere Landschaften und Kulturen und wandeln diese wie sich selbst zu neuen Erscheinungen ab. — Ritters Fernziel war der dritten Stufe Pestalozzis entsprechend: „Zu einem natürlichen, in sich selbst begründeten System zu gelangen, von dem man bisher kaum noch eine Ahnung haben kann." Vorher müsse aber noch eine „Reihe immer neuer individueller geographischer Typen" abgewartet werden[63]. Das abschließende System könne „erst nach der Arbeit, aber nicht vorher" gewagt werden[64].

Ritter wandte auch Pestalozzis Stoffbewältigung durch Form und Zahl auf die Geographie an. „Ihre Oberflächen, ihre Tiefen, ihre Höhen müssen gemessen, ihre Formen nach ihren wesentlichen Charakteren geordnet" werden[65]. In seinen „Bemerkungen über Veranschaulichungsmittel räumlicher Verhältnisse bei geographischen Darstellungen durch Form und Zahl" (1828)[66], seiner umfangreichsten an Pestalozzi anknüpfenden Veröffentlichung, schrieb er: „Die Vernichtung des vielseitigen und fast unübersehbaren Stoffs durch die Form scheint das höchste Bedürfniß der geographischen Wissenschaft in ihrer Fähigmachung zur Lehre" zu sein (S. 133). Durch die Zahl werden „die numerischen Verhältnisse jener Räume und Figuren zusammengefaßt, um zu einer vollständigern Erkenntniß derselben zu führen." (S. 136). Um dieses Ziel erreichen zu können, forderte er die „Ausarbeitung eines Atlasses der räumlichen Erdverhältnisse, der das Wesentlichste des ganzen Verhältnißsystems für jedes größere Ganze und dessen Haupttheile

---

61 E. Plewe vertrat bereits 1959 den Standpunkt, „daß er [Ritter] historisch durch Iferten auf den Vergleich gebracht worden ist." (Plewe, E.: Carl Ritter. Hinweise und Versuche zu einer Deutung seiner Entwicklung. In: Die Erde. Berlin 90. 1959, S. 98–166 (122)).
62 Ritter, C.: Die Erdkunde im Verhältniß zur Natur und zur Geschichte des Menschen oder allgemeine, vergleichende Geographie als sichere Grundlage des Studiums und Unterrichts an physikalischen und historischen Wissenschaften. Zweite Ausgabe, 19 Teile in 21 Bänden mit 2 Registerbänden. Berlin 1822–1859 [mehr nicht erschienen], hier Bd. 12, 1846, S. 5. Besprechungen des Werkes durch: Heeren, A. in: Göttingische gelehrte Anzeigen auf das Jahr 1833, Bd. 3, S. 1659–1664 und 1665–1678 (besprochen werden die Teile 1. 1822 bis 3. 1833), Müller, F. in: Jahrbücher für wissenschaftliche Kritik, Berlin 1837, Teil 2, Sp. 561–598 (besprochen werden Teil 2. 1832 bis Teil 5. 1837).
63 Ritter, Erdkunde zweite Ausgabe 1. 1822, S. XIV und XV.
64 Brief Ritters an Ebel, Göttingen 1818 IV 25. Briefdrucke in: Die Erde. Berlin 90. 1959, S. 159–160.
65 Ritter, Erdkunde erste Ausgabe, Bd. 1. 1817, S. 4.
66 Ritter, C. in: Abhandlungen der Akademie der Wissenschaften zu Berlin. Abhandlungen der historisch-philologischen Klasse aus dem Jahre 1828. Berlin 1831, S. 213–232. Wiederabdruck in: Einleitung zur allgemeinen vergleichenden Geographie und Abhandlungen zur Begründung einer mehr wissenschaftlichen Behandlung der Erdkunde. Berlin 1852, S. 129–151.

durch Messung und Zählung feststelle." (S. 150). Er war überzeugt, „daß eine Karte mehr wirkt als ein Buch, in dem man sich vieles erst mühsam zusammenlesen muß, was auf ihr schon *ein* Blick auch dem Ungeübtesten gibt"[67].

Schließlich entsprach ihm auch Pestalozzis Forderung einer „bis zur Klarheit ausgewachsenen Sprache". Er war und blieb wie Pestalozzi im Grunde seines Wesens ein Erzieher.

Ritters „Allgemeine Vergleichende Geographie," mit der er seinen Übergang in die Wissenschaft vollzog, gewann ihre erste Gestalt während seiner Göttinger Zeit (1813–1819), in der die erste Ausgabe der „Erdkunde" erschien (1817, 1818). Seinem Göttinger Freunde Johann Friedrich Ludwig Hausmann bekannte er: „Die Erinnerungen an den Ort, an die Zeit, die ich in der Georgia Augusta, in dem Umgange ihrer edelsten Männer in der glücklichsten für mich damals köstlichen Muße, in dem freiesten Gebrauch ihrer literarischen Schätze ... zubringen durfte, gehören zu den schönsten und inhaltreichsten meines Lebens"[68]. Seine „Erdkunde" sollte in drei Hauptteile gegliedert werden und zwölf Bände umfassen. Der erste Hauptteil sollte „die feste Form oder die Erdteile", der zweite „die flüssige Form oder die Elemente" behandeln. Der dritte Hauptteil war den „Naturprodukten" in ihrem geographischen Vorkommen vorbehalten. Die Erdteile faßte Ritter als von der Natur durch die Natur gesonderte Ganze auf, die er als Erdindividuen gegeneinander abhob. Afrika wird vom „starren Dasein" beherrscht; aber in der „unentwickelten Kindheit" seiner Völker liegt eine reiche Zukunft verborgen. Asien ist der Boden für Völker mit wachem Bewußtsein und einer langen Geschichte. Europa ist auf kleinem Raume am stärksten gegliedert und gewährt wie kein anderes Erdindividuum „Überschaulichkeit". Ritters Weg vom Kaukasus nach Griechenland führte durch das Kulturland am Pontus, das er erstmalig in seiner „Vorhalle" als eine Einheit erkannte[69]. In der Hoffnung, mit seiner Darstellung bald nach Europa kommen zu können, erklärte er: „Meine ganze Kraft ist gegenwärtig auf das deutsche Vaterland gerichtet, dessen Bearbeitung mir die allergrößte Belohnung verspricht"[70]. Aber er brach seine Arbeit ab, sodaß weder die übrigen Erdteilbände noch der zweite Band der „Vorhalle" erscheinen konnten. Johann Gottfried Eichhorn, der Göttinger Orientalist, sah in ihm das vorwärtsdrängende Genie, vermißte aber die behutsame Beweisführung: „Was Genie erspäht und in großen Umrissen dargestellt hat, dem muß nun der Fleiß nachgehen, es einzeln prüfen, läutern,

---

67 Brief Ritters an Ebel, Göttingen 1818 IV 25. Briefdruck in: Die Erde. Berlin 90. 1959, S. 159–160.
68 Brief Ritters an Hausmann, Berlin 1852 III 15. Briefdrucke in: Carl Ritter's Briefwechsel mit Johann Friedrich Ludwig Hausmann, hrsg. von J.E. Wappäus. Leipzig 1879, Brief 49, betr. W. Henning.
69 Ritter, C.: Die Vorhalle europäischer Völkergeschichten vor Herodotus, um den Kaukasus und an den Gestaden des Pontus. Eine Abhandlung zur Altertumskunde. Berlin 1820, Bd. 1 [mehr nicht erschienen]. Kirsten, E.: Ritters „Vorhalle europäischer Völkergeschichten". In: Die Erde. Berlin 90. 1959, S. 167–183.
70 Brief Ritters an Ebel, Göttingen 1818 IV 25. Briefdrucke in: Die Erde. Berlin 90. 1959, S. 159–160.

berichtigen, ergänzen, erklären, bestätigen und widerlegen"[71]. Die erste Ausgabe der „Erdkunde" hätte abgeschlossen eine Geographie im ständigen Hinblick auf die Bedeutung für den Menschen und seine raumbezogene Geschichte werden können. Statt dessen erweiterte Ritter die Neubearbeitung seiner „Erdkunde" zum umfangreichsten geographischen Werk mit mehr als 20 000 Druckseiten, das ein Verfasser allein schrieb. Obwohl mit großer Regelmäßigkeit fast Jahr für Jahr ein Band von 1 000 Seiten Umfang auf dem Büchermarkt erschien, konnte das Werk über Afrika und Asien nicht hinauskommen.

Den ersten Band der „Vorhalle" hatte Ritter nicht mehr in Göttingen niedergeschrieben. Nachdem er Rufe als Nachfolger Salzmanns und Pestalozzis sowie als Erzieher am Weimarer Hofe ausgeschlagen hatte, bemühten sich seine Frankfurter Freunde um seine Anstellung am Frankfurter Gymnasium, aus dem Friedrich Christoph Schlosser als Historiker an die Universität Heidelberg berufen worden war. Ritter nahm 1819 dessen Professorenstelle an — zumal er einen Hausstand gründen wollte. Er fühlte sich aber durch den Schuldienst so stark in Anspruch genommen, daß er ihn wieder aufzugeben wünschte: „Ich bin mehr rückwärts als vorwärts gegangen und hätte die Fortsetzung [seiner „Erdkunde"] gänzlich aufgeben müssen, wenn ich länger hier hätte bleiben wollen"[72]. So folgte er 1820 dem Rufe nach Berlin.

Ritters Berufung nach Berlin wurde im Kriegsministerium zur Besetzung einer freigewordenen Planstelle der Allgemeinen Kriegsschule aufgegriffen. Die Heeresleitung dachte an ihn als einen Geographen, den die Oberflächengestalt der Erde beschäftigte und für die er eine natürliche Gliederung fand. Das Kultusministerium stand vor der Gründung einer Professur der Geographie. Nach einer Anfrage des Kriegsministers v. Boyen vom 19. August 1819 bei Altenstein[73] (s. *Dokument 3 !*) wurde unter v. Boyens Federführung[74] der gemeinschaftliche Immediatbericht für die Berufung Ritters nach Berlin eingereicht[75]. Er wurde zum WS 1820/21 an die Universität als ao. Professor der Erd-, Länder-, Völker-und Staatenkunde berufen und erhielt an der Allgemeinen Kriegsschule die Planstelle für Militärstatistik, auf der er „Allgemeine Geographie" las. Ritter nahm den „Antrag zu den verbundenen Lehrstellen" an und äußerte Wünsche für den Termin seines Antritts[76]. Er disponierte: „Ich bleibe bis Mitte Juni hier [in Frankfurt a. Main], da erst im Oktober

---

71 J.G. Eichhorns Besprechung von Carl Ritters „Vorhalle", Bd. 1 in: Göttingische gelehrte Anzeigen auf das Jahr 1820, Bd. 1, S. 289–304. Über die Autorschaft der Besprechung s. Ritters Briefwechsel mit Hausmann. 1879, S. 158!
72 Brief Ritters an Ebel, Frankfurt a. Main 1820 IV 5. Briefdrucke in: Die Erde. Berlin 90. 1959, S. 161–162.
73 Schreiben v. Boyens an v. Altenstein, Berlin 1819 VIII 19. In: Akte 11, Bd. 6 Bl. 37 (s. Dokument 3 !), betr. C. Ritter.
74 Schreiben v. Altensteins an v. Boyen, Berlin 1819 VIII 30. In: Akte 11, Bd. 6 Bl. 39.
75 Immediatbericht v. Boyens u.v. Altensteins, Berlin 1819 X 18. In: Akte 11, Bd. 6 Bl. 66, betr. C. Ritter.
76 Schreiben Ritters an v. Altenstein u.v. Boyen, Frankfurt a. Main 1819 XII 12. In: Akte 11, Bd. 6, Bl. 129–130.

meine Geschäfte beginnen; bis dahin habe ich ein halb Jahr Freiheit erlangt und Muße, über die ich mich königlich freue. Ich werde in diesen Frühlingsmonaten meiner lieben Frau, mit der ich seit vorigem Herbst glücklich verheiratet bin, die Rheinlandschaften zeigen, da wir diese schöne Gegend mit der Mark vertauschen. Im Iuni gehe ich auf ein oder zwei Monate nach Göttingen und dann nach Berlin"[77]. Da er nicht promoviert hatte, sich auch nicht habilitierte, verlieh ihm die Philosophische Fakultät den Dr. phil.h.c.[78] Am 16.Februar 1825 erfolgte seine Ernennung zum o. Professor der Länder-und Völkerkunde und der Geschichte. Die Fakultät hatte auf eine Anfrage Altensteins erklärt: „Einstimmig ist Hr. Carl Ritter genannt worden, der nicht bloß eine Zierde der Fakultät sei, sondern auch eine Lücke in ihr ausfüllen würde, da es ihr noch an einem eigenen Mitgliede für das Fach der Erdbeschreibung fehlt"[79]. Politisch fühlte sich Ritter als ein Bürgerlicher, der die Ablösung des Adels aus seiner Führungsrolle erhoffte. Die Revolution von 1848 empfand er als einen Schlag gegen die von Gott geordnete Autorität. Im Königshause schätzte er die Vorliebe des Kronprinzen [Friedrich Wilhelm (IV.)] für die Wissenschaften[80]. Am Hofe erhielt er den Auftrag zu Vortragsreihen, die teilweise mehrjährig waren. Vorträge über die Entdeckungsgeschichte und die Ausbreitung des geographischen Wissens hielt er auch vor den Kronprinzen von Bayern und Württemberg.

In den ersten Jahren seiner Lehrtätigkeit an Universität und Allgemeiner Kriegsschule konnte Ritter berichten: „Meine Lage ist hier sehr günstig für die Fortsetzung meiner Arbeiten. [...] Ich lebe ... so glücklich, als ich es mir je habe wünschen können, da ich ganz dem Fache leben kann, das im letzten Jahrzehnt so ausschließlich Besitz genommen hat von meinem Denken und Thun und von dem größten Theil meiner Zeit"[81]. Nach einem Jahrzehnt konnte Ritter bekennen: „Ich bin hier fest gewurzelt und werde Berlin schwerlich wieder verlassen. [...] Herz und Geist fand hier vollkommene Befriedigung mit einem Wirkungskreis, ... um noch die geringen vorhandenen Kräfte zur Durchführung meiner allerdings zu weitschichtig angelegten Arbeit zu verwenden"[82]. Bald nahmen ihn seine Berliner Verpflichtungen so stark in Anspruch, daß in der zweiten Ausgabe seiner „Erdkunde" eine Lücke zwischen dem Afrikaband (1822) und dem ersten Asienband (1832) entstand. Im Sommer 1832 schrieb er an Hausmann nach Göttingen: „Ich war bisher in meinem Berufe höchst glücklich, aber ich erlag ihm, meine Kräfte reichten nicht

---

77 Brief Ritters an Ebel, Frankfurt a. Main 1820 IV 5. Briefdrucke in: Die Erde. Berlin 90. 1959, S. 161–162.
78 Lenz 1910, Bd. 3 (s. Anm. 1) S. 489.
79 Schreiben des Dekans C.L. Ideler an Regierungsbevollmächtigten Beckedorff, Berlin 1824 VII 12. In: Akte 84 Bl. 16, betr. C. Ritter.
80 Schreiben des Kronprinzen Friedrich Wilhelm (IV.) an Altenstein, Berlin 1829 XI 30. Briefdruck in: Stein, Frh.v.: Aus dem Altenstein'schen Cultusministerium. In: Deutsche Revue über das gesammte nationale Leben der Gegenwart. Berlin 7. 1882, Bd. 3, Juli, S. 8.
81 Brief Ritters an Ebel, Berlin 1821 VII 29 u. [1822 V 10]. Briefdrucke in: Die Erde. Berlin 90. 1959, S. 162.
82 Brief Ritters an Ebel, Berlin 1829 V 28. Briefdrucke in: Die Erde. Berlin 90. 1959, S. 163.

aus. [...] Ich habe vieles, was mich schier erdrückte, abgegeben; ich habe mich eingeschränkt, ich habe wieder Zeit und Kraft für die Fortsetzung meiner geographischen Arbeiten gewonnen und bin, wie man es menschlicher Weise seyn kann, gesichert, das Angefangene fortsetzen zu können. Die Arbeit ist freudig von neuem begonnen"[83].

Als Professor der Geographie an der Universität las Ritter in den Wintersemestern fünfstündig „Allgemeine Erdkunde", insgesamt 38 mal[84]. Größere Vorlesungen betrafen außerdem Europa, Asien und (nur im SS 1844) Afrika. An kleineren Vorlesungen schaltete er ein: Über die Gestaltung der Erdteile, Geographie europäischer Länder, Alte Geographie von Griechenland, Italien und Palästina sowie Geschichte der Geographie, der Reisen und Polarexpeditionen[85]. Da sich in Ritters erstem Kolleg kein einziger Hörer einfand, kehrte er nochmals nach Göttingen zurück. Dann verhalfen ihm seine Offiziersschüler rasch zu einem vollen Auditorium. Im WS 1834/35 war einer seiner Hörer Alexander v. Humboldt. Nach dem Urteil von Carl Andree sprach er in seinen Vorlesungen „langsam, methodisch und wenig um die ästhetische Form bekümmert"[86]. Bis in sein hohes Alter wirkte Ritter auf eine erdkundlich interessierte breite Hörerschaft ein. Die Heranbildung von Fachgeographen trat zurück. Den Geographischen Apparat für seine Vorlesungen mußte er aus eigenen Mitteln beschaffen. Er half sich mit Wandtafelskizzen, deren Technik er meisterhaft beherrschte. Ihm stand eine eigene große Bücherei und

---

83 Brief Ritters an Hausmann, Berlin 1832 VII 16. Briefdrucke in: Ritters Briefwechsel mit Hausmann, Brief 25.
84 Kramer, G.: Carl Ritter. Ein Lebensbild nach seinem handschriftlichen Nachlaß dargestellt. Halle (S.) 1864. 1870, 2. Afl. 1875, hier Bd. 2. 1870, S. 14–15.
85 Von Ritters Vorlesungen sind als Kollegnachschriften nachweisbar: 1) anonyme Handschrift „Allgemeine Erdbeschreibung gelesen von Carl Ritter. Berlin, Wintersemester 1826 auf 1827". In: Handschriftenabteilung der Staatsbibliothek Preußischer Kulturbesitz: Ms. germ. qu. 1751. 2) Nachschrift von Felix Mendelssohn-Bartholdy „Geographie von Asien und Fortsetzung der Allgemeinen Geographie Griechenlands 1828". Handschriftenabteilung der Deutschen Staatsbibliothek Berlin: Ms. germ. qu. 2157. 3) Nachschrift von Rudolf Koepke „Allgemeine Erdkunde nach dem Vortrage des Hrn. Prof. Ritter. Winter-Semester 1835–1836". Handschriftenabteilung der Deutschen Staatsbibliothek Berlin: Ms. germ. oct. 1189. 4) anonyme Handschrift ohne Titelblatt [1847?]. Altes Archiv der Gesellschaft für Erdkunde zu Berlin in Treuhandverwaltung der Kartenabteilung der Deutschen Staatsbibliothek Berlin. 5) Der Verleger von Ritters „Erdkunde" Georg Reimer, Berlin, kaufte 1860 aus Ritters Nachlaß die Vorlesungsmanuskripte Ritters und übertrug ihre Veröffentlichung dem Ritter-Schüler Hermann Albert Daniel: Daniel, H.A.: Allgemeine Erdkunde / Europa / Geschichte der Erdkunde und der Entdeckungen (unterstützt von Heinrich Barth), Vorlesungen an der Universität zu Berlin gehalten von Carl Ritter. Berlin 1862. 1863 und 1861, 2. Afl. 1880. Scharfe Kritik an Daniels Ausgaben übte Johann Eduard Wappäus in seiner Besprechung von H. Oberländer: Der geographische Unterricht nach den Grundsätzen der Ritter'schen Schule historisch und methodologisch beleuchtet. Grimma, 3. Afl. 1879. In: Göttingische gelehrte Anzeigen für das Jahr 1879, Bd. 2, S. 833–856 (842).
86 [Andree, R.]: Karl Andree. In: Globus. Ill. Zeitschrift für Länder- und Völkerkunde. Berlin u. Braunschweig 28. 1875, S. 289–293 (290), 305–308, 321–324. Plewe, E.: Karl Theodor Andree. In: Geographisches Taschenbuch 1977–1978. Wiesbaden, S. 165–175.

Kartensammlung zur Verfügung. In Göttingen hatte er bei Johann Friedrich Blumenbach die Anlage eines Bibliothekskatalogs und von griffbereiten Kollektaneen kennen gelernt. Auf seinen Sommerreisen durch große Teile Europas kaufte er Schrifttum, das dem Berliner Büchermarkt unbekannt blieb. Bei der Erschließung und Verwaltung seiner Bibliothek, die damals die größte Privatsammlung für Geographie und Geographiegeschichte war, stand ihm als ständiger Mitarbeiter Georg Friedrich Hermann Müller zur Seite. Er hatte bei Ritter studiert und sich habilitiert, kam aber nur gelegentlich dazu, historisch-geographische Vorlesungen zu halten. Nach Ritters Tod boten die Hinterbliebenen Bücherei, Kartensammlung und handschriftlichen Nachlaß der preußischen Regierung zum Kaufe an. Aber die langwährende Behandlung des Vorganges, an der v. Bethmann-Hollweg als Kultusminister mitbeteiligt war, verschaffte den Antiquariatsbuchhandlungen durch den festliegenden Räumungstermin der Wohnung die Gelegenheit, ihre Preisangebote herabzusetzen, wodurch es zum kurzentschlossenen Verkauf des Nachlasses an ein Antiquariat kam[87]. – Ritters Kartensammlung erfuhr eine bedeutende Ergänzung, als die preußische Regierung 1855 die Scharnhorst-Sammlung erwarb. Sie war von Gerhard v. Scharnhorst angelegt und von seinem Sohn Wilhelm v. Scharnhorst ansehnlich ausgebaut worden. Als Königlich Kartographisches Institut wurde die Sammlung in Schloß Bellevue untergebracht. Ritter übernahm ihre Leitung und der „Rittersche Custos" Müller ihre Katalogisierung. 1861 wurden die Bestände in die Kartenabteilung der Königlichen Bibliothek (Deutsche Staatsbibliothek) eingereiht[88].

In der Allgemeinen Kriegsschule, deren Studienkommission Ritter 1825–1831 als Studiendirektor leitete, lehrte er seit 1820 vierstündig „Allgemeine Geographie", in der er den Zusammenhang zwischen Natur und Menschenleben deutete und der Wechselwirkung zwischen der Physik der Länder und der Entwicklung der Völker und Staaten nachging. Neben ihm lasen zunächst Offiziere einen Kurs „Militärgeographie", der „Terrainlehre" und die Beschreibung von „Kriegstheatern" bot. 1838 wurde diese Militärgeographie, die zeitweise Albrecht v. Roon vortrug, durch eine Vorlesung Heinrich Wilhelm Doves über „Physikalische Geographie" ersetzt. 1849 erhielt außerdem Emil v. Sydow einen Lehrgang „Spezialgeographie", in dem er neben dem Relief am Beispiel von Ost- und Westpreußen sowie der Sudeten als Element einer militärisch ausgerichteten Geographie auch die Produktionskräfte und die gesellschaftlichen Zustände behandelte[89]. – Ritters Einfluß auf die geogra-

---

87 Weigel, T.O.: Verzeichnis der Bibliothek und Kartensammlung des Professors Dr. Carl Ritter in Berlin, welche ... versteigert werden soll. Leipzig 1861. Weigel, T.O.: Carl Ritter's handschriftlicher Nachlaß. Leipzig 1861. Wiederabdruck beider Veröffentlichungen in: Die Carl Ritter Bibliothek, hrsg. von E. Plewe. In: Geographische Zeitschrift, Beiheft „Erdkundliches Wissen" Nr. 50. Wiesbaden 1978. Hierzu Besprechung durch G. Engelmann in Petermanns Geographische Mitteilungen. Gotha 125. 1981, S. 125–126.
88 Der Ankauf und die Verwendung der von dem verstorbenen General der Infanterie a.D. [Wilhelm] v. Scharnhorst hinterlassenen Karten- und Büchersammlung, das Kartographische Institut der Königlichen Bibliothek zu Berlin 1854–1874. In: Akte 55.
89 Scharfenort 1910 (s. Anm. 13!) S. 41, 116–118, 175–177, betr. E. v. Sydow.

phische Schulung im Großen Generalstab wirkte sich auch in der „Instruktion für den Unterricht in der Geographie auf den königlichen Divisionsschulen" aus, deren Inhalt sein Werk war.

Von Ritters Offiziersschülern wurde eine Mehrzahl Verfasser geographischer Werke: Roon, A.v.: Grundzüge der Erd-, Völker- und Staatenkunde. Ein Leitfaden für höhere Schulen und den Selbstunterricht. Mit einem Vorwort von Carl Ritter. Berlin 1832, 3. Auflage 1847. Roon, A.v.: Die Iberische Halbinsel. Eine Monographie aus dem Gesichtspunkte des Militärs. Berlin 1839. [Die Monographie enthält den Nachweis der Naturbedingtheit militärischer Operationen.] Canstein, Ph.v.: Charte von der Verbreitung der nutzbarsten Pflanzen über den Erdkörper, nach Klimaten geordnet und mit erläuterndem Texte begleitet. Berlin 1834. Moltke, H.v.: Briefe über Zustände und Begebenheiten in der Türkei aus den Jahren 1835–1839. Mit einem Vorwort von Carl Ritter. Berlin 1841. Sydow, E.v.: Methodischer Hand-Atlas für das wissenschaftliche Studium der Erdkunde. Gotha 1842. Borbstaedt, A.: Allgemeine geographische und statistische Verhältnisse in graphischer Darstellung. Mit einem Vorwort von Carl Ritter. Berlin 1846. Ritter betonte in den letzten Jahren seiner Lehrtätigkeit an der Kriegsschule, er habe seine Vorträge nicht vergeblich gehalten[90]. Nach seinem Ausscheiden im Jahre 1853 erwog die Studienkommission die Aufgabe seiner Lehrveranstaltung, übertrug aber schließlich den Lehrauftrag unter Einschränkung auf Staatenkunde an Ferdinand Müller, der als ao. Professor neben Ritter an der Universität wirkte.

Die Dokumente über Ritters amtliche Tätigkeit in Berlin werden ergänzt durch Schreiben Ritters an fünf Kultusminister. Unter ihnen zeichnen sich die Briefe an Altenstein durch die Freiheit des Geistes und ihre persönliche Wärme aus. Veranlaßt wurden die Schreiben überwiegend durch Urlaubsfragen für „Beobachtungsreisen" sowie durch die Übersendung von Bänden seiner „Erdkunde" und von Sonderdrucken. Die Schreiben vermitteln Eindrücke von Ritters wissenschaftlicher Arbeitsweise[91]. (s. *Dokument 4!*)

Als sich Ritter von seiner Mitarbeit in der Akademie der Wissenschaften zurückzog, warf er noch einmal einen Blick in die Zukunft der Geographie als Hochschulwissenschaft: „Vielleicht gelingt es noch, einige ordentliche Lehrstühle für die Geographische Wissenschaft, wie sie für Geschichte bestehen, zu begründen. Für die Universitäten in Österreich und Rußland ist mir die Aussicht dazu eröffnet. Ich bin leider der einzige für Geographie, und doch müßten hier schon vier bis fünf Professoren sein für Afrika, Asien, Europa, Amerika und Australien. In 50 Jahren [1906!] wird dieß unumgänglich nothwendig sein"[92].

Carl Ritter konnte während seiner langen Lehrtätigkeit in Berlin dem ersten Lehrstuhl der Geographie an einer deutschen Universität volle akademische Aner-

---

90 Brief von Wappäus an Heinrich Wuttke, Göttingen 1871 IX 12. In: Akte 116, Nr. 8.
91 Schreiben Ritters an Altenstein, Berlin 1832 IV 2. In: Akte 58, Bl. 11–12 (s. Dokument 4!). Schreiben Ritters an Altenstein, Berlin 1833 V 23. In: Akte 108, Bd. 2, 1800, Bl. 17.
92 Brief Ritters an Hausmann, Berlin 1856 VII 14. In: Ritters Briefwechsel mit Hausmann, Brief 53.

kennung verschaffen, indem er die Geographie zu einer selbständigen Wissenschaft und einem geachteten Unterrichtsfach erhob.

1.2.2. Universität Halle-Wittenberg — Friedrich Hoffmann

Der erste Hochschullehrer, der an einer deutschen Universität Physische Geographie als eine auf Beobachtung gegründete Wissenschaft las, war Friedrich Hoffmann in Halle[93]. Er war der Sohn des Berliner Staatsrats Johann Gottfried Hoffmann, der dem Preußischen Statistischen Bureau vorstand und an der Universität Nationalökonomie und Statistik lehrte. Friedrich Hoffmann wurde 1797 in Pinnau bei Wehlau in Ostpreußen geboren und erhielt seine wissenschaftliche Ausbildung in Berlin und Göttingen. Der junge Dr. med. wandte sich den Naturwissenschaften zu und pflegte vor allem Geologie und Mineralogie. In einer Zeit, in der wissenschaftlicher Fortschritt an die regionale Durchführung in Landesteilen gebunden war, beteiligte er sich an barometrischen Meßzügen, wie sie Alexander v. Humboldt 1799 auf der Iberischen Halbinsel durchgeführt hatte und die nun die Topographie Nordwest-und Mitteldeutschlands auf eine sichere Grundlage stellten. Aus diesen gemeinsam mit Carl Wilhelm v. Oesfeld, Heinrich Dechen und Heinrich Berghaus unternommenen Messungen erwuchsen Hoffmanns geologische Forschungen. Die Ergebnisse seiner Untersuchungen nördlich vom Harz (1820), um Lüneburg und Segeberg (1821) und in der Wesergegend (1822) legte er in seinen „Beiträgen zur genaueren Kenntniß der geognostischen Verhältnisse Norddeutschlands" (1823) nieder. Für diese Arbeit verlieh ihm die Philosophische Fakultät der Berliner Universität den Dr. phil. h.c. Als Autodidakt auf geologischem Gebiet gelangte er unabhängig von herrschenden Lehrmeinungen zu Erkenntnissen, auf die Leopold v. Buch und Alexander v. Humboldt aufmerksam wurden.

Als Hoffmann am 12. März 1823 Kultusminister v. Altenstein um Unterstützung seiner geologischen Untersuchungen bat, zeigte sich dieser geneigt, ihm unter der Voraussetzung seiner Habilitation an der Universität Halle den Eintritt in die akademische Laufbahn zu öffnen[94]. Nach dem Weggang des Professors der Mineralogie Carl Georg v. Raumer war zu seinem Nachfolger der Hallenser Ernst Friedrich Germar gewählt worden. Neben seinem Ordinariate wurde eine ao. Professur der Geologie errichtet. Für sie steuerte das Niedersächsisch-Thüringische Oberbergamt in Halle ein Jahreshonorar bei, um den Berg-und Hütteneleven den Zugang zu diesen geologischen Vorlesungen zu öffnen. Für diese Planstelle sah Altenstein Friedrich Hoffmann vor. Dieser legte am 14. Juni 1823 der Philosophischen Fakultät seine Abhandlung „De vallium in Germania boreali principalium directione memorabili congrua" als Habilitationsschrift vor. Die Zustimmung als Regierungsbevollmächtig-

---

[93] Dechen, H.v.: Friedrich Hoffmann, sein Leben und Wirken. In: Hinterlassene Werke von Friedrich Hoffmann. Erster Band. Berlin 1837, S. XIII–XXXIV (mit Bibliographie). Martin, G. in NDB 9. 1972.

[94] Schreiben Altensteins an Hoffmann, Berlin 1823 IV 2. In: Akte 96, o.Bl.

ter erteilte Berghauptmann C. v. Witzleben im Oberbergamt. Da Altenstein Hoffmann für das bevorstehende SS 1823 Urlaub zu geologischen Aufnahmen zwischen Weser und Fulda erteilt hatte, begann Hoffmann erst im WS 1823/24 seine „Vorlesungen über mineralogische Gegenstände". Aus seinem „Bericht über die Erfüllung der ihm auferlegten Verpflichtungen"[95] geht hervor, daß er vom ersten Semester an neben geologischen Themen auch über Physische Geographie vortrug: „Ich wählte geognostische Beschreibung Deutschlands und einen kurzen Abriß der physikalischen Erdbeschreibung — eine Wissenschaft, welche als das schönste Ziel geologischer Forschungen mir vorzugsweise von Bedeutung für die Erweckung eines regeren Sinnes für allgemeine Naturwissenschaft zu seyn schien. Eine kleine aber treue Zahl von Zuhörern hat mir die Beschäftigung mit diesem Gegenstande ungemein erfreulich gemacht." Hoffmann wies auf Torbern Bergmans „Physicalische Beschreibung der Erdkugel" (1766)[96] hin. Ritters Einschränkung der geographischen Betrachtung auf die Erdoberfläche, soweit sie Beziehungen zum Menschen aufweist, lehnte Hoffmann ab. Er forderte von der Geographie: „Ihre Gegenstände bilden die eigentlich physischen Verhältnisse unseres Erdkörpers, im Allgemeinen zunächst die Temperatur und der Magnetismus desselben, dann im Speziellen die Erscheinungen an der Erdoberfläche betreffend das Land, das Meer und die Luft"[97]. Er belegte in einer orographisch-geognostischen „Übersicht"[98] die Bedeutung der Physischen Geographie durch Beispiele. Er wählte Harz, Thüringer Wald und Niederrheinisches Schiefergebirge, um ein „Bild von der äußeren Gestalt" der Gebirge geben und an dieses die geologische Deutung anschließen zu können.

In jedem Semester, das Hoffmann in Halle las, kündigte er unter „Naturwissenschaften" an erster Stelle „Physische Geographie" an, einmal mit dem Zusatz „insonderheit der Erde und des Meeres". Im SS 1826 las er „nach Baumgartner." Das Kapitel Meteorologie mußte er an den Physiker Ludwig Friedrich Kaemtz abtreten. Im WS 1826/27 las Hoffmann in Vorbereitung eigener Forschungsreisen über die Geographie und Physik der Vulkane. Seit SS 1825 führte er auch Exkursionen. Er kündigte sie im Zusammenhang mit seinen geologischen Vorlesungen an und wird auf ihnen auch ein „Bild der äußeren Gestalt" der Landschaft gegeben haben. Damit sind sie zugleich die ersten geographischen Exkursionen in Deutschland. — Die Fakultät würdigte seine Leistungen durch die Ernennung zum ao. Professor. C.v. Witzleben urteilte: „Obschon der p. Hoffmann hier nur erst zwei Colle-

---

95 Bericht Hoffmanns an Altenstein, Halle 1824 III 19. In: Akte 108 La (4) 1820, Bd. 8 Bl. 33—34.
96 Bergman, T.: Physikalische Beschreibung der Erdkugel, auf Veranlassung der Cosmographischen Gesellschaft verfaßt, aus dem Schwedischen übersetzt von Lampert Heinrich Röhl, Greifswald 1769, 2. vermehrte u. verbesserte Afl. 1780.
97 Hinterlassene Werke von Friedrich Hoffmann. Erster Band: Physische Geographie. Vorlesungen gehalten an der Universität zu Berlin in den Jahren 1834 und 1835. Berlin 1837, S. 3.
98 Hoffmann, F.: Übersicht der orographischen und geognostischen Verhältnisse vom nordwestlichen Deutschland. S. 1—366: Orographische Übersicht und S. 367—676 Geognostische Übersicht. Leipzig 1830.

gia in dem „vorigen Halbjahre gelesen hat, so möchte er doch wohl unter Erwägung der sonst, auch wohl schon zu Berlin bewährten Kenntnisse und rücksichtlich seiner ganz unbescholtenen Aufführung einer solchen Auszeichnung nicht unwürdig seyn"[99].

Das Jahr 1827 brachte Hoffmann eine als vorübergehend aufgefaßte Rückkehr nach Berlin. Um seine geologischen Forschungen in Nordwestdeutschland abschließen und veröffentlichen zu können, bat er Altenstein für SS 1827 um Urlaub: „Die Jahre jugendlicher Rüstigkeit und Kraft zur Einsammlung von Erfahrungen zu benutzen, war ich bisher stets genötigt, den größten Theil meines Hierseyns auf die Bearbeitung meiner Vorlesungen in einem für das Lehrfach noch wenig ausgebildeten Felde zu verwenden, und was ich daher inzwischen der Öffentlichkeit von den Resultaten meiner Forschungen zu übergeben im Stande war, konnte ich nur auf vorläufige Übersichten oder auf Darstellung einzelner aus irgend einer Rücksicht besonders interessanter Erscheinungen beschränken." Hinzu kam in Halle der Verzicht auf die umfangreichen wissenschaftlichen Hilfsmittel Berlins und „die Belehrung der dort für meine Wissenschaft wirkenden Männer"[100]. Während des von Altenstein erteilten Urlaubs setzte er seine „längst gepflegte Lieblings-Arbeit" der Geologie Nordwest-Deutschlands fort. Ihr kartographischer Niederschlag erzwang eine Verlängerung des Urlaubs: „Ich war ferner genötigt, nicht nur die zahlreichen Zeichnungen und Entwürfe, welche zur Versinnlichung der beobachteten Verhältnisse bestimmt sind, sämmtlich selbst ohne fremde Beyhülfe nach eigener Natur-Anschauung auszuführen, sondern auch die Herstellung derselben durch die mit ihrer Ausführung beauftragten Künstler ... selbst bis in's kleinste Detail zu beaufsichtigen"[101]. — Seine Bitte, auch im WS 1827/28 in Berlin bleiben zu können, vermochte er — von Alexander v. Humboldt dazu ermuntert — durch die Aufforderung Paul Ermans zu begründen, er möge seinen Sohn Adolph, der sich der Expedition Christopher Hansteens zur Untersuchung des Erdmagnetismus in Sibirien anschließen wolle, mit geologischen Kenntnissen ausrüsten. Die Einführung Georg Adolph Ermans erfolgte — auf Humboldts Anregung — im Gelände, in dem „ich meinem jungen Gefährten an mannigfachen Beyspielen in der Natur vollkommen zu erläutern im Stande bin, was durch eine nur im Zimmer gegebene Darstellung sich vielleicht in viel längerer Zeit und auch wahrscheinlich niemals so erweckend und klar würde können erreichen lassen"[102]. Adolph Erman schloß sich 1828 Hansteens Expedition bis Irkutsk und Kiachta an und kehrte 1830 nach einer Erdumsegelung auf „Krotkoi" in die Heimat zurück.

---

99 Schreiben v. Witzlebens an Altenstein, Halle 1824 IV 19. In: Akte 34, Bd. 8 Bl. 42, betr. F. Hoffmann.
100 Schreiben Hoffmanns an Altenstein, Halle 1827 III 27. In: Akte 56, Bl. 3–4.
101 Schreiben Hoffmanns an Altenstein, Berlin 1829 IX 12. In: Akte 56, Bl. 28–30.
102 Schreiben Hoffmanns an Altenstein, Berlin 1827 IX 7. In: Akte 56, Bl. 6–7.

1.2.3. Universität Berlin — Alexander v. Humboldt

Das große Erlebnis Alexander v. Humboldts[103] war seine amerikanische Reise in den Jahren 1799—1804. Humboldt ging von den Tatsachen der Beobachtung aus und spürte die ursächlichen Beziehungen der Erscheinungen in ihrer Gesamtheit auf. Indem er die untersuchte Landschaft vergleichend über die Erdräume verfolgte, vermochte er ihr ursächliches Zusammenwirken als Ganzes zu ergründen. Außer wissenschaftlicher Erkenntnis brachte ihm seine Amerikareise eine entscheidende Stellung gegen die Sklaverei ein, gegen Mißbräuche in den christlichen Missionen und gegen die Ausplünderung der Kolonien in der Neuen Welt. Er hoffte auf eine baldige Befreiung von der spanischen Herrschaft. Diese Ziele vertrat er auch als Kammerherr des preußischen Königs, zu dem er im Mai 1827 nach jahrelanger Arbeit in Paris zurückkehrte. Friedrich Wilhelm III. schätzte seine geistige Unabhängigkeit. Mit Friedrich Wilhelm IV. als dem „geistreichen litterarischen und artistischen König" war er oft bis in die Nacht hinein zu gemeinsamen Gesprächen vereint. Durch sein Ansehen als Gelehrter erreichte er beim König persönlich die Förderung von aufstrebenden Talenten und neuen wissenschaftlichen Unternehmen. Humboldt wurde Kanzler der Friedensklasse des Ordens Pour le mérite, den unter den Geographen nach ihm nur Carl Ritter und Albrecht Penck trugen. Das Hofleben, an dem Humboldt teilnehmen mußte, stieß ihn ab: „Hier ist alles grau und dunkel und ungenießbar für mich"[104].

Genugtuung empfand Humboldt bei Vorträgen über seine Amerikareise, die einen unvergleichlichen Zulauf aus allen Bevölkerungsschichten auslösten. Im Juli 1827 las er in der Akademie der Wissenschaften über seine Forschungsergebnisse. Im Vorlesungsverzeichnis der Universität kündigte er als Lesendes Akademiemitglied eine Vorlesung an: „Physische Erdbeschreibung mit Prolegomenen über Lage, Gestalt und Naturbeschaffenheit der Gestirne". Er las vom 3. November 1827 bis zum 26. April 1828 an 61 Tagen zweimal in der Woche und zuletzt täglich vor den „Kappen und Mützen", zu denen sich Heroen der Wissenschaft gesellten. Im Mittelgeschoß des Universitätsgebäudes waren die beiden Säle der Gemäldegalerie zu einem Auditorium für 360 Hörer vereinigt worden. Seine Vorlesung leitete er mit folgenden Worten ein: „Das Unternehmen einer Vorlesung über die Physische Geographie erregt bei mir zwei Besorgnisse, über die ich zuvor mich auszusprechen verpflichtet halte. Die eine läßt mich befürchten, daß die Abwesenheit von hier so vieler Jahre, wo ich in andern Ländern lebte und fremde Sprachen redete, meinem Vaterlande mich fremd machte und ein anderer Accent vielleicht meiner Sprache nun nicht die Deutlichkeit gibt, die Sie wohl von mir fordern könnten. Auch daß

---

103 Beiträge zur Alexander v. Humboldt-Forschung. Schriftenreihe der Alexander von-Humboldt-Forschungsstelle der Akademie der Wissenschaften der DDR. Berlin, Bd. 1. 1966 ff. Pfeifer, G.: Alexander v. Humboldt. Zum 100. Todestag am 6. Mai 1959. In: Ruperto-Carola-Mitteilungen der Vereinigung der Freunde der Studentenschaft der Universität Heidelberg. 11.Jahrgang, Bd. 25 u. 26. Heidelberg 1959. Plewe, E. in: NDB 10. 1974.
104 Engelmann, G.: Alexander von Humboldt in Potsdam. In: Veröffentlichungen des Bezirksheimatmuseums Potsdam, Heft 19. Potsdam 1969.

ich zum ersten Male jetzt den Lehrstuhl besteige, läßt mich von der hochverehrten Versammlung Nachsicht über die Mängel meines Vortrags hoffen. Eine zweite Besorgniß liegt darin, daß die Gegenstände dieser Vorlesung schon von zwei verdienten Männern auf dieser Universität vorgetragen wurden, indem der hochverdiente Herr Professor Ritter mir schon voranging und ein anderer bekannter Gelehrter, wenn auch nur mit theilweisem Beifalle, doch mit einer glänzenden Rednergabe gleiche zum Vortrag wählte[105], — Verhältnisse, welche die Schwierigkeiten für mich steigern. Nicht minder liegt der physikalischen Geographie ein so viel umfassendes Sein zum Grunde, daß ich bei der beschränkten Zeit nur vorläufig eine allgemeine Übersicht geben kann. Jedoch werde ich später diese Wissenschaft näher begrenzen sowie auch die verschiedenen Erscheinungen, die wir bei derselben wahrnehmen, untersuchen"[106]. Neben dieser Universitätsvorlesung hielt Humboldt noch für einen weiten Zuhörerkreis „Kosmos-Vorträge". Er sprach vom 6. Dezember 1827 bis zum 27. April 1828 an 16 Abenden in der Berliner Singakademie[107]. Carl Andree berichtete vom „Zauber seiner mündlichen Rede": „Wer gleich mir das Glück gehabt hat, Humboldts Vorträge über physikalische Geogra-

---

[105] Carl Ritter las seit SS 1821 in jedem Wintersemester „Allgemeine Erdkunde" und nahm dabei auch auf physisch-geographische Belange Bedacht. Heinrich Friedrich Link, Professor der Botanik, hielt in den Wintersemestern 1823/24 und 1824/25 Vorlesungen über „Physikalische Erdbeschreibung" und ließ 1826 ein „Handbuch der physikalischen Erdbeschreibung" folgen. Selbstanzeige in den Jahrbüchern der wissenschaftlichen Kritik. Stuttgart u. Tübingen 1827 Dezember, S. 1765–1770.

[106] Von Humboldts Vorlesungen liegen die folgenden Kollegnachschriften vor: 1) anonyme Nachschrift veröffentlicht: „Alexander von Humboldts Vorlesungen über physische Geographie, Berlin im Winter von 1827 bis 1828. Erstmalige (unveränderte) Veröffentlichung einer im Besitze des Verlags befindlichen Kollegnachschrift." Berlin. Miron Goldstein, 1934. 2) anonyme Handschrift: „Physische Geographie. Nachschrift der von A.v. Humboldt 1827/28 im großen Auditorium der Berliner Universität gehaltenen 61 Vorlesungen". Im Besitz der Gesellschaft für Erdkunde zu Berlin, in Treuhandverwaltung der Kartenabteilung der Deutschen Staatsbibliothek Berlin. 3) handschriftliche Nachschrift von Karl Libelt (unter Verlust des Titelblattes und des astronomischen Textteiles). Im Besitz der Jagellonischen Bibliothek Krakau: Handschrift 6623 II. 4) handschriftliche Nachschrift von Gustav Parthey „Vorlesungen über die physikalische Geographie. Berlin, Wintersemester 1827/28." In Verwahrung der Staatsbibliothek Preußischer Kulturbesitz Berlin: Ms. germ. qu. 1711. 5) handschriftliche Nachschrift von Gotthilf Friedrich Patzig „Vorträge über Physische Geographie des Frhr. Alexander von Humboldt, gehalten zu Berlin im Wintersemester 1827/28. Aus schriftlichen Notizen nach jedem Vortrage zusammengestellt. Berlin 1827 und 1828". 2 Hefte. In Verwahrung der Staatsbibliothek Preußischer Kulturbesitz Berlin: Ms. germ. fol. 841. 842. 6) anonyme Handschrift „Physikalische Geographie von Heinrich Alexander von Humboldt. 654 Seiten. Abgeschlossen am 26. April 1828". Angeblich im Besitz der Latein-Amerikanischen Bibliothek in Berlin-Lankwitz (nach Krammer, M.: Humboldt. 1951, 2. Afl. 1954, S. 435), jedoch in der Bibliothek nicht nachzuweisen.

[107] anonyme Nachschrift über Humboldts Vorträge in der Singakademie: „Physikalische Geographie. Nachschrift der von Humboldt 1827/28 im großen Saal der Singakademie in Berlin öffentlich gehaltenen 16 Vorlesungen". In: Handschriftenabteilung der Deutschen Staatsbibliothek Berlin: Ms. germ. qu. 2124.

phie zu hören, dem ging ein neues Leben auf, der erhielt Antriebe, die nie erlöschen können. Der Vortrag war lebhaft, spannend, wunderbar ergreifend"[108].

Humboldts Vorlesungen blieben für den Hochschulunterricht in Deutschland ein einmaliges, nachwirkendes Erlebnis. Ein Universitätsprofessor wollte er nicht werden.

1.2.4. Universität Berlin – Friedrich Hoffmann

Während Humboldt an der Universität Vorlesungen hielt, eröffnete sich für Friedrich Hoffmann die Aussicht auf eine geologische Forschungsreise ins Ausland. Im September 1827 kamen ihm Andeutungen zu Ohren, die Altenstein gegen Leopold v. Buch geäußert hatte[109]. Im November 1827 forderte Altenstein Hoffmann zur Eingabe eines Reiseplanes auf, den dieser am 5. Februar 1828 einreichte. Hoffmann stellte ihn in den Dienst seiner wissenschaftlichen Ausbildung „für das Feld der Geognosie und der physikalischen Erdkunde"[110]. Er wählte als Arbeitsgebiet die Alpen und Italien: „Möge es mir erlaubt seyn, bey diesem Studium als Beispiel einer Gebirgskette das große Central-Gebirge unseres Erdtheils, die Alpen, zu wählen, aus welchem uns erst neuerlich die mühevollen Forschungen des ersten Geognosten unserer Zeit so viel Wunderbares und Einflußreiches haben bekannt werden lassen[111], und möge uns der umfassende Anblick eines Landes wie das vulcanische Gebiet von Italien vergönnt werden, um die schaffende Natur in ihrer Werkstatt aufsuchen zu können"[112]. Altenstein erteilte einen Urlaub von 18 Monaten und finanzierte die Reise durch die Weiterzahlung der Gehälter in Halle zuzüglich des gleichen Betrages durch das Ministerium. Ohne mit der Fakultät in Halle Verbindung aufzunehmen, wurde die Reise durch eine Kabinettsorder Friedrich Wilhelms III. in Kraft gesetzt. Da Hoffmann noch vor Antritt der Reise seine nordwestdeutschen Forschungen abschließen wollte, verschob er die Reise auf 1829 und ließ sich nochmals 18 Monate Reisedauer zusichern. Vorbeugend mahnte Johannes Schulze, Hoffmann solle seine Lehrtätigkeit in Halle „nach einer so langen Unterbrechung endlich wieder fortsetzen"[113]. In Wirklichkeit blieb Hoffmann fast vier Jahre auf Reisen, wobei Staatsrat J. G. Hoffmann für die Weiterzahlung der Reisekosten sorgte. Im März 1833 traf Friedrich Hoffmann – sichtlich überanstrengt – wieder in Berlin ein, aber seine Lehrtätigkeit in Halle nahm er nicht wieder auf. In Halle hatte die Fakultät für SS 1827 und WS 1827/28, als Hoffmann

---

108 [Andree, R.]: Karl Andree. In: Globus. Braunschweig 28. 1875, S. 289–293 (290), 305–308, 321–324. Plewe, E.: Karl Theodor Andree. In: Geographisches Taschenbuch 1977/78. Wiesbaden, S. 165–175.
109 Schreiben Hoffmanns an Altenstein, Berlin 1827 IX 7. In: Akte 56, Bl. 6–7.
110 Schreiben Hoffmanns an Altenstein, Berlin 1833 III 30. In: Akte 56, Bl. 72.
111 Leopold von Buchs Gesammelte Schriften, hrsg. von J. Ewald, J. Roth u. W. Dames, Bd. 2: Geologische Abhandlungen aus dem Zeitraume von 1818 bis 1828. Berlin 1877.
112 Hoffmanns Reiseplan an Altenstein, Berlin 1828 II 5. In: Akte 56, Bl. 13–19 (14).
113 Schreiben von Johannes Schulze an Hoffmann, Berlin 1829 IX 14. In: Akte 56, Bl. 31.

auf Urlaub in Berlin weilte, noch Vorlesungen Hoffmanns angekündigt. Für SS 1828 vermerkte das Vorlesungsverzeichnis: „Hr. Prof. Hoffmann ist mit höchster Erlaubniß auf einer wissenschaftlichen Reise im Auslande", obwohl er in dieser Zeit noch in Berlin arbeitete. Als im Sommer 1833 in Halle das Gerücht aufkam, Hoffmann werde nicht wieder zurückkehren, richtete Professor Germar an Altenstein die Bitte um eine Gehaltszulage aus der verfügbar gewordenen Besoldung Hoffmanns. Aber der Regierungsbevollmächtigte hielt an Hoffmanns Rückkehr nach Halle fest: „Die hiesige Universität scheint ... doppelten Anspruch auf seinen ferneren Besitz zu haben, weil eine Reihe von Jahren hindurch aus ihren Fonds die Mittel zu seinen wissenschaftlichen Reisen, mithin zu seiner höheren Ausbildung und zu weiterer Begründung seiner Berühmtheit geleistet worden." Er bat Altenstein, „daß der Professor Hoffmann mit dem nächsten Semester hier wieder seinen Aufenthalt nehme und seine Vorlesungen, die gewiß die regste Theilnahme finden werden, wiederbeginne"[114]. Während der SS 1829 bis 1832 las statt Hoffmann der Physiker Kaemtz Physische Geographie. Ende 1833 wurde Hoffmanns Besoldung mit anderen verfügbaren Gehältern zusammengelegt und neu aufgeteilt. Einen Vertreter der Physischen Geographie gab es in Halle seitdem nicht mehr.

In Berlin bat Friedrich Hoffmann Altenstein um einstweiligen Aufenthalt unter Fortzahlung seiner Besoldung aus Halle, um seine Reiseergebnisse in Ruhe bearbeiten zu können. Die Entscheidung über seinen „nächstzukünftigen Wirkungskreis" stellte Hoffmann dem Ministerium anheim[115]. Am 1. Mai 1833 bat Hoffmann um die ausnahmsweise Erlaubnis, im schon begonnenen SS 1833 eine Vorlesung über Bau und Erscheinungen der Vulkane halten zu dürfen. Er legte Altenstein die Gründe dar, warum er nicht wieder nach Halle gehen wolle. Es sei bekannt, „daß die vorwaltende Richtung der Studien in Halle die dort sich vorbereitenden jungen Leute vorzugsweise zu den historischen und philologischen Wissenschaften hinleitet, welche dort mit ganz besonderer Neigung gepflegt werden. [...] Es würde mir daher unter allen Umständen stets sehr schwer werden, ... noch ein einigermaßen beträchtliches Publicum für das Studium der Geognosie und der physicalischen Erdkunde zu gewinnen; und noch viel weniger darf ich, wie auch bereits die Erfahrung mich belehrt hat, hoffen, unter den zu mir sich wendenden jungen Leuten solche zu finden, welche die erlangten Erfahrungen später anzuwenden oder sich den Fächern meines Wirkens einst mit Vorliebe zu widmen gesonnen wären." Er bat um Versetzung nach Berlin, wo er weiterhin in den „Fächern der physicalischen Erdbeschreibung und Geognosie" zu lehren wünsche[116]. Auf Altensteins Antrag wurde Hoffmann durch Kabinettsorder vom 7. Juli 1833 auf zwei Jahre nach Berlin berufen. Die Fakultät legte „das Notificatorium" des Ministeriums ohne Aussprache zu den Akten. Nach Ablauf der beiden Jahre mußte das weitere Verbleiben Hoffmanns in Berlin durch eine neue Kabinettsorder gesichert werden.

---

114 Schreiben v. Delbrücks an Altenstein, Halle 1833 VII 3. In: Akte 35, Bd. 1 Bl. 216–217, betr. F. Hoffmann.
115 Schreiben Hoffmanns an Altenstein, Berlin 1833 III 30. In: Akte 56, Bl. 72.
116 Schreiben Hoffmanns an Altenstein, Berlin 1833 V 10. In: Akte 56, Bl. 77–81.

Hoffmann vertrat an der Berliner Universität erstmalig die Geologie[117]. In der Physischen Geographie scharte er „einen begeisterten Kreis" von Schülern um sich. Carl Ritter schätzte ihn als einen geographischen Mitarbeiter, der ihn in seinem Kolleg entlaste. Von A.v. Humboldt wurde Hoffmanns Vorlesung freudig begrüßt Aber nach vier Berliner Semestern (WS 1833/34 bis SS 1835) brach Krankheit sein hoffnungsreiches Wirken ab. Im Alter von 39 Jahren verschied er in seinem Elternhaus. Unter seinen „Hinterlassenen Werken", die Heinrich v. Dechen betreute[118], nannte später Albrecht Penck die „Physikalische Geographie" „ein so ausgezeichnetes Werk"[119], daß es auf ihn während seiner Studienzeit „den tiefsten Eindruck" machte[120].

Friedrich Hoffmanns Nachfolger als Geologe wurde Heinrich v. Dechen[121]. Er kam aus der Arbeit in Steinkohlengruben und bei Bergämtern des Ruhrgebiets und wurde nach Bonner Jahren 1831 als Vortragender Rat ins Berliner Ministerium berufen. 1834 erhielt er an der Berliner Universität die ao. Professur für Bergbaukunde und seit WS 1836/37 las er auch Geologie. Doch ging er im Sommer 1841 als Berghauptmann nach Bonn zurück. — Hoffmanns verfügbar gewordene Besoldung wurde nicht für einen Vertreter der Physischen Geographie bereitgehalten, sondern in drei Gehaltszulagen für ältere Professoren aufgeteilt. Humboldt hatte Altenstein auf Gustav Rose als seinen Freund in einem „garnicht glänzenden Finanzzustande" hingewiesen[122]. Roses Gehaltszulage wurde in Altensteins Konzept „für die Übernahme der von dem verstorbenen Professor Hoffmann gehaltenen Vorlesungen" bestimmt, in der Reinschrift dagegen „für die zu haltenden Vorträge über Geognosie" festgelegt[123]. So las Rose, der bis dahin nur Mineralogie vertreten hatte, von SS 1837 an Geognosie, die nach Pencks Urteil „mehr eine zweite Profes-

---

117 J. Asen ordnet Hoffmann als Professor der Mineralogie ein. In: Gesamtverzeichnis des Lehrkörpers der Universität Berlin, Bd. 1. Leipzig 1955.
118 Hinterlassene Werke von Friedrich Hoffmann. Erster Band: Physikalische Geographie. Vorlesungen gehalten an der Universität zu Berlin in den Jahren 1834 und 1835. Zweiter Band: Geschichte der Geognosie und Schilderung der vulkanischen Erscheinunge. Vorlesungen an der Universität zu Berlin in den Jahren 1834–1835. Berlin 1837. 1838. Nach einem Brief des Staatsrats J.G. Hoffmann an Altenstein, Berlin 1837 IX 30 sollte den beiden Bänden das Tagebuch der italienischen Reise folgen, das Heinrich v. Dechen ordnen wollte, sobald er die Muße dazu gewinnen werde.
119 Penck, A.: Morphologie der Erdoberfläche. Stuttgart 1894, Teil 2, S. 231, betr. F. Hoffmann.
120 Penck, A.: Vorwort zu Walther Penck: Die morphologische Analyse. Ein Kapitel der physikalischen Geologie. Stuttgart 1924, S. VII–XVII (XVII), betr. F. Hoffmann.
121 Römer, F.: Heinrich v. Dechen. In: Neues Jahrbuch für Mineralogie, Geologie und Paläontologie. Stuttgart 1889, Bd. 1, S. 10–22 (Sonderzählung). Römer, F.: H.v. Dechen. In: Leopoldina. Amtliches Organ der Kaiserlich Leopoldina-Carolinischen Deutschen Akademie der Naturforscher. Halle (S.) Heft 25 1889, S. 155–157, 178–182, 195–197, 207–210. Quiring, H. in NDB 3. 1957.
122 Brief A.v. Humboldts an Altenstein, [Berlin 1836 III 3] In: Akte 6, Bl. 30, betr. G. Rose.
123 Schreiben Altensteins an Gustav Rose, Berlin 1836 X 4. In: Akte 12, Bd. 3 Bl. 26.

sur für Mineralogie [neben Christian Samuel Weiß] als eine solche der Geognosie" war[124].

Das Erbe Friedrich Hoffmanns als Physischer Geograph übernahmen drei Naturwissenschaftler im Nebenamt, wobei anfangs in drei Wintersemestern der seltene Fall eintrat, daß drei Dozenten gleichzeitig über dasselbe Thema lasen.

Georg Adolph Erman hielt – nach vorausgegangenen Kollegs vorbereitenden Inhalts – „Physikalische Erdbeschreibung oder systematische Zusammenstellung der Resultate geographisch-physikalischer Beobachtungen", in den folgenden Wintersemestern „Physikalische Geographie" und schließlich bis 1876 „Die Physik der Erde oder Zurückführung der geographischen Erscheinungen auf die Lehren der mathematischen Physik".

Franz Julius Ferdinand Meyen, der Botaniker und Weltumsegler auf dem Seehandlungsschiff „Prinzeß Louise" (1830–1832), las seit WS 1836/37 bis zu seinem frühen Tod im Jahre 1840 „Physikalische Erdbeschreibung".

Johann Christian Poggendorff, der Systematiker der Physik und Wissenschaftshistoriker, las seit WS 1836/37 bis SS 1876 zweistündig „Physikalische Geographie".

Hermann v. Schlagintweit begann nach seiner Habilitation mit einer Vorlesung über „Physische Geographie" (WS 1851/52 – SS 1854). Dann trat er mit seinen Brüdern die Forschungsreise nach Indien und in den Himalaja an, die ihn zum Entdecker werden, aber nicht an die Universität zurückkehren ließ.

Nur je eine Vorlesung über Physische Geographie hielten Thaddäus Eduard Gumprecht, der Herausgeber der Berliner Zeitschrift für allgemeine Erdkunde, und der Rußland- und Orientreisende Karl Heinrich Koch. Dann fiel die von Friedrich Hoffmann 1823/24 eingeführte Vorlesung gänzlich aus, bis sie 1886 Ferdinand v. Richthofen wiederaufnahm.

1.2.5. Universität Bonn – Georg Benjamin Mendelssohn

Die Universität Bonn wurde 1818 für den neuen Besitz Preußens am Rhein als die Rheinische Friedrich-Wilhelms-Universität gegründet[125]. Als sie Carl Ritter in den ersten Jahren ihres Bestehens aufsuchte, urteilte er über die Hochschule: „Ihre Lage ist ausgezeichnet, ausgezeichnete Kräfte sind dort wirksam. Die anfangs verliehenen Mittel sind königlich und die Anlage höchst würdig, der Sitz einer

---

124 Penck, A.: Die erdkundlichen Wissenschaften an der Universität Berlin. Rede zur Gedächtnisfeier der Berliner Universität ... am 3. August 1918 gehalten. Berlin 1918, (s. Anm. 15) S. 11.
125 Geschichte der Rheinischen Friedrich-Wilhelms-Universität zu Bonn am Rhein. Bonn 1920–1933, Bd. 2: Institute und Seminare 1818–1933, darin Philippson, A.: Die Geographie und das geographische Institut 1818–1919. Bonn 1933, S. 303–319. 150 Jahre Rheinische Friedrich-Wilhelms-Universität zu Bonn 1818–1968. Bonn 1968.

europäischen Universität zu werden"[126]. An dieser neuen Universität ließ sich 1828 Georg Benjamin Mendelssohn[127] als Geograph nieder. Er wurde 1794 in Berlin als Sohn des Begründers des Bankhauses Mendelssohn geboren. 1811 begann er auf der Berliner Universität mit dem Studium der Medizin, wandte sich aber bald naturwissenschaftlichen und philosophischen Studien zu. Nach seiner Teilnahme an den Befreiungskriegen schloß er sein Studium in Kiel mit der Dissertation ab: „Observationes geologico-geographicae de naturalibus soli in Germania formis" (1828). Alexander v. Humboldts Urteil über die Arbeit lautete: „Das ist mehr als eine Dissertation, ein sehr gelungenes kleines Werk voll neuer Ansichten und scharfsinniger Zusammenstellungen"[128]. Enge Freundschaft mit dem Kieler Theologen August Twesten, dem späteren Nachfolger Schleiermachers in Berlin, bewirkte Mendelssohns Übertritt zum Christentum. Am Rhein verbanden ihn auf seinem Landsitz Horchheim zwischen Lahnstein und Ehrenbreitstein enge Bande mit August v. Bethmann-Hollweg, dem einstigen Zögling Carl Ritters und späterem Kurator der Bonner Universität. Mit Forscherblick und Zeichenstift erwanderte sich Mendelssohn das Rheinische Schiefergebirge. Studienreisen führten ihn in die Schweiz (1820) und nach Italien (1824).

Als sich Mendelssohn im Juli 1828 an der Universität Bonn habilitieren wollte, stieß er auf eine einschränkende Bestimmung für Doktoren, die auf einer nichtpreußischen Universität promoviert hatten. Mendelssohn bat das Ministerium des Innern um Dispens[129]. Der Regierungsbevollmächtigte hob hervor, er habe sich einem wissenschaftlichen Fache gewidmet, „das nur ein Mann von einem selbstständigen Vermögen sich zur ausschließenden Lebensbeschäftigung wählen kann." Ein solcher Gelehrter müsse „für hiesige Akademie sehr erwünscht erscheinen"[130]. Altenstein stimmte unter der von Johannes Schulze in Erinnerung gebrachten Voraussetzung zu, daß Mendelssohn „sich zur christlichen Religion bekennt, weil entgegengesetzten Falles den Allerhöchsten Bestimmungen gemäß er garnicht zu den Habilitations-Leistungen zugelassen werden kann". Die Habilitation erfolgte am 5. November 1828 mit einer Probevorlesung „De vallium ortu et forma in montibus maxime Rhenischistosis". Sie beruhte auf eigenen Geländebeobachtungen, von denen es im Protokoll heißt: „Die Arbeit ist im eigentlichen Sinne eine geogra-

---

126 Brief Ritters an Hausmann, Frankfurt a. Main 1820 VI 20. Briefdrucke in: Ritters Briefwechsel mit Hausmann, Brief 18.
127 Hohmann, J.: Georg Benjamin Mendelssohn. In: Erdkunde. Bonn 23. 1969, S. 161–165 (mit Bibliographie).
128 Brief Alexander v. Humboldts an Mendelssohn, Berlin 1828 X 29. In: Akte 107, Brief 250. Mendelssohns Schilderung des Riesengebirges legte P. Kümmerling in deutscher Übersetzung vor in der Festschrift des Geographischen Seminars der Universität Breslau zur Begrüßung des 13. Deutschen Geographentages. Breslau 1901, S. 164–171.
129 Schreiben Mendelssohns an Ministerium des Innern, Horchheim 1828 VIII 16. In: Akte 21, Bd. 3 Bd. 3 Bl. 3–4.
130 Schreiben v. Rehfues' an Altenstein, Bonn 1828 VIII 27. In: Akte 21, Bd. 3 Bl. 1–2, betr. G. B. Mendelssohn.

phische und wird daher auch von diesem Standpunkte aus ihre Beurtheilung finden müssen"[131].

Während seiner Lehrtätigkeit an der Bonner Universität wandte sich Mendelssohn der „geschichtlichen Erdkunde" zu, aus der seine einzige Buchveröffentlichung hervorging: „Das germanische Europa" (1836)[132]. Mendelssohn erklärte die geschichtliche Entwicklung und den gegenwärtigen Zustand der Menschen aus den gegebenen natürlichen Grundlagen und gliederte die europäischen Länder in eigenständige Kulturräume. Dabei war er bestrebt, „die organische Stelle des geographischen Elements im Europäischen Staats- und Volksleben auf eine vielseitige Weise aufzusuchen und schärfer zu bezeichnen als es bisher geschehen ist"[133]. Altenstein erwog, ob nicht Mendelssohn durch die Ernennung zum Professor an die Universität enger angeschlossen werden solle. Noch ehe die Fakultät ihre vom Ministerium angeforderte Stellungnahme einreichen konnte, ernannte ihn Altenstein am 4. Dezember 1835 zum ao. Professor[134]. Der Dekan konnte der Fakultät nur die Ernennung als vollzogen bekanntgeben. In der Folgezeit wandte sich Mendelssohn – nunmehr ein Amtsgenosse Ernst Moritz Arndts – politisch-statistischen Fragen der Länder Europas zu. Dieser Hinwendung entspricht das Bruchstück eines Werkes über Großbritannien[135] und die Abhandlung „Die ständische Institution im monarchischen Staat" (1846), in der Mendenlssohn für die Untertanen eine mitentscheidende Stimme fordert. Nach elf Jahren freiwilliger Lehrtätigkeit regte August v. Bethmann-Hollweg als Kurator der Universität an, Mendelssohn zum o. Professor der historischen Hilfswissenschaften oder zum Professor der Erdkunde und Statistik zu ernennen: „Daß seine Wirksamkeit stets nur auf einen kleinen Kreis von Zuhörern beschränkt geblieben ist, davon glaube ich die Ursache theils in der geringen Theilnahme, welche das erstere Fach abgesehen von der seltenen Gabe eines Ritter auf Universitäten findet, theils in dem nicht glücklichen, das Verständniß erschwerenden Organe des Professors Mendelssohn zu erkennen. Indessen hat er die eifrigeren Studierenden, welche ihm Zutrauen geschenkt, durch ein gründliches Wissen und geistvolle Behandlung stets befriedigt. Überdieß hat die Universität es sich nur zur Ehre nehmen können, daß ein unabhängiger Mann von so würdigem Charakter, der als Gelehrter und Schriftsteller in der litterarischen Welt geachtet ist, aus freier Neigung sich ihr angeschlossen"[136]. Von der am 14. Juni 1817 vollzo-

---

131 Beurteilung G.B. Mendelssohns durch Johann Jakob Nöggerath im Fakultätsrundschreiben, Bonn 1828 VII 26. In: Akte 93, Bl. 6.
132 Mendelssohn, G.B.: Das germanische Europa. Zur geschichtlichen Erdkunde. Berlin 1836. Eine Besprechung Carl Ritters in den „Jahrbüchern für wissenschaftliche Kritik" Stuttgart u. Tübingen, auf die ein Brief Alexander v. Humboldts an Mendelssohn, Berlin 1836 XI 21, hinweist, läßt sich nicht nachweisen.
133 Schreiben Mendelssohns an Altenstein, Bonn 1835 X 25. In: Akte 20, Bd. 6 Bl. 55.
134 Schreiben Altensteins an Mendelssohn, Berlin 1835 XII 4. In: Akte 20, Bd. 6 Bl. 58.
135 Mendelssohn, G.B.: Ein Blick auf Großbritannien. Bedingungen der oceanischen und commerciellen Größe desselben. Berlin, etwa 1835.
136 Schreiben v. Bethmann-Hollwegs an Eichhorn, Bonn 1847 V 17. In: Akte 22, Bd. 1 Bl. 80–81, betr. G. B. Mendelssohn.

genen Ernennung zum persönlichen o. Professor der Geographie und Statistik gab Minister Eichhorn der Philosophischen Fakultät nur Mitteilung[137]. Die Fakultät eröffnete dem Minister, „wie diese ohne ihr Zuthun oder Mitwisserschaft erfolgte Ernennung sie tief betrübt hat, wie sie sich schmerzlich verletzt fühlt dadurch, daß kein Gutachten oder auch nur ein Bericht über die bisherige Lehrthätigkeit des Beförderten von ihr verlangt worden ist"[138]. Die Fakultät wollte Mendelssohn nicht als Mitglied in die Fakultät aufnehmen, sondern ihm nur eine Honorarprofessur ohne Sitz und Stimme in der Fakultät zugestehen. Nur Christian August Brandis, der Geschichtsschreiber der griechischen Philosophie, der oft in Hochheim zu Gaste war, lehnte diesen Fakultätsbeschluß ab und reichte ein Sondervotum ein[139]. v. Bethmann-Hollweg legte der Fakultätseingabe ein kritisches Schreiben bei[140]. Durch ihn ließ Kultusminister Eichhorn die „Remonstration" der Bonner Professoren als unstatthaft zurückweisen[141].

Als Dozent zeigte Mendelssohn in den Jahren 1829–1857 regelmäßig Vorlesungen an, aber das Interesse der Bonner Studenten an geographischen Vorlesungen war so gering, daß nur eine kleine Zahl der angekündigten Vorlesungen gehalten werden konnte. Im SS 1829 begann Mendelssohn mit der Vorlesung „Erdkunde von Europa". Ihr folgten in Wintersemestern je einmal Vorlesungen über „Allgemeine Erdkunde" und über Palästina sowie zweimal über „Geographie von Deutschland". Eine stetige Zuhörerschaft fanden 1840–1846 Themen des europäischen Staatensystems. Nach seiner Ernennung zum o. Professor hielt Mendelssohn nur noch im WS 1850/51 eine Vorlesung über „Die sozialen und politischen Zustände der wichtigsten europäischen Staaten". Die folgenden Jahre verbrachte er zur Kräftigung seiner Gesundheit im Sommer in der Schweiz und im Winter in Nizza. Im Personenverzeichnis der Bonner Universität wurde er bis 1857 als beurlaubt aufgeführt. Die zweite preußische o. Professur der Geographie, die Mendelssohn persönlich trug, konnte sich nicht voll auswirken.

1.3. DIE STILLEN JAHRE VOR DER REICHSGRÜNDUNG 1859–1870

Als mit der Regierung des Prinzregenten Wilhelm die „Neue Ära" in Preußen einsetzte, begann auch für das Kultusministerium eine neue Zeit. Neuer Kultusminister wurde am 6. November 1858 August v. Bethmann-Hollweg, der in der Opposition, die sich nach dem Tag von Olmütz gebildet hatte, die Führung er-

---

137 Schreiben Eichhorns an Philosophische Fakultät der Universität Bonn, Berlin 1847 VII 8. In: Akte 93, o. Bl., betr. G. B. Mendelssohn.
138 Schreiben der Philosophischen Fakultät der Universität Bonn an Eichhorn, Bonn 1847 X 17. In: Akte 93, o. Bl., betr. G. B. Mendelssohn.
139 Schreiben Brandis' an Eichhorn, Bonn 1847 X 24. In: Akte 93, o. Bl., betr. G. B. Mendelssohn.
140 Schreiben Bethmann-Hollwegs an Eichhorn, Bonn 1847 XI 12. In: Akte 22, Bd. 1 Bl. 170–175, betr. G. B. Mendelssohn.
141 Schreiben v. Bethmann-Hollwegs an Philosophische Fakultät der Universität Bonn, Bonn 1847 XII 9. In: Akte 93, o. Bl.

langte und mit dem „Preußischen Wochenblatt" (1851) sich gegen die „Kreuzzeitungspartei" wendete. Bethmann-Hollwegs Versuch, 1862 ein Schulgesetz für Preußen zu schaffen, konnte die Beratungen im Staatsministerium überstehen, scheiterte aber an Bismarcks Militärkonflikt. — Bethmanns Nachfolger wurde Heinrich v. Mühler. Er beschränkte sich — klerikal eingestellt — auf die verwaltungsmäßige Leitung des Ministeriums. Im Herbst 1862 übernahm ihn Bismarck in *sein* Ministerium, in dem er bis 1872 Kultusminister blieb.

Zum Vortragenden Rat für den Universitätsbereich hatte 1860 v. Bethmann-Hollweg den Holsteiner Justus Olshausen gewählt, der unter Mühler im Amte blieb und 1874 ausschied. Olshausen stammte aus dem Hohenfelder Pfarrhaus und wuchs mit gleichfalls hochbegabten Brüdern auf. Zum Studium der orientalischen Sprachen bezog er die Universitäten Kiel und Berlin, auch ging er zu Sylvestre de Sacy nach Paris. Dort wurde er Alexander v. Humboldts „iranischer Freund". In Kiel lehrte er seit 1823 als ao., seit 1830 als o. Professor der orientalischen Sprachen, auch las er vor wenigen Hörern Geographie nach Ritter. Da sich Olshausen für die Elbherzogtümer einsetzte, verweigerte ihm die dänische Regierung 1853 die Bestätigung seiner Ämter. Durch Humboldts Vermittlung erhielt Olshausen eine neue Stelle als Oberbibliothekar an der Königsberger Universität. Humboldt verdankte er auch 1858 seine Tätigkeit als Vortragender Rat im Kultusministerium. Die „amtliche Schreiberei" mag ihm, der in den Akten als sein Signum orientalische Schriftzeichen verwendete, weniger zugesagt haben als 1860 seine Wahl zum o. Mitglied der Akademie der Wissenschaften.

1.3.1. Universität Berlin

1.3.1.1. Carl Ritters Lehrstuhl

Nach Ritters Tod trat die Philosophische Fakultät am 27. Oktober 1859 zu einer Sitzung zusammen, um über die Wahl eines Nachfolgers zu beraten. Da die Mitglieder auf die Bildung einer Berufungskommission verzichteten, erhielt Dekan Adolf Trendelenburg den Auftrag, einen Bericht an das Kultusministerium vorzulegen[142]. Der Bericht wurde von der Fakultät am 3. November 1859 angenommen. Er nannte als Kandidaten für Ritters Nachfolge die drei Berliner Geographen, die neben Ritter gewirkt hatten. Die Mitglieder der Fakultät kennzeichneten sie als „bedeutende Kräfte, welche nach verschiedenen Seiten in Ritters Sinne thätig sind," und fügten hinzu, es frage sich, ob diese Kandidaten schon die Lehrgabe und die Auffassung eines „vollen Repraesentanten der Geographie" besäßen[143]. (*s. Dokument 5!*) Der Bericht nennt die Namen der Berliner Kandidaten in nachstehender Reihenfolge:

---

142 Sitzungsprotokoll der Philosophischen Fakultät Berlin 1859 X 27. In: Akte 78, betr. C. Ritters Nachfolge.
143 Schreiben der Philosophischen Fakultät der Universität Berlin an v. Bethmann-Hollweg, Berlin 1859 XI 3. In: Akte 14, Bd. 4 Bl. 351–353 (s. Dokument 5!), betr C. Ritters Nachfolge.

Ferdinand Müller

Der älteste unter den Berliner Kandidaten war Ferdinand Müller, den Ritter während seiner Sommerurlaube als seinen Vertreter bezeichnete. Er wurde 1805 in Stettin als Sohn eines Handwerkers geboren und beschäftigte sich anfangs mit Fragen der russischen Geschichte und Völkerkunde. Friedrich Adelung, der 1768 ebenfalls in Stettin geboren wurde, wirkte in St. Petersburg als Direktor des Orientalischen Instituts; er mag sein Vorbild gewesen sein. Müller las seit WS 1831/32 als Privatdozent über osteuropäische Fragen, gewann aber in der Universität den Eindruck, „daß er stets werde übersehen oder doch nie so werde berücksichtigt werden, als es manchem andern wohl gelingt, der sich mehr geltend zu machen weiß"[144]. Leopold Ranke äußerte in seinem Gutachten von 1839[145], Müller erhöbe die Verbreitung der älteren Völkerverhältnisse in Rußland[146] erstmals zu allgemeiner Bedeutung. Carl Ritter sah in seinem gleichzeitigen Gutachten[147] in Müller den Vertreter der Ethnographie, die an der Berliner Universität noch keinen Lehrstuhl besitze. Die Fakultät konnte sich nur zu einer laufenden Geldunterstützung entschließen. Erst eine Eingabe der Fakultät von 1844 führte zur Ernennung zum ao. Professor[148].

Müllers Vorlesungen gingen von der Geographie und Ethnographie Asiens aus und brachten zunächst Beiträge zur historischen Geographie. Später verlagerten sich seine Themen auf die Geographie und Staatenkunde der Erdteile, über die er seit 1853 als Ritters Nachfolger in der Allgemeinen Kriegsschule vortrug. Müller lehrte an der Kriegsakademie bis 1871 und schloß seine Vorlesungen an der Universität mit SS 1880. Was er in fast fünfzig Jahren der Lehrtätigkeit leistete, blieb ohne Höhepunkte.

Heinrich Barth

Mit einem berühmten Namen konnte Heinrich Barth[149] auf seine Forschungsreisen in Afrika hinweisen. Er wurde 1821 in Hamburg geboren und stammte aus

---

144 Schreiben Ferdinand Müllers an Johannes Schulze, Berlin 1838 III 31. In: Akte 76, Bl. 69–71.
145 Gutachten Leopold v. Rankes über Ferdinand Müller, Berlin 1839 XI 15. In: Akte 83, Bl. 125–126.
146 Müller, F.: Der Ugrische Volksstamm oder Untersuchungen über die Ländergebiete am Ural und am Kaukasus in historischer, geographischer und ethnographischer Beziehung. Berlin 1837. 1839.
147 Gutachten Carl Ritters über Ferdinand Müller, Berlin 1839 XI 23. In: Akte 83, Bl. 125–126.
148 Schreiben der Philosophischen Fakultät der Universität Berlin an Eichhorn, Berlin 1844 VII 18. In: Akte 85, Bl. 162, betr. F. Müller.
149 [Andree, C.]: Heinrich Barth. In: Bonplandia. Zeitschrift für die gesamte Botanik. Hannover 3. 1855, S. 265–270. [Koner, W.]: Heinrich Barth. In: Zeitschrift der Gesellschaft für Erdkunde zu Berlin 1. 1866, S. 1–31 (mit Bibliographie). Schubert, G.v.: Heinrich

einem begüterten Kaufmannshause. Während seines Studiums in Berlin[150] wandte er sich unter August Böckh der klassischen Philologie zu und kam in Verfolg der Handelswege, auf denen die Reichtümer der Alten Welt ausgetauscht wurden, zur Archäologie der Mittelmeerländer und zur antiken Kulturgeschichte. Zur Geographie führte ihn im Sommer 1840 eine Reise durch Italien und nach Sizilien. Im Frühjahr des nächsten Jahres hörte er bei Carl Ritter „Allgemeine Geographie", und im Sommer 1844 promovierte er mit der Dissertation „Corinthiorum commercii et mercaturae historiae particula" (1844). Ehe er die Universität verließ, entwarf er unter Beistand des Archäologen Eduard Gerhard den Plan einer Studienreise um das Mittelmeer. Sie führte ihn in den Jahren 1845—1847 von Marokko nach Ägypten und durch Kleinasien nach Istanbul. Unter der Vorlage von zwei Manuskriptbänden seines Reisewerkes „Wanderungen durch die Küstenländer des Mittelmeeres" (1849) habilitierte er sich für Geographie und Alte Geschichte. Die Gutachten erstatteten Carl Ritter[151] und August Böckh[152]. Im WS 1848/49 begann Barth seine Lehrtätigkeit mit einer Vorlesung über „Alte Geographie Italiens und des nördlichen Afrika". Die geringe Hörerzahl nahm ihm die Freude am Dozieren. So brach er seine Vorlesung ab, als sich ihm die Gelegenheit bot, an der englischen Zentral-Afrika-Expedition teilzunehmen, die James Richardson in die Staaten des Sudan zur Anknüpfung von Handelsbeziehungen führte und die Barth zur Erforschung des inneren Nordafrika nutzen konnte. Carl Ritter unterstützte die Forschungsreise von der Heimat aus und veranlaßte noch vor Barths Rückkehr die Akademie der Wissenschaften, ihn als korrespondierendes Mitglied[153] aufzunehmen.

Nach Berlin zurückgekehrt trug Barth seine Wünsche für eine dauernde Tätigkeit in Berlin Ritter vor[154]. Ihm war bewußt, daß ihn fünf Jahre Afrikaforschung von einer gleichmäßigen Durcharbeitung des akademischen Lehrstoffes abgehalten habe und daß er Zeit zur Vorbereitung auf ein Lehramt brauche. Diese könne er während der vom preußischen Staat verbürgten Abfassung des Reisewerkes in London gewinnen[155]. Barth rechnete mit einer Anstellung an der Berliner Universität als

---

Barth, der Bahnbrecher der deutschen Afrikaforschung. Ein Lebens- und Charakterbild auf Grund ungedruckter Quellen entworfen. Berlin 1897. Schiffers, H.: Heinrich Barth. Ein Forscher in Afrika. Leben — Werk — Leistung. Wiesbaden 1967.

150 Engelmann, G.: Heinrich Barth in Berlin. In: Schiffers 1967, S. 108—147.
151 Gutachten Carl Ritters über Heinrich Barth, Berlin 1848 VII 23. In: Akte 15, Bd. 1 o. Bl. Druck in: Die Erde. Berlin 94. 1963, S. 5—12.
152 Gutachten August Boeckhs über Heinrich Barth, Berlin 1848 VIII 4. In: Akte 15, Bd. 1 o. Bl. Druck in: Die Erde. Berlin 94. 1963, S. 12.
153 Schreiben Ritters an Akademie der Wissenschaften zu Berlin, Berlin 1855 VI 4. In: Akte 104, Bd. 6 Bl. 144, betr. H. Barth.
154 Schreiben Heinrich Barths an Ritter, Berlin 1855 X 18. In: Akte 51, Bd. 1 Bl. 17. Druck in: Die Erde. Berlin 96. 1965. S. 272.
155 Barth, H.: Travels and discoveries in North and Central Africa in the years 1849—1855. London 1857—1858. Barth, H.: Reisen und Entdeckungen in Nord- und Central-Afrika in den Jahren 1849 bis 1855. Tagebuch seiner im Auftrag der Britischen Regierung unternommenen Reise. Gotha 1857—1858.

o. Professor der Geographie im Sommer oder Winter 1857. Dabei setzte er eine unmittelbare Zusicherung durch das Ministerium voraus. Der Philosophischen Fakultät wollte er wegen befürchteter Schwierigkeiten aus dem Wege gehen. Ritter mußte sich aber an die Fakultät wenden und stellte am 21. Oktober 1855 unter Einsatz aller Beredtsamkeit den Antrag auf eine o. Professur für Barth[156]. Die Fakultät erkannte Barths Verdienste zögernd an, lehnte aber eine o. Professur für ihn ab: „Die Fakultät ist der Überzeugung, daß durch alsbaldige Ernennung Dr. Barths zum Professor ordinarius der Zukunft unnötig vorgegriffen und andere verdiente Männer verletzt werden würden. Auch vermag sie zwischen der Stellung eines ordentlichen und eines außerordentlichen Professors keinen Unterschied der Ehre, deren sie den Dr. Barth in vollem Maße würdig hält, zu erkennen und wie sie die Ansicht hegt, daß es der Universität nur zum Vortheile gereichen könne, wenn die Stellung eines außerordentlichen Professors als eine sehr ehrenvolle anerkannt ... wird, so glaubt sie auch, daß Dr. Barth ... in einer außerordentlichen Professur für jetzt Befriedigung und hinreichende Sicherung seiner Stellung finden werde"[157]. Die Entscheidung verschob die Regierung bis zum Abschluß des Reisewerkes[158]. Die Arbeit am Reisewerk begann Barth im November 1855 in London. Für eine Verlängerung der preußischen Unterstützung sorgte Ritter durch sein Gutachten vom 4. Februar 1858[159].

Nach Abschluß seines Reisewerkes verließ Barth London am 21. August 1858. Da sich auf seiner Reise durch Kleinasien keine Gelegenheit bot, einen Konsularposten im Vorderen Orient einzunehmen, und eine Anstellung in Istanbul an seinen Gehaltsansprüchen scheiterte, siedelte er am 4. Januar 1859 nach Berlin über. Um eine Lebensstellung zu erhalten, wandte er sich mit einem Immediatgesuch an Prinzregent Wilhelm[160]. v. Bethmann-Hollweg setzte sich mit Finanzminister v. Patow in Verbindung[161]. Dieser gestand nur eine befristete Unterstützung der wissenschaftlichen Arbeit Barths zu. – Der letzte Versuch, Barth die Lehre an der Universität zu ermöglichen, ging über das Vorrecht der Lesenden Akademiemitglieder. Dazu reichte Barths korrespondierende Mitgliedschaft nicht aus. Aber kurz nach Ritters Tod bot sich die Gelegenheit einer Wahl zum o. Mitglied. Im Januar 1860 fanden sich Leopold Ranke, Heinrich Petermann und Gustav Parthey für einen

---

156 Schreiben Ritters an Philosophische Fakultät der Universität Berlin, Berlin 1855 X 21. In: Akte 51, Bd. 1 Bl. 14–16. Druck in: Die Erde. Berlin 96. 1965, S. 169–172, betr. H. Barth.
157 Schreiben der Philosophischen Fakultät der Universität Berlin an v. Raumer, Berlin 1855 XI 151. In: Akte 51, Bd. 1, Bl. 11–13. Druck in: Schiffers 1967, S. 136–138, betr. H. Barth.
158 Schreiben Carl Otto v. Raumers an Heinrich Barth, Berlin 1856 II 4. In: Akte 51, Bd. 1 Bl. 28–29.
159 Schreiben Ritters an Carl Otto v. Raumer, Berlin 1858 II 4. In: Akte 51, Bd. 1 Bl. 40–41.
160 Immediatgesuch Heinrich Barths an Prinzregent Wilhelm, Berlin 1859 I 10. In: Akte 51, Bd. 1 Bl. 62–63. Druck in Schiffers 1967, S. 121–122.
161 Schreiben v. Bethmann-Hollwegs an v. Patow, Berlin 1859 III 21. In: Akte 51, Bd. 1 Bl. 55, betr. H. Barth.

Antrag zur Wahl Barths zusammen. Am Tage der Wahl zog Ranke in Rücksicht auf ältere Anwärter seine Stimme zurück, während Petermann und Parthey ihre Anteile behielten. Bei der Abstimmung erhielt Barth 8 weiße und 13 schwarze Kugeln. Gegen Barth stimmten u.a. sein alter Lehrer August Böckh sowie Richard Lepsius und Theodor Mommsen, mit denen sich Barth für immer entzweit hatte. So blieb ihm auch der Weg über die Akademie versperrt. Während v. Bethmann-Hollweg Barths Bitte um eine Rücksprache wegen des bevorstehenden Ministerwechsels abschlug, versicherte sein Nachfolger v. Mühler, er hoffe, Barth eine o. Professur übertragen zu können. Aber die Fakultät lehnte am 22. Dezember 1862 eine Berufung ab: „Barth ist unablässig bemüht gewesen, die durch den Tod Ritters hier entstandene Lücke auszufüllen, und er richtet sein eigentliches ernstliches Bemühen dahin, die Schwierigkeiten zu überwinden, die ihm die Lebhaftigkeit seines Naturells entgegensetzt, und die Gabe ruhiger Mittheilung sich anzueignen." Aber die Fakultät besaß nicht „die volle Überzeugung, daß er — sei es nach der historisch-philologischen oder auch der naturwissenschaftlichen Seite hin — den Anforderungen, die zur vollen Vertretung der Geographie an einen ordentlichen Professor zu stellen sind, entspricht, obwohl sie seinen großen Verdiensten um die Erweiterung der geographischen Kunde und die Vermehrung ihres Materials durch die Erforschung unbekannter oder wenig bekannter Länderstrecken die vollste Anerkennung zollt. Aber ein anderes ist ein kühner, ausdauernder Reisender; ein andres ein Universitätslehrer und Gelehrter"[162]. Die überzählige ao. Professur ohne Gehaltszahlung, die Barth am 13. Mai 1863 verliehen bekam, konnte ihn nicht befriedigen.

In seinen Vorlesungen griff Barth auf Ritters „Allgemeine Erdkunde" zurück. Kleine Vorlesungen betrafen die Geschichte der Erdkunde und der geographischen Entdeckungen. Nach drei Semestern (WS 1863/64 — WS 1864/65) und einer Reise an „das herrliche Meer" erkrankte Barth unerwartet und starb im Alter von 44 Jahren. In einem seiner letzten Schreiben an das Ministerium versicherte er: „Ich bedaure, daß es nicht möglich gewesen ist, mir gleich im Anfange meiner Niederlassung hierselbst eine dauernde Stellung zu sichern, wodurch meine ganze Stellung hierselbst eine *unendlich ersprießlichere* Wendung genommen haben würde"[163].

Heinrich Kiepert

Der dritte Berliner Kandidat war Heinrich Kiepert[164]. Er wurde 1818 in Berlin geboren und war der Sohn eines Kaufmanns, der aus Beeskow in der Altmark

---

162 Schreiben der Philosophischen Fakultät der Universität Berlin an v. Mühler, Berlin 1862 XII 22. In: Akte 14, Bd. 6 Bl. 153—154. Druck in: Schiffers 1967, S. 138—140, betr. H. Barth.
163 Schreiben Barths an v. Mühler, Berlin 1864 XII 30. In: Akte 14, Bd. 7 Bl. 158.
164 Partsch, J.: Heinrich Kiepert. Ein Bild seines Lebens und seiner Arbeit. In: Geographische Zeitschrift. Leipzig 7. 1901, S. 1—21, 77—94. Partsch, J.: Richard Kiepert. In: Zeitschrift der Gesellschaft für Erdkunde zu Berlin 1915, S. 1—21. Engelmann, G. in NDB 11. 1977. Einen Überblick über Heinrich Kieperts Veröffentlichungen bis 1858 gibt Carl Ritter in:

stammte. Schon als Primaner des Joachimsthaler Gymnasiums sah Kiepert als sein Lebensziel die Verbindung der Altertumsforschung mit der Kartographie voraus. Seit 1836 studierte er an der Berliner Universität bei August Böckh und Leopold Ranke alte Sprachen und Geschichte. Carl Ritters Vorlesung über „Allgemeine Erdkunde" fesselte ihn so stark, daß er für sich und seine Kommilitonen Karten zu Ritters Vorlesungen anfertigte. Dies zog Ritters Aufmerksamkeit auf den jungen Kiepert, der bald zu einem fast täglichen Umgang mit seinem Lehrer kam. Noch in den letzten Semestern entstand aus handschriftlichen Karten sein „Topographisch-historischer Atlas von Hellas und den hellenischen Colonien in 24 Blättern" (1841–1846, 1851), für den Ritter die Vorrede schrieb. Es folgten Kartenzeichnungen für die historische Topographie Kleinasiens und die Auswertung von Itinerarien. Für sie vermittelte ihm Ritter die Routenaufnahmen Edward Robinsons aus Palästina, deren in Angriff genommene Bearbeitung Heinrich Berghaus nicht abschließen konnte. Eine auch durch die Beherrschung des topographischen Namengutes überragende Landeskenntnis von Kleinasien gewann Kiepert bei der von Ritter empfohlenen Bearbeitung topographischer Aufnahmen in der Türkei durch Helmuth v. Moltke u.a. preußische Offiziere. Diesen Arbeiten entsprang Kieperts erste Forschungsreise durch den Westteil Kleinasiens in den Jahren 1841–1842. Auf dieser Reise erwies er sich als ein hervorragender topographischer Beobachter. So wurde seine „Karte von Kleinasien und Türkisch-Armenien" in 6 Blättern (1844) eine Meisterleistung und die Denkschrift über die Konstruktion (1854) in Nachfolge der Denkschriften von Heinrich Berghaus (1832–1837, 1843) das Muster eines Rechenschaftsberichtes. Im übrigen ging seine kartographische Arbeit in Kartenbeilagen ein, die er für Gelehrte wie Alexander v. Humboldt, Heinrich Wilhelm Dove, Richard Lepsius, Philipp v. Martius und Christian Lassen entwarf. Der Russischen Geographischen Gesellschaft lieferte er Entwürfe zu einer Asienkarte aus seinem „Atlas von Asien in zwanzig Blättern zu C. Ritter's Allgemeiner Erdkunde" (1852–1854). Als Kenner des Vorderen Orients konnte er den bald achtzigjährigen Ritter bei der Arbeit an den Kleinasien-Bänden der „Erdkunde" unterstützen, aber den von Ritter unvollendet hinterlassenen Schlußband hat Kiepert nicht zu Ende geführt, obwohl ihm dies ein „heiliges Vermächtniß" war[165].

Für die Begründung eines eigenen Hausstandes glaubte Kiepert 1845 als kartographischer Leiter des von Justin Bertuch 1804 in Weimar gegründeten, aber mit der Zeit in den Leistungen zurückgebliebenen Geographischen Instituts eine Lebensstellung gefunden zu haben. Da aber jede Aussicht auf die Überwindung der Schwierigkeiten im Verlag schwand, kehrte er 1852 nach Berlin zurück, wo er durch Ritters Vermittlung die kartographische Leitung des Verlages Dietrich Reimer erhielt.

Ritter schlug – vom Altphilologen August Meineke unterstützt – die Aufnahme des 35jährigen Gelehrten in die Akademie der Wissenschaften vor. Er verglich Kieperts kritische, durch Scharfsinn und Sprachkenntnis ausgezeichneten Arbeiten

---

Akte 14, Bd 4, Bl. 163–164. Für eine Gesamtbibliographie s. Hinweise bei J. Partsch 1901, Fußnoten 1 u. 2!
165 Schreiben Kieperts an v. Mühler, Berlin 1870 I 7. In: Akte 14, Bd. 10, Bl. 159.

mit den Leistungen Jean Baptiste D'Anvilles[166]. Nach seiner Ernennung zum o. Mitglied in der Philosophisch-historischen Klasse (1853) zeigte Kiepert als Lesendes Akademiemitglied seit WS 1855/56 Vorlesungen über Alte Geographie und Ethnographie als eine Ergänzung zu Ritters Vorlesungen und Schriften an, hielt aber Vorlesungen „nur spärlich". Er vermied das Eingehen auf Ritters Abhängigkeit des geschichtlichen Lebens vom physischen Leben der Erde, denn diese Abhängigkeit mache den Menschen „sehr zum Sklaven der Scholle, auf der er erwachsen ist, und ignoriert menschliche Freiheit und Naturanlage allzusehr"[167]. Nüchternrealistisch forschend gewann Kiepert die Zustimmung der Altertumsforscher wie August Böckh, Ernst Curtius und Theodor Mommsen.

Leopold Ranke vermittelte Kiepert 1858 die Berufung auf einen zu errichtenden ao. Lehrstuhl der Geographie an der Universität München[168]. Um diese Berufung zu verhindern, legte Ritter im preußischen Ministerium eine Liste der Veröffentlichungen Kieperts vor[169] und veranlaßte er v. Bethmann-Hollweg, der eben sein Ministeramt angetreten hatte, für ihn eine ao-Professur bereitzustellen[170], die Kiepert Anfang 1859 antreten konnte. Ein Jahrzehnt später erhielt er einen Ruf auf den zu errichtenden Lehrstuhl der Geographie in Graz. Da er ablehnte, erhielt ihn Wilhelm Tomaschek. Gleichzeitig erfuhr Kiepert von einer Anfrage des französischen Ministers des öffentlichen Unterrichts an den Gesandten Frankreichs in Berlin, ob Kiepert bereit sein würde, an der L'École pratique des hautes études im Range der professeurs du collège de France zu lehren. Als die Philosophische Fakultät Leipzig im August 1870 die Berufung Oscar Peschels als Ordinarius der Geographie erwog, gab Heinrich Wuttke, Professor der historischen Hilfswissenschaften, zum Gutachten der Fakultät ein Sondervotum ab, in dem er Heinrich Kiepert als „den damaligen Hauptvertreter der Ritter'schen Schule" vorschlug: „Karl Ritter selbst hat über ihn als Geographen zu mir mit der größten Hochachtung gesprochen. Über seinen Vortrag wird ungleich geurtheilt. Während er nach der Versicherung mancher schlecht sein soll, wird dies von andern in Abrede gestellt, ja derselbe geradezu gelobt. Vielleicht liest er ungleich, oder seine Vorlesungen sind nicht anziehend für die große Menge, aber gewinnbringend für den, der sie mit Eifer hört"[171]. Kieperts Wandel vom Spezialisten der historischen

---

166 Schreiben Ritters an die Preußische Akademie der Wissenschaften zu Berlin, Berlin 1853 IV 3. In: Akte 103, Bd. 7 Bl. 28. Zu diesem Schreiben liegt im Deutschen Archäologischen Institut zu Berlin ein von Ritters Hand geschriebenes Konzept vor, das Berlin 1851 VIII 31 datiert ist. Betr. H. Kiepert.
167 Zitiert nach Partsch 1901, (s. Anm. 164) S. 82.
168 Da Kiepert den Ruf nach München ablehnte, übernahm 1859 Franz v. Löher, der sich mit der Geschichte der Deutschen in Amerika beschäftigt hatte, auch die Vorlesungen über Länder- und Völkerkunde.
169 Liste Carl Ritters über Heinrich Kieperts Veröffentlichungen, Berlin 1858 XII 25. In: Akte 14, Bd. 4 Bl. 163–164.
170 Schreiben der Philosophischen Fakultät der Universität Berlin an v. Bethmann-Hollweg, Berlin 1859 I 24. In: Akte 84, Bl. 151, betr. H. Kiepert.
171 Sondervotum Heinrich Wuttkes an Minister v. Falkenstein, Leipzig 1870 XI 14. In: Akte 111, Bl. 121–123, betr. H. Kiepert.

Kartographie zum Universitätslehrer der Geographie begann erst nach Ritters Tod. „Nun erst setzte er voller seine Kraft dafür ein, in der Lehrtätigkeit Boden zu fassen, und wenn er auch noch lange die alte Geographie der drei Erdteile und einzelner besonders bedeutsamer Länder (Vorderasien, Palästina, Kleinasien, Griechenland, Italien) im Vordergrunde seiner Leistung als akademischer Lehrer blieb, reihten doch auch Geschichte der Erdkunde, Allgemeine Völkerkunde, Allgemeine Erdkunde und die Länderkunde ohne geschichtliche Beschränkung immer häufiger sich ein in die Runde seiner Vorlesungen." (J. Partsch)[172] Für den Geographischen Apparat standen Kiepert anfangs keine staatlichen Mittel zur Verfügung. Er stellte mit Hilfe seines Sohnes Richard Wandkarten und andere Anschauungsmittel auf eigene Kosten her. Allmählich entwickelte sich eine Abgabe solcher Karten an Interessenten anderer Hochschulen. Die spätere Zuweisung des Ministeriums für den Geographischen Apparat erschien Kiepert als ein „weniger dringendes Bedürfniß, als es sich vielleicht auf anderen Universitäten herausstellte"[173]. Als ihm von der Preußischen Landesaufnahme die Meßtischblätter laufend zugestellt wurden, übernahm er sie als eine „schwer benutzbare Reihe" eines „voluminösen Geschenkes." Für ihre Unterbringung reichten die „bisher im dunkelsten und stetem Zuge ausgesetzten Winkel von Corridoren aufgestellten Schränke" nicht mehr aus. Nunmehr bekam Kiepert einen hellen Hörsaal mit anschließendem Kartenraum zur Verfügung gestellt[174].

Eine zusätzliche Arbeit erwuchs Kiepert dadurch, daß ihm im April 1865 Ernst Engel im Preußischen Statistischen Bureau die Leitung der Topographischen Abteilung übertrug. Kieperts umfangreicher Arbeitsplan[175] konnte wegen beschränkter Räumlichkeiten nicht voll durchgeführt werden. Erledigen konnte er nur Arbeiten zur Vervollständigung der Karten und Ortschaftsverzeichnisse nach den von den Königlichen Regierungen gemeldeten topographischen Veränderungen.

Fortsetzung der biographischen Einführung im Abschnitt 2.1.2.

Zu den drei Berliner Kandidaten traten im Protokoll der Fakultätssitzung vom 27. Oktober 1859 noch Namen von auswärtigen Geographen. Heinrich Wilhelm Dove hatte in der Sitzung zum Ausdruck gebracht, die Fakultät müsse sich die Einreichung von Wahlvorschlägen auch aus der Reihe auswärtiger Gelehrter vorbehalten. Das Sitzungsprotokoll nennt in nachstehender Reihenfolge fünf Namen.

Carl Eduard Meinicke

Als einer der frühesten Schüler Ritters kam Carl Eduard Meinicke[176] in Betracht. Er wurde 1803 in Brandenburg a. Havel als Sohn eines Kaufmanns geboren und

---

172 Partsch 1901 (s. Anm. 164) S. 13.
173 Schreiben Kieperts an Falk, Berlin 1875 XII 21. In: Akte 18, Bd. 1 Bl. 7–8.
174 Schreiben Kieperts an v. Goßler, Berlin 1885 IV 1. In: Akte 18, Bd. 1 Bl. 39–40.
175 Schreiben Kieperts an Ernst Engel, Berlin 1874 V 2. In: Akte 59, Bd. 2 Bl. 159–160.
176 Ruge, S.: Carl E. Meinicke. Eine biographische Skizze, mit Anhang: Briefe Wilhelm v. Humboldts an Meinicke aus den Jahren 1832–1835. In: Jahresberichte des Vereins für

studierte an der Berliner Universität Theologie, Geschichte und Geographie. Er hörte bei Carl Ritter, promovierte aber beim Kirchenhistoriker mit einem „Versuch einer Geschichte der Vandalen bis zu ihrem Einfall in Afrika" (1829). Mit 21 Jahren kam Meinicke nach Prenzlau. Dem Gymnasium der Stadt diente er bis zu seinem Ruhestande: seit 1833 als Konrektor, seit 1838 mit dem Titel Professor und seit 1852 als Gymnasialdirektor. Sein „Lehrbuch der Geographie" (1839) bezeugt, daß er bestrebt war, sich „so wenig als möglich von der Natur zu entfernen" und daß er nie unterließ, die Beziehungen zu berühren, „welche wirklich zwischen dem Erdboden und dem Menschengeschlechte bestehen." Sein wissenschaftliches Werk schloß unmittelbar an Ritters Asienbände der „Erdkunde" an und betraf Australien und die Inseln des Stillen Ozeans[177]. Meinicke sah die Zukunft der geographischen Wissenschaft in der Länderkunde. Sein Briefwechsel mit Wilhelm v. Humboldt, Leopold v. Buch und Carl Ritter brachte ihm immer erneut geistige Anregung.

So ist es verständlich, daß er in den 40er Jahren nach einer Professur in Berlin strebte. Sophus Ruge berichtet darüber: „Selbst ein Alexander v. Humboldt konnte ihm keine Hoffnung machen. Trotz Carl Ritter fehlte in den akademischen und maßgebenden Kreisen noch das Verständniß für die Bedeutung der Erdkunde vollständig. Man braucht nur die von Professoren der Berliner Universität vertretenen „Jahrbücher wissenschaftlicher Kritik"[178] zu durchblättern und in den Registern die Geographie aufzusuchen, um sich zu überzeugen, wie dieselbe förmlich heimatlos bald hier, bald dort in einer leidlich verwandten Gruppe untergebracht ist, wohl auch einmal, aber nur für ein Jahr, ihre eigne Fachabtheilung erhält, um im nächsten wieder unter irgend einem Notdache beiseite gesetzt zu werden. [...] Es sollte noch gerade ein Menschenalter vergehen, ehe man in Berlin ernstlicher an die Gründung geographischer Lehrstühle an den Universitäten dachte. Für Meinicke natürlich zu spät. Doch ließ er sich durch dies Fehlschlagen seiner Pläne nicht in seinem Eifer hemmen"[179]. Die Nachfolge Ritters hätte Meinicke im 56. Lebensjahr angetreten. Er hätte Ritters Lebenswerk behutsam weitergeführt. Seinen Lebensabend verbrachte er seit 1868 in Dresden, wo er neben Carl Andree und Sophus Ruge im Verein für Erdkunde führend tätig war.

Erdkunde zu Dresden, wissenschaftlicher Teil. Dresden 15. 1878, S. 56–85. Ratzel, F. in ADB 21. 1885.
177 Meinicke, C.E.: Das Festland Australien, eine geographische Monographie nach den Quellen dargestellt, Prenzlau 1837. Meinicke, C.E.: Die Inseln des Stillen Oceans, eine geographische Monographie. Leipzig 1875. 1876.
178 Jahrbücher für wissenschaftliche Kritik, hrsg. von der Societät für wissenschaftliche Kritik zu Berlin. Stuttgart u. Tübingen 1827–1833 und Berlin 1834–1846. Schlawe, F.: Die Berliner Jahrbücher für wissenschaftliche Kritik. Ein Beitrag zur Geschichte des Hegelianismus. In: Zeitschrift für Religions- und Geistesgeschichte. Köln 11. 1959, S. 240–258, 343–356.
179 Ruge 1878 (s. Anm. 176) S. 61.

Johann Eduard Wappäus

Neben Meinicke nannte das Sitzungsprotokoll Johann Eduard Wappäus. Er wurde 1812 als Sohn eines Hamburger Kaufmanns und Reeders geboren. Kränklichkeit hielt ihn vom Besuch des Gymnasiums ab und führte ihn zu Albrecht Thaer, dem Begründer der Landwirtschaftswissenschaft, nach Moeglin am Oderbruch. 1831 entschloß er sich zum Studium der Naturwissenschaften an der Universität Göttingen, wo ihn Johann Friedrich Ludwig Hausmann in die Geowissenschaften einführte. Eine Seereise nach den Kapverden und nach Brasilien stärkte seine Gesundheit. 1834 bezog er die Berliner Universität, wo ihn Carl Ritter fesselte. Seine Doktorarbeit „De Oceani fluminibus" reichte er 1836 in Göttingen ein. Weitere Studien führten ihn nach Paris und zu Georg Benjamin Mendelssohn nach Bonn. In Göttingen wurde er 1838 Privatdozent, 1845 ao. und 1854 o. Professor der Statistik mit dem Auftrag auch geographische Vorlesungen zu halten. Noch zwanzig Jahre nach Ritters Tode hielt er es für die „Pflicht der Alten", mit Ritters Geographie so vertraut zu sein, daß er seinen Zuhörern „die Rittersche Idee ... einfach und klar" darlegen könne[180]. Nach Berlin wäre Wappäus im 47. Lebensjahr berufen worden.

Fortsetzung der biographischen Einführung im Abschnitt 1.3.2.

Hermann Albert Daniel

Mit einem „vielleicht" wurde im Sitzungsprotokoll Hermann Albert Daniel genannt[181]. Er wurde 1812 in Köthen als Sohn eines Regierungsbeamten geboren und studierte in Halle Theologie. Als Professor wirkte er bis zu seinem Ruhestand (1870) am Pädagogium der Franckeschen Stiftungen. Seine Lehr- und Handbücher der Geographie faßte er nach den Grundsätzen der Ritterschen Schule ab. Sie gewannen großen Einfluß auf die Schulgeographie und überdauerten mit postumen Ausgaben die Jahrhundertwende. Kritisch beurteilt wurden Daniels Ausgaben von Ritters Vorlesungen. Als Nachfolger Ritters kam er kaum in Frage. Seinen Lebensabend verbrachte er in Leipzig.

Carl Neumann

Der Rang eines ebenbürtigen Nachfolgers von Carl Ritter gebührt Carl Neumann. Er wurde 1823 in Königsberg i. Pr. als Sohn eines Bäckermeisters geboren. Zunächst

---

180 J.E. Wappäus' Besprechung von Hermann Oberländer: Der geographische Unterricht nach den Grundsätzen der Ritter'schen Schule historisch und methodologisch beleuchtet. Grimma 3. Afl. 1879. In: Göttingische gelehrte Anzeigen für das Jahr 1879. Bd. 2, S. 833–856 (855–856), betr. C. Ritter u. J.E. Wappäus.
181 Wolkenhauer, W.: Hermann Albert Daniel. In: Petermanns Geographische Mitteilungen. Gotha 18. 1872, S. 66.

besuchte er die Königsberger Lehrerbildungsanstalt; später ging er auf das Kneiphöfische Gymnasium über. 1842–1846 studierte er in Königsberg Geschichte. Er schloß sein Studium mit der Dissertation „De rebus Olbiopolitanorum" ab. Während seiner Hauslehrerzeit in ostpreußischen Adelshäusern lernte er die sozialen und wirtschaftlichen Verhältnisse der Landarbeiter kennen. Er stand scharf gegen das Junkertum, aber auch gegen die Demokraten. Im Revolutionsjahr 1848 trat er journalistisch für eine konstitutionelle Monarchie ein. Berliner Politiker zogen ihn in die Hauptstadt, wo er sein Aufenthaltsrecht in zwei Presseprozessen erkämpfen mußte. Als Schriftleiter politischer Tageszeitungen wurde er von der großstädtischen Bevölkerung zu Stellungnahmen gezwungen, wie sie Universitätslehrern der üblichen Ausbildungsbahn kaum widerfuhren. Neumann ging dem Einfluß der physischen Gegebenheiten auf die Herausbildung des Menschenschlages nach, legte die Wurzeln für die staatliche Entwicklung, die wirtschaftliche Betätigung, den Kulturbesitz, die Siedlungen, die Kleidung und die Gesundheitsverhältnisse bis in ihre Verästelungen bloß. Sein Wunsch nach rein wissenschaftlicher Arbeit wurde durch Humboldt und Ritter belebt. Als echter Geograph trat er durch seine Studien über die griechischen Kolonien am Schwarzen Meer hervor („Die Hellenen im Skythenland" (1855)). So konnte er die Herausgabe der „Zeitschrift für allgemeine Erdkunde" übernehmen, die mit Unterstützung der Gesellschaft für Erdkunde zu Berlin erschien. Humboldt begrüßte Neumanns „Neue Folge" (1856–1860) mit den Worten: „Alle meine Erwartungen, welche ich an Ihren Namen und Ihre Arbeiten knüpfe, sind eingetroffen"[182].

Mit dem Anbruch der „Neuen Ära" des Prinzregenten Wilhelm wandte sich Neumann im Alter von 36 Jahren erneut der journalistischen Tätigkeit zu. So konnte im Protokoll der Fakultätssitzung vermerkt werden, er habe sich „noch nicht im akademischen Unterricht versucht." Neumann hätte auf Ritters Lehrstuhl Hervorragendes geleistet, denn *er* war nach dem Urteil Joseph Partschs der Geograph, „der 1863 in einer Zeit, da nach Carl Ritters Tode die Geographie in den Hörsälen deutscher Universitäten nahezu verstummt war, ihr in Breslau eine Stätte so tiefgehender, allseitiger Pflege bereitete, wie sie damals an keinem zweiten Orte deutscher Zunge bestand"[183].

Fortsetzung der biographischen Einführung im Abschnitt 1.3.3.

August Petermann

Der letzte unter den auswärtigen Kandidaten war August Petermann[184], der nach der Meinung der Fakultät sich „um die Geographie verdient" gemacht, aber „nicht

---

182 Brief Alexander v. Humboldts an Carl Neumann, Potsdam 1856 VIII 21. In: Akte 107, Kopie.
183 Partsch, J.: Die geographische Arbeit des 19. Jahrhunderts. Breslau 1899. Wiederabdruck in: Joseph Partsch, Aus fünfzig Jahren, Verlorene Schriften. Breslau 1927, S. 35–45 (35).
184 Haack, H.: August Petermann und die Gothaer Kartographie. In: Aus den coburg-gothaischen Landen. Heimatblätter, Heft 7. Gotha 1910, S. 47–57. Wiederabdruck in: Her-

den geeigneten Gang der Vorbereitung" auf die akademische Laufbahn genommen habe. Er war 1822 als Sohn unbemittelter Eltern in der thüringischen Kleinstadt Bleicherode geboren und hatte die Volksschule seines Heimatortes besucht. Da das Ministerium keine Mittel für eine gehobene Ausbildung zur Verfügung stellen konnte, nahm ihn Heinrich Berghaus sechs Jahre als Pflegesohn in sein Potsdamer Haus auf. In seiner „Geographischen Kunstschule" bildete er Petermann kostenlos zum Kartographen und Kupferstecher aus. Hermann Haack versicherte später, Petermann habe „eine so umfassende technische und zugleich wissenschaftlich-kartographisch vollendete Ausbildung erfahren, wie sie kaum heute [1901] irgendwo zu erlangen ist"[185].

Im Juni 1845 trat Petermann in die Edinburgher Verlagsanstalt W. & A.W. Johnston ein, um gemeinsam mit seinem Potsdamer Mitschüler Heinrich (Henry) Lange an der englischen Ausgabe von Heinrich Berghaus' „Physikalischem Atlas" (Physical Atlas 1848) mitzuarbeiten. Anschließend eröffnete er in London „A. Petermann's Geographical Establishment". Durch den Besuch der Veranstaltungen der Royal Geographical Society of London und im Hause des preußischen Gesandten Carl Josias v. Bunsen wurde er als ein hervorragender Kartograph bekannt. Im Jahre 1854, als Bunsen von London abberufen wurde, gewann Bernhardt Perthes den 37 jährigen Kartographen für die Geographisch-Kartographische Anstalt Justus Perthes in Gotha als leitenden Mitarbeiter in einem selbständigen Arbeitsbereich des Verlages. In Gotha entwickelte Petermann einen auf Regeln aufbauenden, naturwissenschaftlich ausgerichteten Kartenstil. Seine Agitation zur Erforschung unbekannter Erdstriche und die rasche kartographische Veröffentlichung ihrer Ergebnisse erhoben Gotha zum Rang einer internationalen Zentrale für die Verbreitung geographischer Nachrichten: „Bei allen diesen Entdeckungsreisen . . . war uns Förderung der geographischen Wissenschaft auf alle nur mögliche Weise das stete

---

mann Haack. Schriften zur Kartographie. In: Petermanns Geographische Mitteilungen, Ergänzungsheft 275. Gotha 1972, S. 182–190. Weller, E.: August Petermann. Ein Beitrag zur Geschichte der Quellen und Forschungen zur Erd- und Kulturkunde, Bd. 4. Leipzig 1911. Weller, E.: Leben und Wirken August Petermanns. Leipzig 1914. Horn, W.: Die Geschichte der Gothaer Geographischen Anstalt im Spiegel des Schirfttums. In: Petermanns Geographische Mitteilungen. Gotha 104. 1960. S. 271–287 (276–277). Engelmann, G.: August Petermann als Kartographenlehrling bei Heinrich Berghaus in Potsdam. In: Petermanns Geographische Mitteilungen. Gotha 106. 1962, S. 161–182. Engelmann, G.: Heinrich Berghaus. Der Kartograph von Potsdam. In: Acta Historica Leopoldina. Abhandlungen aus dem Archiv für Geschichte der Naturforschung und Medizin der Deutschen Akademie der Naturforscher Leopoldina. Nummer 10. Halle 1977. Engelmann, G.: Heinrich Berghaus (1797–1884). In: Geographisches Taschenblichs Wiesbaden 1979/80 S. 62–71.

185 Haack, H.: Zur neuen, neunten Lieferungsausgabe von „Stielers Handatlas". In: Geographischer Anzeiger. Gotha 2. 1901, S. 145–147 (146). Wiederabdruck in: Hermann Haack. Schriften zur Kartographie. In: Petermanns Geographische Mitteilungen, Ergänzungsheft 275. Gotha 1972, S. 93–98 (94).

und alleinige Ziel, durch vorbereitende und orientierende Arbeiten, durch die Ausarbeitung oder Drucklegung der Endresultate der Expeditionen selbst"[186].

Nicht genannt wurden im Fakultätsprotokoll zwei Geographen, die zu Ritters Lebzeiten sein Werk kritisch betrachteten und eigenständig fortführten. Beide gingen als 1848er Revolutionäre nach Amerika und kehrten erst nach Jahren in die Heimat zurück.

Julius Fröbel

Julius Fröbel[187] war der Neffe Friedrich Fröbels, der in Keilhau bei Rudolstadt eine „Allgemeine Deutsche Erziehungsanstalt" errichtete und später der Begründer des Kindergartens in Deutschland wurde. Julius Fröbel wurde 1805 in Griesheim bei Arnstadt geboren und wuchs im väterlichen Pfarrhaus als Freigeist auf. Nach dem frühen Tode des Vaters mußte der naturliebende Knabe Jugendjahre in der Erziehungsanstalt Friedrich Fröbels verbringen (1817—1823). Ersten Reisen und literarischen Versuchen folgten naturwissenschaftliche Studien in München (1827) und Jena. Dort beeindruckte ihn der vorwärtsdrängende Carl Andree, der sich Jakob Friedrich Fries und Heinrich Luden angeschlossen hatte. Während seines Weimarer Aufenthaltes (1831—1832) veranlaßte ihn Ludwig v. Froriep zur Mitarbeit in Bertuchs Geographischem Institut[188]. Bei der Beschäftigung mit Ritters „Erdkunde" verwarf Fröbel Ritters Verfahren, synthetisch ein „Gemälde der Anschauung" zu entwerfen. Er forderte die Analyse isoliert stehender Tatsachen in Einzeluntersuchungen und wies auf die „Ersten Elemente der Erdbeschreibung" von Heinrich Berghaus (1830) hin, in denen die Durchführung des Begriffes „Geographisches Individuum" über die ganze Erde einen gelungenen Ansatz für eine wissenschaftliche Geographie darstelle[189]. Ritter entgegnete Fröbel, Untersuchungen, wie er sie fordere, habe er in unveröffentlichten Entwürfen durchge-

---

186 Petermann, A.: Arktische Korrespondenz: Auszüge aus Briefen gewichtiger Gewährsmänner an A. Petermann über die Geographie und Erforschung der arktischen Central-Region. In: Petermanns Geographische Mitteilungen. Gotha 12. 1866, S. 26—39 (27).
187 Müller, G.: Die Untersuchungen Julius Fröbels über die Methoden und die Systematik der Erdkunde und ihre Stellung im Entwicklungsgange der Geographie als Wissenschaft. Ein Beitrag zur Geschichte der geographischen Methodik. Halle. Diss. 1908. Müseler, W.: Julius Fröbels Gedanken zur Kulturphilosophie in seiner reifen Periode. Berlin 1931. Mommsen, W.: Julius Fröbel. Wirrnis und Weitsicht. In: Historische Zeitschrift. München 181. 1956, S. 497—532. Wentzcke, P. in NDB 5. 1961.
188 Fröbel, J.: Geographisch-statistische Beschreibung von Ober- und Unter-Peru, der Argentinischen Republik, Uruquay und Paraquay. In: Vollständiges Handbuch der neuesten Erdbeschreibung von A.Ch. Gaspari, J.G.H. Hassel, J.G.F. Cannabich, J.C.F. Guts Muths, F.A. Ukert. Weimar 1819—1832 (1831).
189 Fröbel, J.: Einige Blicke auf den jetzigen formellen Zustand der Erdkunde. In: Berghaus' Annalen der Erd-, Völker- und Staatenkunde, Berlin 4. 1831, S. 493—506.

führt; sie wirkten sich gegenwärtig in seiner Lehrtätigkeit aus[190]. Auf dieser aber beruhten Berghaus' „Elemente"[191]. Als Fröbel 1832 nach Berlin kam, fand er Zutritt bei Humboldt und Ritter. Er half Carl Wilhelm v. Oesfeld beim Kartenzeichnen für den Atlas zu Ritters „Erdkunde" und ging dann über Jena, wo er promovierte, in die Schweiz.

In Zürich trat er 1834 als Geographielehrer in die Industrieschule ein. An der neugegründeten Universität las er Mineralogie und hielt seit 1836 als ao. Professor geographische Vorlesungen. Gemeinsam mit dem Botaniker Oswald Heer gab er „Mitteilungen aus dem Gebiete der Theoretischen Erdkunde" (1834) heraus, in denen sein System der Geographischen Wissenschaften erschien[192]. Nach Alexander v. Humboldts Urteil bot er „neue Erkenntnisse des Zusammenhanges der Erscheinungen im Erdenleben." Fröbel ging bei seinen geographischen Betrachtungen[193] von dem Satze aus, daß „die Erdkunde als Naturwissenschaft die geordnete Darstellung der gesammten in der äußeren Erfahrung gegebenen kosmischen, planetarischen und topischen Erscheinungen des tellurischen Naturlebens" sei. (S. 6) Dann fuhr er fort: „Die Erdkunde als Naturwissenschaft darf unbedingt den Menschen in ihr Gebiet aufnehmen, soweit es nach den Verhältnissen der Örtlichkeit beurtheilt werden kann." (S. 5) Auf innerer Erfahrung beruhe die Einwirkung der Natur auf den Menschen, „welche sich in erregten Stimmungen äußert". (S. 7). „So entsteht eine ästhetische Behandlung naturwissenschaftlicher Gegenstände, wie wir sie hauptsächlich in den lebendigen Reisebeschreibungen finden" (S. 8), und damit eine historisch-philosophische Geographie, durch deren Kombinationskunst Fröbel zu einem „Virtuosen mit brillantem esprit" wurde[194]. Neben Fröbels „Geographie" trat als „Geohistorie" die Geschichte der Veränderungen der irdischen Erscheinungen der Zeit. Abschließend wies er in seinem „System der geographischen Wissenschaften" (1834) jede irdische Erscheinung als eine notwendige Folge der Naturvorgänge wie Gravitation, Chemismus, Affinität in ihrer Abhängigkeit von den Grundbedingungen aller örtlichen Mannigfaltigkeit nach.

Als Schweizer Staatsbürger zog es Fröbel zu politischer Betätigung. Im Züriputsch von 1839 sah er das Vorspiel zur europäischen Revolution. Zu seinem Freundeskreis zählten Georg Herwegh, Arnold Ruge und Michael Bakunin. 1842 legte er seine Lehrämter nieder und gründete in Zürich und Winterthur das „Literarische Comptoir" als die „Waffenschmiede für die Partei der Zukunft". Seine „Neue Politik", die 1846 unter dem Pseudonym C. Junius erschien, erweiterte er

---

190 Carl Ritters Schreiben an Heinrich Berghaus in Beziehung auf den vorstehenden Aufsatz des Herrn Julius Fröbel. Ebenda 4. 1831, S. 506–520.
191 Engelmann 1977, (s. Anm. 184) S. 154–155.
192 Fröbel, J.: Entwurf eines Systems der geographischen Wissenschaften. In: Mitteilungen aus dem Gebiete der Theoretischen Erdkunde, hrsg. von J. Fröbel und O. Heer. Zürich 1834, Heft 1, S. 1–35 und Heft 2, S. 121–132 [mehr nicht erschienen].
193 Fröbel, J.: Über die Unterscheidung einer Erdkunde als eigentlicher Naturwissenschaft und einer historischen Erdkunde. In: Berghaus' Annalen. Berlin 6. 1832, S. 1–10.
194 Spörer, J.: Ein Streifzug durch das Gebiet der geographischen und historischen Literatur. In: Geographisches Jahrbuch, hrsg. von E. Behm, Gotha 3. 1870, S. 326–420 (415).

in der Neuauflage zum „System der sozialen Politik" (1847). Da sich das „Comptoir" wirtschaftlich nicht halten ließ, kehrte Fröbel nach Deutschland zurück. Als er in Potsdam Alexander v. Humboldt im Stadtschloß aufsuchte, stärkte ihn dieser in seiner Entschlossenheit: „Sie sind noch jung. Sie werden es erleben, daß die ganze hiesige Wirtschaft ein schmähliches Ende nimmt. Der große Fehler in der deutschen Geschichte ist, daß die Bewegung des Bauernkrieges nicht durchgedrungen ist"[195]. Fröbel leitete den ersten Kongress deutscher Demokraten in Frankfurt a. Main, der eine „gemeinsame Organisation der freien Völker Europas" forderte. Er wurde in die Deutsche Nationalversammlung gewählt, in der er für eine föderative Republik eintrat. Mit einer Flugschrift „Wien, Deutschland und Europa" (1848) in der Hand begleitete er Robert Blum zu den Kämpfen um die österreichische Hauptstadt, ohne wie dieser dem Wiener Standgericht zu verfallen. Fröbel kehrte nach Frankfurt zurück und folgte dem Rumpfparlament nach Stuttgart. Sein letzter Parteiauftrag für die badische Revolutionsregierung zwang ihn zur Flucht in die Schweiz. Seine Familie zurücklassend ging er über Paris, Hamburg und Helgoland nach Amerika[196]. Auf „Irrgängen und Irrfahrten" lernte er das Land als Begleiter von Warenzügen großer Handelshäuser nach dem Fernen Westen kennen. Jede seiner landschaftlichen Schilderungen zeugt von seinem geographischen Blick. Nach Europa zurückgekehrt blieb Fröbel ein Politiker. Neben die Dreigliederung des Deutschen Bundes trat in seinem Denken die Welttrias Amerika, Rußland, Europa. Während seiner Wiener Arbeit für den offiziellen „Beobachter" scheiterte seine großdeutsche Politik. Im Deutschen Reich trat er in den Konsulardienst in Smyrna und Algier.

Ernst Kapp

Fröbels Schicksalsgefährte war Ernst Kapp.[197] Er stammt aus einer kinderreichen Familie eines Justizamtmannes im oberfränkischen Ludwigstadt und wurde 1808 als der jüngste Sohn geboren. Da seine Eltern frühzeitig starben, durchlebte er bei Verwandten und in fremden Familien eine wenig freudenreiche Jugend.

---

195 Fröbel, J.: Ein Lebenslauf. Aufzeichnungen, Erinnerungen und Bekenntnisse. Stuttgart 1890. 1891, hier Bd. 1, S. 133.
196 Fröbel, J.: Aus Amerika. Erfahrungen, Reisen und Studien. Leipzig 1856. 1857. Fröbel, J.: Seven years' travel in Central America, Northern Mexico, and the Far West of the United States. London 1859. Fröbel, J.: Die deutsche Auswanderung und ihre culturhistorische Bedeutung. Leipzig 1858.
197 Wolkenhauer, W.: Dr. Ernst Kapp. In: Deutsche Rundschau für Geographie und Statistik. Wien 20. 1898, S. 40—43 Hantzsch, V. in ADB 51. 1906. Van der Valk, J.G.: Ernst Kapp 1808—1816. Utrecht o.J. (1939 ?). Geiser, S.W.: Dr. Ernst Kapp. Early Geographer in Texas. In: Field and Laboratory. Dallas 1946, S. 16. Poeck, D.: Minden im Jahre 1848. In: Mitteilungen des Mindener Geschichtsvereins! 44. 1972, S. 51—78. Sass, H.-M.: Von der Praxis zur Theorie. Zur Technik-Philosophie von Ernst Kapp. In: Düsseldorf. Das Magazin für Gäste und Freunde der Landeshauptstadt Düsseldorf. 1978, Heft 3, S. 14—15.

Guten Schulunterricht erhielt er erst, nachdem ihn sein ältester Bruder im westfälischen Hamm in sein Haus und Gymnasium aufgenommen hatte. Dann studierte er in Bonn klassische Philologie. Ein ausgeprägt philosophischer Zug in seinem Denken führte ihn zu Ritters Werk. Seine erste Lehrerstelle am Gymnasium in Hamm (1828) vertauschte er mit der Stelle des ersten Oberlehrers am Gymnasium in Minden, doch wurde er bei der Besetzung des Direktorpostens übergangen. Zahlreich waren seine methodischen Schriften über den geschichtlich-geographischen Unterricht. In den vierziger Jahren begann er Hegels Philosophie der Geschichte, die auf geographischer Grundlage beruht, auf Ritters Werk anzuwenden.[198] Kapp schreibt in seiner „Philosophischen oder vergleichenden allgemeinen Erdkunde" (1845/ 1846): „Die Erde ist in ihrem natürlichen Dasein" „die zur Bewohnbarkeit für den Menschen fertige Erde" (Bd. 1, S. 26—27). „Sie ist der für den Menschen bereitete Wohnort für sein Dasein, für seine Bedürfnisse, für seine Entwicklung wohl bestellt und eingerichtet." (S. 90). Die Gliederung der Menschheit nach einzelnen Völkern wird durch die Gliederung der Erdoberfläche in Festlandsräume bedingt. Dabei wird die Architektur der Erdräume durch das Wasser geformt, dessen Erscheinungsformen als Fluß, Mittelmeer und Ozean den geschichtlichen Ablauf der Staatenbildung bestimmen. Die ältesten Staaten sind an Stromgebiete im Orient gebunden und bilden die potamische Welt. Das griechische Leben und das römische Weltreich entwickelten sich an den Küsten des Mittelmeeres und bilden die thalassische Welt. Die Staaten der Gegenwart stehen mit den erdumfließenden Ozeanen in Verbindung und bilden die ozeanische Welt. Die Herrschaft über die Natur, die auf der Erdoberfläche Schranken setzt, gewinnt der Mensch durch Arbeit: „Arbeit macht den Menschen zum Herrn der Wirklichkeit, sie allein sollte ihm das Recht der Besitzergreifung geben." (S. 607). Durch solche kulturgeographische Betrachtungen wurde für Kapp die Geographie zu einer in das Leben tief eingreifenden Wissenschaft und damit zu einer Vorschule der Politik.

So lag es nahe, daß er auch in den politischen Tageskampf eingriff. Wie zwei seiner Brüder wurde er ein linksliberaler Politiker. Er vertrat den Standpunkt: „Alle materiellen Gestaltungen und Wandlungen [lassen] stets ebensowohl den Geist als das Drängende und Treibende durchscheinen, wie auch wiederum alle geistigen Entwicklungen sich aus der Materie die Gleise und Bahnen bauen, auf welchen sie vor sich gehen, wo dann der Fortschritt des einen stets nur sichtbar wird am andern." (Bd. 1, S. 263). Kapp trat für demokratische Verfassungen ein, „in denen jeder Einzelne das Gewicht seiner Persönlichkeit geltend zu machen sich berufen fühlt." (S. 190). Er forderte eine deutsche Republik als das Rüstzeug für jugendlich starke Völker, welche in harter Arbeit als „Pioniere für die Produktionszwecke der Menschheit eintreten." (2. Afl. 1868, S. 594). Die Republik könne die soziale Frage durch die Umbildung des Feudalstaates lösen. Kapp erklärte: „Die vorhandenen Autoritäten sind abgenutzt und haben sich überlebt." — Der

---

198 Kapp, E.: Philosophische oder Vergleichende allgemeine Erdkunde als wissenschaftliche Darstellung der Erdverhältnisse und des Menschenlebens nach ihrem innern Zusammenhang. Braunschweig 1845. 1846.

Stellungnahme seiner Vorgesetzten[199] entging Kapp, imdem er am 1. Oktober 1849 sein Lehramt aufgab: „Von jeher begeistert für alles, was humane Bildung heißt, aber Feind jeder knechtischen Form ihrer Ausbildung, Todfeind jeder Schablonendressur des Geistes scheide ich freiwillig aus meinem Lehramte. Der ehrliche Mann erhält sich das Bewußtsein der Wahrheit gegen sich und andere um jeden Preis."[200] Kapp schlug Berufungen in andere Städte aus, erlernte bei Handwerkern die Werkzeuge gebrauchen und ging mit Frau und vier kleinen Kindern nach Amerika.

Nach ersten Abenteuern mit Händlern, Farmern und Indianern blieb er in Texas. Er rodete ein Stück Urwald, legte eine Rinder- und Baumwollfarm an und kam zu Wohlstand. Gemeinsam mit anderen Deutschen wollte er zeigen, daß der bäuerliche Betrieb bei freier Arbeit von Weißen bessere Produkte erzeugen könne, als der Plantagenbetrieb mit schwarzen Sklaven. Sein Schicksalsgenosse Julius Fröbel besuchte „Dr. Kapps Farm", wie sie heute noch in Sisterdale bei San Antonio genannt wird, und berichtet: „Zu Kapp mußte ich über den Fluß, was bei der Beschaffenheit der Ufer und dem Wasserstande zu Pferde nicht für ratsam gehalten wurde. Ich ging, meine Kleider in einem Bündel auf dem Kopfe tragend, bis an den Hals durch das Wasser." In Kapps Wohnhaus sah er in der Bibliothek des Farmers neben Hegels Werken seine eigene „Soziale Politik" stehen. Die Bücher nahmen sich „an diesem Orte der Welt wunderlich genug aus."[201] — In dem Jahre, in dem in den Südstaaten die Sklaverei aufgehoben wurde (1865), besuchte Kapp mit seiner Familie die alte Heimat. Nach den politischen Ereignissen des Jahres 1866 blieb er für immer in Deutschland. Er wurde in Düsseldorf ansässig, hielt sich aber von den politischen Parteien fern. Da in Berlin Ritters Lehrstuhl immer noch nicht besetzt war, gab er 1868 seine „Philosophische Erdkunde" in Neubearbeitung heraus, wobei er den Titel des Buches noch stärker an Ritters „Erdkunde" anklingen ließ.[202] Kapp hätte als Ritters Nachfolger sein Erbe in eigenständiger Weise weiterentwickeln können. Die „Erziehungsanstalt der Menschheit" wurde durch Kapp in die „Werkstatt der Menschheit" verwandelt, wurde zur „irdischen Bühne der Hand- und Heimarbeit des Menschen.". Er sah den „Vollbegriff der Erdkunde" in der Wechselbeziehung zwischen Natur und Mensch, im „Einfluß des Bodens auf den Bewohner und wie der Bewohner den Boden umgestaltet." Dagegen hielt er nach dem Erscheinen von Richthofens „China, Band 1" (1877) „die frische Blüthe der naturforschenden Hilfsgenossenschaft" für abwegig, da der Schwerpunkt der Länder- und Völkerkunde „nur im Menschen zu erkennen" sei. Als den besten

---

199 Im Stadtarchiv Minden befindet sich eine Akte über das politische Treiben der Gymnasiallehrer (Signatur: E Nr. 1053) und im Staatsarchiv Münster eine Akte: Politisches Verhalten der Gymnasiallehrer zu Minden 1848—1851 (Signatur: Nr. 690).
200 Zitiert nach Wolkenhauer 1898 (S. Anm. 197) S. 42.
201 Fröbel, J.: Ein Lebenslauf. Aufzeichnungen, Erinnerungen und Bekenntnisse. Stuttgart 1890. 1891, Bd. 1, S. 477. Fröbel, J.: Aus Amerika, Erfahrungen, Reisen und Studien. Leipzig 1856. 1857, Bd. 2, S. 322—324, betr. E. Kapp.
202 Kapp, E.: Vergleichende Allgemeine Erdkunde in wissenschaftlicher Darstellung. Braunschweig 1868.

Nachfolger auf Ritters Lehrstuhl erachtete er Adolf Bastian, der sich 1866 an der Berliner Universität für Geographie habilitiert hatte und der im Geiste Carl Ritters den Ausbau der geographischen Wissenschaft förderte.[203]

Als Düsseldorfer Schriftsteller entnahm Kapp dem Schlußkapitel seiner „Erdkunde" kulturgeographische Gedanken, die er mit seinen Erfahrungen in Amerika verknüpfte und 1877 als eine „Philosophie der Technik" herausgab.[204] Die Kulturleistungen der Menschheit seien eine Herausforderung der natürlichen, sozialen und politischen Umwelt, durch deren Gestaltung sich der Mensch zu bewähren habe. Den Werkzeuggebrauch deutete er als eine „Organprojektion" zur Beherrschung der Natur und ihrer Humanisierung. Für die Begrenzung der Auswüchse in der Technisierung forderte er „planvolle Beschränkung".

Eine abschließende Beurteilung Ernst Kapps fand 1870 J. Spörer: „Mit Hegel'schem philosophischen Geiste die Wissenschaft der Geographie durchdrungen, die weltgeschichtliche Entwickelung der Menschheit, das Menschheitsdrama auf geographischer Grundlage thatsächlich in Szene gesetzt und durchgeführt zu haben – ist das nicht hoch genug anzuerkennendes Verdienst von E. Kapp."[205] Ihm pflichtete Wilhelm Wolkenhauer bei: „Sein Ruhm wird für immer bleiben, als der Erste und der Letzte, den Aufbau der ‚historischen Erdkunde' im Geiste Ritters und Hegels unternommen zu haben."[206] Abklingend schrieb 1923 Ewald Banse im Lexikon der Geographie: „Ernst Kapp wurde weniger bekannt, als er verdiente."

Von den im Sitzungsprotokoll vom 27. Oktober 1859 angeführten auswärtigen Geographen[207] nannte der Fakultätsbericht vom 3. November 1859 als Beispiele nur Wappäus und Meinicke. Da der Fakultät auch die drei Berliner Kandidaten nicht ausreichend genug erschienen, baten ihre Mitglieder Minister v. Bethmann-Hollweg: „Ew. Excellenz wollen die Besetzung der ordentlichen Professur im Fache der Geographie hochgeneigtest verschieben und der Fakultät gestatten, daß sie sich zu geeigneter Zeit ein Gutachten über dieselbe vorbehalte."[208] Im Ministerium wurde der Bericht „bis auf weitere Veranlassung" zu den Akten gelegt. Carl Ritters Lehrstuhl blieb unter drei Ministern und vierzehn Dekanen dreißig Semester lang unbesetzt.

---

203 Kapp, E.: A. Bastian als Nachfolger C. Ritter's = Besprechung von A. Bastians Werk: Die Culturländer des alten Amerika. Berlin 1878. In: Deutsche Rundschau, hrsg. von Julius Rodenberg. Berlin 19. 1879 (April-Juni), S. 149–153 (152–153).
204 Kapp, E.: Grundlinien einer Philosophie der Technik. Zur Entstehungsgeschichte der Kultur aus neuen Gesichtspunkten. Düsseldorf 1877. Neudruck Düsseldorf 1978 mit einer Einleitung von H.-M. Sass.
205 Spörer, J.: Ein Streifzug durch das Gebiet der geographischen und historischen Literatur. In: Geographisches Jahrbuch, hrsg. von E. Behm. Gotha 3. 1870, S. 326–420 (348), betr. E. Kapp.
206 Wolkenhauer, W.: Dr. Ernst Kapp. In: Deutsche Rundschau für Geographie und Statistik. Wien 20. 1898, S. 40–43 (43).
207 Sitzungsprotokoll der Philosophischen Fakultät der Universität Berlin 1859 X 27. In: Akte 78, betr. C. Ritters Nachfolge.
208 Schreiben der Philosophischen Fakultät der Universität Berlin an v. Bethmann-Hollweg, Berlin 1859 XI 3. In: Akte 14, Bd. 4 Bl. 351–353, betr. C. Ritters Nachfolge.

1.3.1.2. Nochmals Ritters Lehrstuhl

Oscar Peschel

Zehn Jahre nach Ritters Tod erschien in der Augsburger „Allgemeinen Zeitung" anonym ein Aufsatz unter dem Titel „Eine deutsche Wissenschaft ohne Lehrstuhl", dessen Verfasser Friedrich v. Hellwald in Wien war.[209] Hellwald stand als Sohn eines österreichischen Feldmarschall-Leutnants im Hereresdienst und übernahm 1872 als ein Bewunderer Peschels die Nachfolge in der Schriftleitung der Wochenschrift „Das Ausland. Überschau der neuesten Forschungen auf dem Gebiete der Natur-, Erd- und Völkerkunde". Seine Reisen und sein Eintreten für den Darwinismus ließen ihn zu einem Ethnographen und Kulturhistoriker werden, der als gewandter Schriftsteller auf einen großen Leserkreis einwirkte.

Hellwald wies in seinem Aufsatz auf einen Beitrag in der „Deutschen Vierteljahrsschrift" hin, in dem ein nichtgenannter Verfasser über den Mangel an geographischen Lehrstühlen in Deutschland klagte. Der Autor war Oscar Peschel in Augsburg.[210] Peschel wurde 1826 in Dresden geboren und war der Sohn eines sächsischen Offiziers. Er erlernte den Kaufmannsberuf und studierte 1845—1848 in Heidelberg und Leipzig die Rechte. Seine Dissertation behandelte Aristoteles. Im Revolutionsjahr 1848 betätigte er sich in Berlin als Journalist. 1851 rief ihn Georg v. Cotta in die Redaktion der „Allgemeinen Zeitung". Seit 1854 leitete er „Das Ausland" in Augsburg. In den 16 Jahren seiner Herausgeberschaft eignete er sich ein umfassendes geographisches Wissen an. Er vermochte in überlegener Weise Stoffmassen geistig zu durchdringen und sie in anziehenden Gedankengängen anschaulich darzustellen. So galt er als „der geistvollste Schriftsteller und der größte Meister deutscher Sprache, den die ganze geographische Literatur unseres Volkes aufweist" (Joseph Partsch).[211] Peschel fragte, „ob nicht der Schauplatz, der unserem Geschlecht gleichsam als Gefäß zur Entwicklung seiner Cultur nachgewiesen ist, einem absichtsvollen Mechanismus gleiche und das Fortrücken und die Ausbreitung menschlicher Gesittung gesetzmäßig vorgeschrieben war, als die Erde ihr neueres Antlitz gewonnen hatte."[212] Peschels „Neue Probleme" (1886—1889)[213] boten aus' kleinmaßstäblichen Übersichtskarten gewonnen ein Programm, das den Entwicklungsgedanken Darwins geistvoll auf die Geographie anwandte, ohne dadurch die wissenschaftliche Geographie vorwärtszutreiben. Richthofen urteilte als der Vertre-

---

209 [Hellwald, F.v.]: Eine deutsche Wissenschaft ohne Lehrstuhl. In: Beilage zur [Augsburger] Allgemeinen Zeitung 1869 Nr. 191 vom 10. Juli, S. 2950—2951.
210 [Peschel, O.]: Die Erdkunde als Unterrichtsgegenstand. In: Deutsche Vierteljahrsschrift. Stuttgart 31. 1868, Heft 2, S. 103—131 (128—130). Wiederabdruck in: Abhandlungen zur Erd- und Völkerkunde, hrsg. von J. Löwenberg. Leipzig 1877—1879, Bd. 1, S. 427—453.
211 Dr. philos. Carl Neumann 1859—1876. In: Akte 57. Partsch, J.: Die geographische Arbeit des 19. Jahrhunderts. Breslau 1899. Wiederabdruck in: Joseph Partsch. Aus fünfzig Jahren. Verlorene Schriften. Breslau 1927, S. 35—45 (44).
212 Peschel, O.: Geschichte der Erdkunde bis auf A. v. Humboldt und Carl Ritter. In: Geschichte der Wissenschaften in Deutschland. Neuere Zert, Bd. 4. München 1865, S. 686.
213 Peschel, O.: Neue Probleme der vergleichenden Erdkunde als Versuch einer Morphologie der Erdoberfläche. Leipzig 1866—1869, 5. Afl. 1880 und 6. Afl. 1886 bearbeitet von A. Kirchhoff, 7. Afl. 1897 in ursprünglicher Gestalt mit Vorwort von F. v. Richthofen.

ter der auf Beobachtung gegründeten Geographie: „Ich kann mich der Überzeugung nicht verschließen, daß die aus dem Peschel'schen Journalismus entsprungene Schule den Dilettantismus befördern muß und daß eine andere jüngere Generation herangezogen werden muß."[214]

1.3.2. Universität Göttingen – Johann Eduard Wappäus

Gegen Ende der Stillen Jahre fiel das Königreich Hannover an Preußen und damit auch die Georgia Augusta.[215] Wappäus[216] wurde die Weiterarbeit an seiner alten, nunmehr als „preußische Provinzialuniversität" empfundenen Wirkungsstätte erschwert, da er sich in neue Verhältnisse nicht leicht zu finden wußte. Als Statistiker besaß er ein Ansehen über Deutschlands Grenzen hinaus. Seine „Vorlesungen über allgemeine Bevölkerungsstatistik" (1859. 1861) galt als sein bestes Werk. Da die Statistik in ihrer zustandsbeschreibenden Darstellung der Staaten mit ihrer Bevölkerung, ihren Produktionskräften, der öffentlichen Wohlfahrt und der Kenntnis der Landesverwaltung der Geographie nahestand, wurde Wappäus auch der geographische Lehrstuhl übertragen. Er sah in der Erdoberfläche das Forschungsgebiet, „welches die Erdkunde als ihr eigenstes ansehen und allen anderen Wissenschaften gegenüber als solches behaupten kann."[217] Zur Neubearbeitung übernahm er mit 13 Mitarbeitern das „Handbuch der Geographie und Statistik" von C. G. D. Stein und F. Hörschelmann in der 7. Auflage (bis 1871). Unter den zehn Bänden erhielten seine Amerikabände besonderen Wert, da Ritter seine „Erdkunde" nicht bis auf die Neue Welt ausdehnen konnte.[218] Er lehnte es ab, Peschels vergleichende Erdkunde

214 Schreiben Richthofens an Althoff. Bonn 1883 III 7. In: Akte 22, Bd. 14, Bl. 359–362. Schmitthenner, H.: Oscar Peschel und die Geomorphologie. In: Geomorphologische Studien (Fritz Machatschek-Festschrift). In: Petermanns Geographische Mitteilungen, Ergänzungsheft 262. Gotha 1957, S. 1–8.
215 Selle, G.v.: Die Georg-August-Universität zu Göttingen 1737–1937. Göttingen 1937. Kühn, A.: Die Neugestaltung der deutschen Geographie im 18. Jahrhundert. Ein Beitrag zur Geschichte der Geographie an der Georgia Augusta zu Göttingen. In: Quellen und Forschungen zur Geschichte der Geographie und Völkerkunde. Leipzig, Bd. 5. 1939. Klaer, U.: Aufbau und Entwicklung der Göttinger Kartensammlung. Ein Beitrag zum Problem der Sondersammlungen an wissenschaftlichen Universalbibliotheken. In: Kartensammlung und Kartendokumentation. Heft 7. Bonn-Bad Godesberg 1970.
216 Wappäus gab ein Selbstbekenntnis und sein wissenschaftliches Testament in einer Besprechung von H. Oberländer: Der geographische Unterricht nach den Grundsätzen der Ritter'schen Schule historisch und methodologisch beleuchtet. Grimma, 3. Afl. 1879. In: Göttingische gelehrte Anzeigen für das Jahr 1879, Bd. 2 S. 833–856. Wagner, H.: Johann Eduard Wappäus. In: Petermanns Geographische Mitteilungen. Gotha 26. 1880, S. 110–115. Wolkenhauer, W. in ADB 41. 1896.
217 Wappäus in: Göttingische gelehrte Anzeigen für das Jahr 1879, Bd. 2, S. 849. Da Wappäus seine methodischen Gesichtspunkte in seinen Anzeigen und Besprechungen der Göttingischen gelehrten Anzeigen zur Sprache brachte, sei auf die Jahrgänge 1851, 1852. 1860, 1872, 1874, 1875 und 1879 verwiesen.
218 Wappäus' Selbstanzeige des Abschnittes „Das Kaiserreich Brasilien" in Göttingische gelehrte Anzeigen für das Jahr 1871, Bd. 1, S. 1001–1008.

als eine „durch Aufsuchen geographischer Homologien in Büchern und auf Karten in der Studierstube" erforschte Morphologie der Erdoberfläche an die Stelle der vergleichenden Erdkunde Ritters zu setzen.

Wappäus' geographische Vorlesungen überstiegen auch unter preußischer Verwaltung nie einen kleinen Hörerkreis. Die zukünftigen Gymnasiallehrer entschlossen sich vielfach nicht zum Studium der Geographie, „was denn auch so gut gewirkt hat, daß bis zur Ernennung des Unterzeichneten zum ao. Miglied der wissenschaftlichen Prüfungs-Commission für das Fach der Geographie [1870; aber 1877 wieder an einen Historiker zurückgegeben] zwanzig Jahre lang niemals ein hannoverscher Philologe in seine Vorlesungen über Erdkunde sich verirrt hat."[219] Wappäus spürte die Geringschätzung, die ihm von den Gymnasiallehrern entgegengebracht wurde und sprach dies Heinrich Wuttke gegenüber offen aus.[220] *(s. Dokument 7!)* In seiner Vorlesung „Einleitung in das Studium der allgemeinen Erdkunde" trug er einen reichen Lehrstoff mit zahlreichen Literaturnachweisen vor. Für die Zuweisung der staatlichen Gelder für den Geographischen Apparat entwarf er 1875 einen Plan zur Errichtung eines Geographischen Seminars unter Einbeziehung der Kartensammlung der Universitätsbibliothek. Er konnte aber 1878 nur die Aufstellung eines Schrankes in einem Hörsaal erreichen. Spätere Anschaffungen gingen meist auf Anregung von Otto Krümmel zurück, der seit 1878 in Göttingen als Privatdozent wirkte. Beim Tode von Wappäus bestand der Geographische Apparat aus 6 Handatlanten, 8 Wandkarten, einem Globus und einem kleinen Kartenschrank.[221]

1.3.3 Universität Breslau[22] — Carl Neumann

Den neugegründeten Lehrstuhl der Geographie an der Universität Breslau[222] erhielt Carl Neumann.[223] v. Bethmann-Hollweg hatte ihm die Planstelle 1860 zugesprochen, ihn aber zugleich für seine journalistische Mitarbeit im Literarischen Bureau des Staatsministeriums beurlaubt. Sein Übertritt in den akademischen Lehr-

---

219 Wappäus in seiner Besprechung von H. Oberländer: Der geographische Unterricht. Grimma, 2. Afl. 1875. In; Göttingische gelehrte Anzeigen für das Jahr 1875, Bd. 1, S. 769–796.
220 Brief von Wappäus an Heinrich Wuttke, Göttingen 1871 IX 12. In: Akte 116 (s Dokument 7!).
221 Klaer, U. 1970, S. 23 (s. Anm. 215!).
222 Partsch, J.: Die Geographie an der Universität Breslau. In: Festschrift des Geographischen Seminars der Universität Breslau zur Begrüßung des 13. Deutschen Geographentages Breslau 1901, S. 1–37. Supan, A.: Geographie. In: Festschrift zur Feier des 100-jährigen Bestehens der Universität Breslau. Teil II: Geschichte der Fächer, Institute und Ämter der Universität Breslau 1811–1911. Breslau 1911, S. 348–353.
223 Partsch, J.: Zur Erinnerung an Carl Neumann. In: Zeitschrift der Gesellschaft für Erdkunde zu Berlin 17. 1882 S. 81–111. Physische Geographie von Griechenland von C. Neumann und J. Partsch Breslau 1885 (Einleitung von J. Partsch). Kupferschmidt, F.: Karl Neumann. Ein Beitrag zur Geschichte der wissenschaftlichen Geographie im 19. Jahrhundert, Leipzig, Diss., 1935.

betrieb erfolgte 1862 nach Bismarcks Regierungsantritt.[224] Im November 1863 begann Neumann in Breslau als ao. Professor der Geschichte und Geographie. Als 1865 für sein Aufrücken in die o. Professur in Breslau keine Planstelle zur Verfügung stand, berief ihn Kultusminister v. Mühler als o. Professor der Geschichte an die Universität Greifswald. Neumann sträubte sich gegen diese Berufung[225] und legte, als v. Mühler auf Greifswald bestehen blieb, in einem zweiten Schreiben dar, wie fest er in Breslau eingewurzelt sei.[226] *(s. Dokument 6!)* Schließlich gewann v. Mühler den Danziger Gymnasialprofessor und Stadtarchivar Theodor Hirsch für Greifswald, wo er als Historiker auch die geographischen Vorlesungen übernahm. Neumann blieb in Breslau und wurde 1865 zum o. Professor der Alten Geschichte und Geographie ernannt. Da er im Unterricht zwei Wissenschaften zu vertreten hatte, verzichtete er auf weitere literarische Tätigkeit. Je mehr seine geographischen Studien an Umfang wuchsen, desto mehr trat seine Beschäftigung mit der Alten Geschichte zurück.

Die Geographie lehrte Neumann auf naturwissenschaftlicher Grundlage: „Die Erdkunde als Wissenschaft hat keineswegs ein Genüge daran, die physische Beschaffenheit des Erdballs zu beschreiben; sie soll sie verstehen lehren, verstehen in ihren Wirkungen und ihren Ursachen." Die Kulturentwicklung betrachtete Neumann als eine „Geschichte der erfolgreichen Versuche, durch welche der Mensch die physischen Eigenschaften des Erdballs immer vollständiger und immer energischer in seinem Nutzen zu verwenden gewußt hat. [...] Der Kulturgrad eines Volkes ist nichts anderes als die Summe seines für diesen Zweck fruchtbar gewordenen Wissens von der Natur."[227] Die teleologische Zielsetzung Ritters lehnte Neumann ab, verwirklichte aber, was Julius Fröbel in der Theorie vertrat: die Erforschung der irdischen Gegebenheiten im Zusammenhang ihrer Ursachen. Neumann gewann Grundlagen für Gesetzmäßigkeiten, schritt aber bei der Wertung des Stoffes nicht bis zu Forschungsgrundsätzen fort.

An geographischen Vorlesungen hielt Neumann Allgemeine Erdkunde — auch einzelner Teilgebiete —, dazu die Geographie von Europa, Deutschland, den Alpenländern und Griechenlands mit Rücksicht auf das Altertum.[228] Die Behandlung der außereuropäischen Erdteile ordnete Neumann in die Allgemeine Erdkunde ein. Den

---

224 Neumann hatte mit Justus v. Gruner zusammengearbeitet, den Bismarck in „Gedanken und Erinnerungen" Bd. 2. 1898, S. 198—205 als seinen Gegner kennzeichnete.
225 Schreiben Neumanns an v. Mühler, Breslau 1865 II 20. In: Akte 31, Bd. 4 Bl. 262—263.
226 Schreiben Neumanns an v. Mühler, Breslau 1865 II 12. In: Akte 31, Bd. 4 Bl. 265—266 (s. Dokument 6!).
227 Carl Neumanns Eröffnungsrede seiner Vorlesungen in Breslau im November 1863. In: Festschrift des Geographischen Seminars. Breslau 1901, S. 16—27 (18).
228 Physische Geographie von Griechenland mit besonderer Rücksicht auf das Altertum bearbeitet von C. Neumann und J. Partsch, Breslau 1885. Die Liste der Vorlesungen Neumanns s. in der Festschrift des Geographischen Seminars. Breslau 1901, S. 28—29. Partsch's Nachschriften der Vorlesungen Neumanns aus den Jahren 1870—1874 befinden sich im Nachlaß Joseph Partsch im Archiv für Geographie der Akademie der Wissenschaften der DDR in Leipzig.

Geographischen Apparat mußte er aus eigenen Mitteln bestreiten, nur 1865 erhielt er einmal eine staatliche Zuweisung. Für geographische Übungen fand Neumann im Gegensatz zu seinen Übungen im Historischen Seminar, wo er klassische Texte heranzog, keinen erfolgversprechenden Ansatz. Von seinen Schülern traten später drei als Geographen hervor: Joseph Partsch, der in Breslau Neumanns Nachfolger auf geographischem Gebiete wurde, F. W. Paul Lehmann, der nach Jahrzehnten des Schuldienstes neben Joseph Partsch in Leipzig lehrte, und Eberhard Gothein, der durch Wilhelm Dilthey zur Kulturgeschichte gezogen wurde und 1890 als Karl Lamprechts Nachfolger nach Marburg ging. Berufungen nach auswärts lehnte Neumann ab.[229] Er lehrte bis in sein Todesjahr 1880 in Breslau.

---

229 Brief Neumanns an O. Stobbe. Breslau 1876 I 20. In: Akte 112, Bl. 19.

2. DIE ZEIT DER NEUEREN GEOGRAPHIE [230]

2.1. DIE AUFBAUJAHRE NACH DER REICHSGRÜNDUNG 1871–1881

Nach der Gründung des Deutschen Reiches gestattete die wirtschaftliche und politische Lage die Bereitstellung größerer Geldmittel. So konnte Kultusminister Adalbert Falk daran gehen, eine Mehrzahl geographischer Professuren zu gründen. Falk stammte aus einem schlesischen Pfarrhaus im Kreise Striegau. Er studierte in Breslau und Berlin die Rechte und wurde ins Justizministerium berufen. Dort fiel ihm die Aufgabe zu, Bismarcks Kulturkampf gegen die katholische Kirche beizulegen. Seine Verwaltung des Kultusministeriums in Nachfolge v. Mühlers (1872) erhielt einen liberalen Zug. Auch Falk wollte die Schulfrage in Gesetzesform lösen. Er ließ bis 1877 unter persönlicher Mitarbeit einen Gesetzentwurf mit ausführlichen Begründungen fertigstellen, der aber am Widerstand des Finanzministers scheiterte.

Falks Mitarbeiter war anfangs noch Olshausen. Dann wurde Vortragender Rat Heinrich Robert Goeppert. Er war der Sohn des Breslauer Professors der Botanik und lehrte in der Juristischen Fakultät als o. Professor. So konnte er aus nächster Nähe die Lehrerfolge Carl Neumanns verfolgen; sein Rat blieb ihm auch im Ministerium wertvoll. Nach Falks Rücktritt, den die durch den Abbruch des Kulturkampfes gestärkte orthodoxe Opposition 1879 erzwang, blieb Goeppert auch unter Robert v. Puttkammer Vortragender Rat. Puttkammer war aus Frankfurt a. Oder gebürtig und wurde Oberpräsident von Schlesien. In den wenigen Jahren seiner konservativen Amtsführung als Kultusminister (1879–1881) konnte er Falks liberale Schulpolitik nicht umstellen.

Die ersten Anregungen zu Fortschritten auf geographischem Gebiet gingen von Sachsen aus. 1865 beklagte der Verein für Erdkunde zu Dresden die geringe Beachtung der Geographie, die doch eine „Fundamentalwissenschaft für das Leben" sei. „Hoffentlich bricht sich bald die Überzeugung Bahn, daß auf jeder Hochschule ein Lehrstuhl für diese unentbehrliche Lebenswissenschaft notwendig sei."[231] Als erster o. Professor der Geographie nach Ritters Tod und Mendelssohns Ausscheiden aus seiner persönlichen Professur wurde — abgesehen von Wappäus in Göttingen — Oscar Peschel von der sächsischen Regierung auf den neugegründeten Lehrstuhl der Universität Leipzig berufen.

Die Leipziger Fakultät war am 12. August 1870 einstimmig der Ansicht, „daß die Begründung einer Professur der Geographie an unserer Universität im höchsten

---

230 Penck, A.: Neuere Geographie. In: Sonderband der Zeitschrift der Gesellschaft für Erdkunde zu Berlin zur Hundertjahrfeier der Gesellschaft 1828–1928. Berlin 1928. S. 31–56.
231 Andree, C. u. S. Ruge: Einführung in den ersten Jahresbericht. In: Jahresberichte des Vereins für Erdkunde zu Dresden. 1. 1865, S. 3.

Grade wünschenswerth sei und daß durch die Besetzung einer solchen Professur mit einem der hervorragendsten Männer in diesem Fache eine wesentliche Lücke in dem Gesammtgebiete des an unserer Universität vertretenen Wissens würde ausgefüllt werden. Die Geographie ist erst in unserem Jahrhundert durch eine Reihe eminenter Einzelforschungen und vorzüglich durch das unsterbliche Wirken von Carl Ritter zu einer Wissenschaft im höchsten Sinne des Wortes erhoben worden. Alle einzelnen Zweige der Geographie sind unendlich tiefer gefaßt worden als je zuvor: die eigentliche Erdkunde und Ethnographie haben ebenso an Umfang wie an Genauigkeit und Zuverlässigkeit gewonnen, und für den physikalischen Theil der Geographie sind feste Gesetze erforscht und begründet worden. Der immer mehr und mehr die Welt umspannende Handel und die damit in engster Verbindung stehende Industrie können der genauesten Kenntniß der Geographie nicht entbehren, und für die Geschichte der Völker ist die Geographie nicht mehr bloß eine Hülfswissenschaft, sondern die Geographie ist zur Lehrerin der Geschichte geworden." Nachdem die Sächsische Regierung am 19. August 1870 den Lehrstuhl der Geographie begründet hatte, reichte die Fakultät einen Wahlvorschlag ein, „doch ist die Zahl derjenigen Männer, die hierbei ernsthaft in Betracht gezogen werden können, ziemlich gering. Der Hauptgrund dieses Mangels tüchtiger Geographen für den akademischen Unterricht liegt vorzüglich darin, daß die Universitäten bis jetzt im Allgemeinen zu wenig Gelegenheit gegeben haben, jüngere Männer zu dem Eintreten in diese Carrière zu ermuntern. [...] Die Fakultät hat sich daher in verschiedenen anderen nicht blos akademischen Kreisen umsehen müssen." Nach Rückfragen bei Wilhelm v. Giesebrecht in München und August Petermann in Gotha schlug die Fakultät an erster Stelle Oscar Peschel in Augsburg vor: „Dr. Peschel besitzt die für einen Geographen so nöthige Vielseitigkeit der Bildung in hohem Grade, ist in einzelnen dahin gehörigen Gebieten tüchtiger Forscher, durchweg ein Mann von Geist und von großer Gewandtheit im Denken und Darstellen." – „Ein zweiter würdiger Vertreter der Geographie würde Herr Dr. Hermann Guthe sein."[232] Peschel ging – von Justus v. Liebig ermuntert – in dem Bewußtsein nach Leipzig, daß diese zweitgrößte Hochschule Deutschlands die Berliner Universität „in mehreren Fächern bereits verdunkelt" habe. *Peschels* Lehrtätigkeit endete 1875 durch einen frühen Tod.[233]

Ein Jahr nach Peschels Berufung kam Sophus Ruge[234] an die Dresdner Polytechnische Schule (heute: Technische Universität Dresden). Ruge wurde 1831 in Dorum im Lande Wursten als Sohn des Kreisarztes geboren. In Göttingen und Halle trieb er neben dem Studium der Theologie historische Studien. Nach kurzem Schuldienst im Kehdinger Land zog ihn die Gründung seines Hausstandes nach Dresden, wo er

232 Schreiben der Philosophischen Fakultät der Universität Leipzig an v. Falkenstein, Leipzig 1870 VIII 12 u. XI 12, betr. O. Peschel. In: Akte 111, Bd. 8, Bl. 110–114 117–120.
233 Ebers. G.: Denkrede auf Oscar Peschel. Leipzig 1876. Hellwald, F.v.: Oscar Peschel. Leipzig 1876. Ratzel, F. in ADB 25. 1887. Engelmann, G.: Die Geographie an der Universität Leipzig im 19. Jahrhundert. In: Petermanns Geographische Mitteilungen. Gotha 109. 1965, S. 32–41 (35–36).
234 Partsch, J.: Sophus Ruge. In: Geographischer Anzeiger. Gotha 2. 1901, S. 33–35. Hantzsch, V.: Sophus Ruge. In: Geographische Zeitschrift. Leipzig 10. 1904, S. 65–74.

an höheren Schulen unterrichtete. 1872 habilitierte er sich in der Allgemeinen wissenschaftlichen Abteilung der Hochschule. Seine Antrittsvorlesung hielt er über „Das Verhältnis der Erdkunde zu den verwandten Wissenschaften" (1873). Er erklärte: „Der Geographie als Lehrfach sollte stets eine innigere Verbindung mit der Geschichte gewährt bleiben; sie sollte nicht zu sehr ja fast gewaltsam lediglich auf die Verbindung mit den Naturwissenschaften hingedrängt werden." Am 1. April 1874 wurde Ruge zum Professor der Geographie und Ethnologie ernannt und damit der erste Professor der Geographie an einer Technischen Hochschule Deutschlands. Seine Lehrtätigkeit glich sich wenig den praktischen Bedürfnissen der Technischen Hochschule an und trat hinter seine literarischen Arbeiten zur Geschichte der Geographie und über das ältere Kartenwesen zurück.[234] Nach Ruges Ausscheiden stellte Harry Gravelius[235], ao. Professor für Wasserwirtschaft in der Ingenieurabteilung, die Geographie auf technischen Hochschulunterricht ein (1904). Als führender Gewässerkundler hielt er mit der Geographie Verbindung durch die Abhängigkeit der Hochwässer von den meteorologischen Verhältnissen selbst kleiner Landschaften.

Wiederum ein Jahr später ging Hermann Guthe, der in Dresden secundo loco genannt worden war, nach München, sodaß auch Bayern den ersten preußischen Berufungen vorausging. Guthe wurde 1825 zu St. Andreasberg im Harz als Sohn eines Kaufmanns geboren. Er studierte in Göttingen Altphilologie, Mathematik und Physik und hörte ein Semester in Berlin bei Carl Ritter. Seit 1849 wirkte er in Hannover als Lehrer am Lyzeum. An der Polytechnischen Schule (heute: Universität Hannover) las er Mathematik und Mineralogie. Seit 1863 gab er im Kadettenkorps geographischen Unterricht. Seine geographische Darstellung der Lande Braunschweig und Hannover (1867) vertiefte Ritters Betrachtungsweise durch umfassende naturwissenschaftliche Grundlegung. Die „eigentliche Erdkunde" sei die Erde als der Wohnplatz des Menschen. Guthes „Lehrbuch der Geographie" (1868) entwickelte sich — vor allem durch Hermann Wagners Neubearbeitungen — zu einem Grundwerk der wissenschaftlichen Geographie.[236] Da Guthes Aussicht, als Professor der Geographie an die Universität Halle berufen zu werden, im preußischen Kultusministerium in der Schwebe gehalten wurde, nahm er 1873 den Ruf an das Polytechnikum in München (heute: Technische Universität München) in der Hoffnung an, in Zukunft ausschließlich für Geographie arbeiten zu können. Aber schon

---

235 Fickert, —: Nekrolog für Harry Gravelius. In: Wasserkraft und Wasserwirtschaft. München 33. 1938, S. 72. Meckbach, V.: Biographie Prof. Dr. phil. Harry Gravelius. Manuskript 1969 in der Technischen Universität Dresden, Sektion Wasserwesen.
236 Guthe, H.: Die Lande Braunschweig und Hannover. Mit Rücksicht auf die Nachbargebiete geographisch dargestellt. Hannover 1867. Guthe, H.: Lehrbuch der Geographie. Hannover 1868, 3. Afl. 1874; von H. Wagner neu bearbeitet 4. Afl. 1877—1879 und 5. Afl. 1881—1883. Wagner, H.: Lehrbuch der Geographie. Sechste gänzlich umgearbeitete Auflage von Guthe-Wagner's Lehrbuch der Geographie. Hannover u. Leipzig 1900. Die 9. Afl. erschien als Lehrbuch der Geographie. Erster Band: Allgemeine Erdkunde. Hannover u. Leipzig 1912, 10. Afl. 1920—1923.

in den ersten Tagen des nächsten Jahres erlag er mit seiner Familie der Cholera.[237] Sein Nachfolger wurde 1876 Friedrich Ratzel.

Unmittelbar nach diesen frühen Berufungen folgte Preußen mit der Einrichtung geographischer Lehrstühle. Die erste preußische o. Professur nach Ritters Tode ergab sich in Göttingen durch die Eroberung Hannovers durch Preußen. Dann stellte 1871 Halle den Antrag auf Errichtung einer geographischen Professur, die 1873 Alfred Kirchhoff erhielt. Seitdem konnte Berlin nicht mehr die Wiederbesetzung von Ritters Lehrstuhl hinausschieben und ernannte Heinrich Kiepert zum Ordinarius. Im gleichen Jahre (1874) erließ Minister Falk Richtlinien für die Gründung geographischer Planstellen.[238] Ihnen folgten 1875 weitere „Falk-Professuren", deren Besetzung sich bis 1891 hinzog.

Die Zahl der geographischen Fachkräfte, die nach Preußen berufen werden konnten, war gering. Forschungsreisende zu berufen, lag nahe – aber: „Ein anderes ist ein kühner, ausdauernder Reisender, ein andres ein Universitätslehrer und Gelehrter."[239] Richthofen forderte später, Forschungsreisende sollten sich vor Antritt ihrer Reise zum Geographen ausbilden lassen. Die Gymnasien und Realschulen konnten noch nicht dazu beitragen, die Geographie zu einem anziehenden Lehrfach zu erheben und junge Menschen zur Wahl der Geographie als Lebensberuf zu veranlassen. Zu Geographen berufen werden konnten nur in anderen Fächern ausgebildete Wissenschaftler, die sich nachträglich dem Studium der Geographie zuwandten. Richthofen erklärte: „Die Jugend muß in der wissenschaftlichen Erfassung der Aufgaben über die Generation der Alten, zu der ich gehöre, weit hinauswachsen, denn wir haben ja niemals im Auge gehabt, uns die Grundlagen für Geographie zu erwerben."[240]

Zum Aufbau des Geographischen Apparates setzte Finanzminister Camphausen nur den jährlichen Betrag von 300 Mark fest, der sehr bald als unzureichend bezeichnet wurde. Schwierigkeiten bereitete auch die Beschaffung von Räumlichkeiten für die Aufbewahrung der Sammlungen und die Abhaltung von Übungen.[241]

---

237 Wappäus, J.E.: Besprechung von Hermann Guthe: Lehrbuch der Geographie. Hannover 3. Afl. 1874. In: Göttingische gelehrte Anzeigen 1874, Bd. 1, S. 581–589, betr. H. Guthe. Wagner, H.: Hermann Guthe. In: Jahresbericht der Geographischen Gesellschaft zu Hannover 1928, S. 17–27. Poser, H. in NDB 7. 1966.
238 Schreiben Falks an Camphausen, Berlin 1874 III 23 u. IV 30. In: Akte 38, Bd. 1 Bl. 2–3 sowie Akte 42, Bd. 9 Bl. 117, betr. Falk-Professuren.
239 Schreiben der Philosophischen Fakultät der Universität Berlin an v. Mühler, Berlin 1862 XII 22. In: Akte 14. Bd. 6 Bl 153–154. Druck in Schiffers 1967 (s. Anm. 149) S. 138–140. S. auch Anm. 162!
240 Brief Richthofens an Hettner, Berlin 1900 IV 22. In: Akte 99.
241 Wagner, H.: Die geographischen Universitäts-Institute. In: Bericht über die Entwicklung der Methodik und das Studium der Erdkunde (1889–1891), Anhang B. in: Geographisches Jahrbuch, hrsg. von E. Behm, Gotha 14. 1890/91, S. 371–462. Regel, F.: Die geographischen Institute der deutschen Universitäten. In: Geographischer Anzeiger. Gotha 10. 1909, S. 150–158, 177–184, 212–213.

2.1.1. Universität Halle-Wittenberg — Alfred Kirchhoff

Nachdem der Antrag der Universität Halle vom Dezember 1871[242] zur Errichtung eines geographischen Lehrstuhls vom Ministerium genehmigt worden war, schlug die Philosophische Fakultät als Kandidaten Hermann Guthe in Hannover vor. Minister Falk fragte am 23. Dezember 1872 in Hannover an, ob mit einer Entlassung Guthes für 1. April 1873 gerechnet werden könne. Aber Guthe hatte unterdessen die o. Professur am Münchner Polytechnikum angenommen.

Für einen neuen Wahlvorschlag zog die Fakultät vier Namen in Betracht:

Richard Andree: Er wurde in Braunschweig als Sohn des Geographen Carl Theodor Andree geboren und studierte in Braunschweig und Leipzig Naturwissenschaften, insbesondere Geologie. 1859—1863 war Andree in Böhmen als Hüttenmann tätig. In Leipzig, wo er sich der Geographie und Völkerkunde zuwandte, wurde er Mitbegründer und 1873 Leiter der Kartographischen Anstalt Velhagen & Klasing.[243]

Carl v. Fritsch: Er wurde in Weimar als Sohn eines Oberforstmeisters geboren, studierte nach einem forstakademischen Kursus in Göttingen Geologie und trieb vulkanologische Studien auf den Kanaren und beim Vulkanausbruch auf Santorin (1866). Nach seiner Habilitation in Zürich wurde er 1867 von der Senckenbergischen Naturforschenden Gesellschaft als Dozent und wissenschaftlicher Direktor nach Frankfurt a. Main berufen. Von da führte ihn eine Forschungsreise mit Johann Justus Rein nach Marokko und in den Hohen Atlas. 1873 ging er als Professor der Geologie nach Halle.[244]

Georg Gerland: Er wurde in Kassel als Sohn eines Wissenschaftshistorikers der Physik geboren, der als Professor an der Bergakademie Clausthal/Harz wirkte. Frühzeitig entwickelte sich Gerland als Komponist, Altphilologe, Ethnologe, Geograph und Geophysiker zu einem Polyhistor. Nach seinem Studium in Berlin und Marburg wirkte er als Gymnasiallehrer, zuletzt für Alte Sprachen in Halle. 1875 wurde er auf den Lehrstuhl der Geographie an der Universität Straßburg berufen, die in den neuen Reichslanden den Rang einer Reichsuniversität einnehmen sollte. Während seiner Straßburger Lehrtätigkeit wurde Gerland durch die Literaturberichte von Karl Zöppritz angeregt, die Geographie als eine zur Geophysik gewendeten Naturwissenschaft aufzufassen und aus ihr den Menschen ganz zu verdrängen.[245]

---

242 450 Jahre Martin-Luther-Universität Halle-Wittenberg. Bd. 2: Halle 1694—1817 und Halle-Wittenberg 1817—1945. Halle-Wittenberg 1952. Darin: Schlüter. O.: Die Errichtung des Lehrstuhls für Geographie an der Universität Halle und dessen erster Inhaber Alfred Kirchhoff.

243 Drygalski, E.v.: Richard Andree in NDB 1. 1953.

244 Luedecke, O.: Karl Freiherr v. Fritsch. In: Leopoldina. Amtliches Organ der Deutschen Akademie der Naturforscher Leopoldina. Halle, Heft 42. 1906, S. 44—53. Luedecke, O.: Karl Freiherr v. Fritsch. In: Zeitschrift für Naturwissenschaften. Stuttgart 78. 1905/06, S. 145—159. Zaunick, R. in NDB 5. 1961.

245 Neumann, L.: Georg Gerland. In: Petermanns Geographische Mitteilungen. Gotha 65. 1919, S. 22—23. Sapper, K.: Georg Gerland. In: Geographische Zeitschrift. Leipzig 25.

Hermann Wagner: Er stammte aus einer Gelehrtenfamilie mit berühmten Mitgliedern: Moritz Wagner, Naturforscher und Forschungsreisender, und sein Bruder Rudolf Wagner als Physiologe sowie dessen Söhne Adolph Wagner als Nationalökonom und Hermann Wagner als Geograph. Er war 1840 in Erlangen geboren und studierte Mathematik und Physik in Erlangen und Göttingen. Außerdem trieb er zoologische und botanische Studien, an die sich die Katalogisierung der Göttinger Schädelsammlung Johann Friedrich Blumenbachs anschloß. Seine Dissertation behandelte die „Maßbestimmungen der Oberfläche des großen Gehirns" (1864). Im gleichen Jahre ging Wagner nach Gotha, wo er am Gymnasium Mathematik und Naturwissenschaften unterrichtete. Außerdem übernahm er in Justus Perthes' Geographisch-Kartographischer Anstalt während der Interimszeit zwischen Bernhardt und Bernhard Perthes statistisch-geographische Arbeiten, so 1868 den statistischen Teil im Gothaer Hofkalender und 1872 gemeinsam mit Ernst Behm, einem Mitarbeiter im Perhes-Verlag, die Bandreihe „Die Bevölkerung der Erde."

Im endgültigen Wahlvorschlag nannte die Fakultät am 25. März 1873[246] unico loco Alfred Kirchhoff.[247] Er wurde 1838 in Erfurt als Sohn eines Steuerrates geboren; seine Mutter war Französin. Sein Studium in Jena und Bonn umfaßte Naturwissenschaften, Geschichte, Germanistik und Alte Sprachen. Seine Bonner Dissertation behandelte eine botanische Frage. Im Schuldienst wirkte er in Mühlheim a.d. Ruhr, in Erfurt (wo er dessen mittelalterliche Geschichte klarstellte) und an der Luisenstädtischen Gewerbeschule in Berlin. Entscheidend für seine weitere Entwicklung wurde seine überraschende Berufung zum Lehrer der Allgemeinen Geographie an der Berliner Kriegsakademie, die seit der Instruktion von 1868 den Charakter einer militärischen Fachhochschule angenommen hatte. Er lehrte seit 1871 neben Heinrich Wilhelm Dove und Emil v. Sydow mit pädagogischem Geschick in einem Fachgebiet, das er bis dahin nicht betrieben hatte. Zwei Jahre nach seinem Amtsantritt wurde er als Geograph nach Halle berufen.

Am 14. April 1873 nahm Kirchhoff diese Berufung an, und vier Tage später legte er bereits – noch von Berlin aus – dem Universitätskurator die Notwendigkeit einer geographischen Sammlung dar.[248] Das Ministerium stellte 100 Taler zur Verfügung.

1919, S. 329–340. Sapper, K.: Georg Gerland. In: Lebensbilder aus Kurhessen und Waldeck. Marburg a. Lahn 2. 1940, S. 150–162. Angenheister, G. in NDB 6. 1964. – Akten für die Straßburger Universität wurden im Preußischen Kultusministerium angelegt und 1879 nach Straßburg abgegeben.

246 Schreiben der Philosophischen Fakultät der Universität Halle an Falk, Halle 1873 III 25. In: Akte 38, Bd. 11 Bl. 42–43, betr. A. Kirchhoff.

247 Ule, W.: Alfred Kirchhoff. In: Geographische Zeitschrift. Leipzig 13. 1907, S. 537–552. Steffen, H.: Erinnerungen an Alfred Kirchhoff als Methodiker der Geographie und Universitätslehrer. In: Geographische Zeitschrift. Leipzig 25. 1919, S. 289–302. Biereye, J.: Alfred Kirchhoff. In: Mitteldeutsche Lebensbilder, Band 1. Magdeburg 1926, S. 357–375. Schmidt, M.G.: Alfred Kirchhoff als akademischer Lehrer. Ein Gedenkblatt persönlicher Erinnerung an seinen 100. Geburtstag. In: Geographischer Anzeiger, Gotha 39. 1938, S. 217–224.

248 Schreiben Kirchhoffs an Universitätskurator der Universität Berlin 1873 IV 18. In: Akte 36, Bd. 11 Bl. 46–47.

Als aber Kirchhoff im nächsten Jahre für die „erste kartographische Sammlung einer preußischen Universität" 150 Taler erbat,[249] erhielt er nur den staatlichen Betrag von 300 Mark jährlich für den Geographischen Apparat. Im Sommer 1885 schritt er zur Gründung eines „Seminars für Erdkunde", dessen „Reglement" von Althoff unter Streichung des § 10 am 30. September 1885 genehmigt wurde.[250] (s. Dokument 8!) Am 23. März 1887 reichte Kirchhoff einen vorläufigen Bericht über das Seminar für Erdkunde an das Ministerium ein.[251] Ihm folgten regelmäßig Jahresberichte, die Aufschluß über den inneren Betrieb des ersten geographischen Instituts an einer preußischen Universität geben.[252] Vor Kirchhoff hatte Gerland in Straßburg das erste deutschsprachige Seminar eingerichtet.

Wesentlich wurde Kirchhoffs Einsatz auch für die Berechtigung der Ordinarien der Geographie zur Abhaltung von Prüfungen durch die Wissenschaftliche Prüfungskommission. Von ihr hing das Ansehen der Geographie als Hochschulfach ab. In Halle bestand die „Unterscheidung desjenigen Maßes an Kenntnissen, durch welches die selbständige Lehrbefähigung in der Geographie erworben wird, und desjenigen Maßes, welches als Ergänzung des historischen Wissens oder zur Erfüllung der Forderungen der allgemeinen Bildung nachzuweisen ist."[253] Dabei lag die Geographieprüfung für selbständige Lehrbefähigung in den Händen eines Historikers oder Philologen. Gegen Kirchhoffs Eintritt in die Wissenschaftliche Prüfungskommission stimmte u.a. der Direktor der Kommission Gustav Kramer, der Schwager und Biograph Carl Ritters.[254] Minister v. Puttkammer dagegen schrieb an Kirchhoff, die geographischen Universitätsstudien hätten einen Umfang angenommen, „in welchem sie nicht länger als integrirender Theil der historischen oder der philologischen Studien erachtet werden und zugleich einen Charakter angenommen haben, durch welchen die naturwissenschaftlichen Grundlagen der Geographie entschiedener hervortreten."[253] Grundsätzlich erkannte das Ministerium 1877 die Professoren der Geographie als o. Mitglieder der wissenschaftlichen Prüfungskommissionen an mit dem Recht zur Prüfung aller Kandidaten des höheren Schulamts in Geographie.

Während in den Kreisen der Universitätslehrer in Halle noch lange die Meinung verbreitet blieb, die Geographie könne nicht als ein selbständiges Fach gleichberechtigt neben anderen Lehrfächern anerkannt werden, bildete sich in der studierenden Jugend ein Kreis, der in Kirchhoff den Reformator des geographischen Unterrichts an den höheren Schulen sah. Schon 1871 hatte Kirchhoff gefordert, „vor allem auf

---

249 Schreiben Kirchhoffs an Universitätskurator der Universität Halle, Halle 1874 II 14. In: Akte 38, Bl. 8–9.
250 Entwurf für das Reglement für das hier einzurichtende geographische Universitäts-Seminar, genehmigt Berlin 1885 IX 30. In: Akte 38, Bd. 1, Bl. 37–38 (s. Dokument 8!).
251 Schreiben Kirchhoffs an v. Goßler, Halle 1887 III 23. In: Akte 38, Bd. 1, Bl. 45–46.
252 Schreiben Kirchhoffs an v. Goßler, Halle 1887 X 27 und 1888 XI 21. In: Akte 38, Bl. 48–49, 51–52.
253 Schreiben v. Puttkammers an Kirchhoff, Berlin 1881 III 30. In: Akte 38, Bd. 1, Bl. 24–25.
254 Wappäus in seiner Besprechung von H. Oberländer: Der geographische Unterricht. Grimma 3. Afl. 1879. In: Göttingische gelehrte Anzeigen für das Jahr 1879, Bd. 2, S. 833–856 (841), betr. A. Kirchhoff u. G. Kramer.

unseren Universitäten der Geographie zur Ausbildung tüchtiger Lehrer eine sichere Heimat zu gründen."[255] Seine Erfahrungen als Schulmann wirkten sich in seiner sorgfältig vorbereiteten, formvollendeten und frei vorgetragenen Rede aus und fanden ihren Niederschlag in seinem Lehrbuch „Erdkunde für Schulen", das auf wissenschaftliche Vertiefung des Unterrichts drang. Da in der Schulgeographie im Mittelpunkt der Behandlung die einzelnen Länder stehen, betrachtete Kirchhoff die Erfassung der physischen und kulturgeographischen Erscheinungen der Länder als die Hauptaufgabe seines akademischen Unterrichts. Er trieb vor allem Länderkunde. In den geographischen Übungen seines Seminars verlangte er Sammlung und kritische Verarbeitung literarischen und kartographischen Materials, oft auch Berechnungen und Messungen auf Karten. Schulmäßig, zuweilen schulmeisterlich wirkten seine Repetitionsstunden und die Schulvorträge, die in der Behandlung eines einstündigen Klassenpensums mit Wandtafelzeichnen bestanden. Kartographische Übungen hielt Kirchhoff nicht ab. Die Durchführung von Exkursionen, in denen wiederum Gerland in Straßburg vorausging, überließ er, zumal ihm infolge operativen Eingriffes ein Auge verloren gegangen war, jüngeren Kräften. Als Privatdozenten habilitierten sich bei ihm Rudolf Credner, seit 1891 Ordinarius in Greifswald, Richard Lehmann, seit 1897 Ordinarius an der Akademie Münster, und Willy Ule, der 1907 nach Mecklenburg ging und in Rostock 1919 Ordinarius wurde.[256]

Kirchhoff faßte die Geographie als eine „naturwissenschaftliche Disziplin mit integrirendem historischen Bestandtheil" auf.[257] Dabei bezeichnete er die Physische Geographie als den „allgemeinen Teil" der Erdkunde und die Kulturgeographie als den „speziellen Teil, kurzweg Länderkunde genannt". Seine Begriffsbestimmung der Länderkunde lautete: „Länderkunde erwächst ... aus der innerlichen Verknüpfung des ganzen physischen und – wo es sich um geschichtlich begünstigte Räume handelt – des historischen Tatsachenschatzes, soweit es die Landesnatur bedingt."[258] – Ein im Gelände beobachtender Forscher war Kirchhoff nicht. Als Stubengelehrter legte er auf die persönliche Kenntnis der zu schildernden Länder keinen Wert: „Es ist ganz schön, ein Land selbst geschaut zu haben, das man darstellt. Aber das ist garnicht nötig, um aus der meist schon kaum überschaubaren Menge von Karten- und Büchermaterial eine wissenschaftliche, d.h. organisch verbundene Landeskunde aufzubauen."[259] Kirchhoff schwebte seit 1885 eine Buchreihe „Unser Wissen von der

255 Kirchhoff, A.: Zur Verständigung über die Frage nach der Ritterschen Methode in unserer Schulgeographie I. In: Zeitschrift für das Gymnasialwesen. Berlin, Neue Folge 5. 1871, S. 10–35 (35).
256 Schmidt, G.: Die Geographie an der Universität Rostock im Wandel der Zeiten. In: Wissenschaftliche Zeitschrift der Universität Rostock, 15. 1966. Mathematisch-naturwissenschaftliche Reihe, Heft 7/8, S. 861–866.
257 Kirchhoff, A.: Geographie an höheren Schulen („Die Redaktion bringt als Ergänzung des obigen Artikels die lohnenden Bemerkungen eines süddeutschen Lehrers der Geographie zum Abdruck – Ludwig Majer in Stuttgart".) In: Schmid's Encyclopädie des Erziehungs- und Unterrichtswesens. Gotha 1859, 2. Afl. Leipzig 1876–1887, hier Bd. 2. 1878, S. 896–909, 909–914.
258 Kirchhoff in: Jenaer Literatur-Zeitung 1877, Nr. 229.
259 Brief Kirchhoffs an einen Erfurter Freund, Halle 1895 III 20, zitiert nach Ule in Geographische Zeitschrift 1907 (s. Anm. 247) S. 547.

Erde" vor. Sie kam aber über eine „Länderkunde von Europa" mit z.T. hervorragenden Beiträgen nicht hinaus. Viel Mühe verwandte er auf die Herausgabe der „Forschungen zur deutschen Landes- und Volkskunde" der Zentralkommission für wissenschaftliche Landeskunde von Deutschland, in der er seit 1887 den Vorsitz führte. Schriftstellerisch beschränkte sich Kirchhoff auf kompilatorische Aufsätze, durch die er einem weiten Leserkreis geographisches Denken und Arbeiten in einer den nationalen Sinn fördernden Bedeutung wecken wollte. Sein Drang zu lehren führte ihn auch zu Vorträgen in öffentlichen Versammlungen zahlreicher Städte in Deutschland, sodaß er unter den akademischen Geographen der volkstümlichste wurde.

Kirchhoff lehrte in Halle bis SS 1904, zuletzt als der älteste preußische Ordinarius für Geographie. Dann mußte er seine Lehrtätigkeit einstellen, da auch sein gesundes Auge an Sehkraft abnahm. Seinen Lebensabend verbrachte er in Mockau bei Leipzig.

2.1.2. Universität Berlin – Heinrich Kiepert

Für die Universität Berlin stand Minister Falk vor der Frage, wie der Lehrstuhl Carl Ritters wiederhergestellt werden könne. Er war 1859 unbesetzt geblieben, und seine Haushaltmittel waren anderweitig vergeben worden. Unterdessen hatte Halle das erste preußische Ordinariat für Geographie nach Ritters Tod erhalten. Da konnte die Universität Berlin nicht zurückstehen. Am 24. Juni 1873 meldete Falk beim Finanzministerium die Wiederherstellung der Ritterschen Planstelle für das Haushaltjahr 1874 an: „Bei der Entwicklung, welche die geographische Wissenschaft inzwischen genommen hat, ist es als ein dringendes Bedürfniß anzuerkennen, die früher hier bestandene ordentliche Professur der Erdkunde wieder herzustellen."[260] Am 25. Februar 1874 wurde die Philosophische Fakultät um ihre Stellungnahme ersucht, die Dekan Hermann Helmholtz zustimmend erstattete. Nach Einreichung eines Immediatberichtes wurde Heinrich Kiepert am 31. März 1874 zum o. Professor der Geographie ernannt. Im Kreise der jüngeren Geographen fühlte er sich zunehmend vereinsamt. Während sie die Geographie unter dem Einfluß Richthofens naturwissenschaftlich betrieben, bekannte Kiepert: „Dazu droht durch den Einfluß oder vielmehr das Geschrei einiger Chorführer die ausschließlich naturwissenschaftliche Seite dieser, wie A. Humboldt sich ausdrückte, doch notwendig a cheval sitzenden Wissenschaft bei den jüngeren Nachfolgern immer einseitiger bevorzugt zu werden."[261]

Politisch stand Kiepert als Demokrat scharf ausgeprägt links.[262] In bürgerlichen

---

260 Schreiben Falks an Camphausen, Berlin 1873 VI 24. In: Akte 14, Bd. 13 Bl. 143, betr. C. Ritter u. H. Kiepert.
261 Brief Kieperts an Richthofen, Berlin 1882 XI 6. In: Akte 99. o.Bl.
262 Schreiben Kieperts an das Innenministerium, Berlin 1866 VII 6 bis 1867 I 5. In: Akte 59. Schreiben des Polizeipräsidenten in Potsdam, betr. Heinrich Kiepert 1866–1867. In: Akte 122.

Kreisen wurde auf seine exzentrischen Äußerungen kein Gewicht gelegt.[263] In der Regierung bildete sich die Meinung, „bei dem zunehmenden Alter Kieperts und der, wenn auch in ihrer Vortrefflichkeit achtenswerthen, doch auf der anderen Seite sehr hinderlichen Einseitigkeit"[264] möchte neben seiner Professur eine zweite geographische begründet werden. Die aufkommende überseeische Politik des Deutschen Reiches erfordere einen Geographen mit einem über den akademischen Beruf hinausgreifenden Wirkungskreis. Ohne vorher die Stellungnahme der Fakultät eingeholt zu haben, berief die Regierung Ferdinand v. Richthofen, dessen Geographisches Institut sich zu einem „vorher hier nicht vorhanden gewesenen Mittelpunkt für das geographische Studium" entwickelte.[265] Kiepert reiste noch zweimal in das westliche Kleinasien und griff in Berlin die letzten großen historisch-kartographischen Arbeiten auf, deren Vollendung er seinem Sohn Richard überlassen mußte. Heinrich Kiepert lehrte über sein achtzigstes Lebensjahr hinaus bis in sein Todesjahr 1899.

2.1.3. Kriegsakademie Berlin – Friedrich Marthe

Friedrich Marthe[266] entwickelte sich zu einem Vertreter der Geographie als Hochschulwissenschaft, auf deren Entwicklung er anregend einwirkte. Er wurde 1832 in Niemegk im Fläming geboren und war der Sohn eines Kaufmanns. Auf der Berliner Universität zog ihn besonders Ritter an. Für seine Nachfolge wäre er zu jung gewesen, doch hielt er zwanzig Jahre nach Ritters Tod vor der Gesellschaft für Erdkunde zu Berlin die Gedenkrede auf Ritter.[267] Seine akademische Ausbildung beschloß er 1856 in Halle mit der Dissertation „De legibus agrariis Romanorum". Nach dem Probejahr am Berliner Friedrichs-Gymnasium lockte ihn eine Hauslehrerstelle auf der Krim. Die Frucht seines fünfjährigen Aufenthaltes in Rußland (1856–1861) ist seine Abhandlung „Zur Geschichte der russischen Gymnasien" (1865). Nach Berlin zurückgekehrt trat er in das Dorotheenstädtische Realgymnasium ein.

Marthes Beschäftigung mit der Geographie und seine rege Tätigkeit in der Gesellschaft für Erdkunde brachten ihm 1873 die Lehrtätigkeit an der Kriegsakademie ein, nachdem Ferdinand v. Richthofen und Georg Neumayer, der spätere Direktor der Deutschen Seewarte, die Nachfolge Carl Ritters und Ferdinand Müllers abgelehnt hatten.[268] In der Kriegsakademie las Marthe neben Heinrich Wilhelm Dove

---

263 Schreiben Ernst Engels an F. zu Eulenburg, Berlin 1866 XI 19. In: Akte 59, Bd. 3 Bl. 3–4, betr. H. Kiepert.
264 Schreiben v. Goßlers an v. Scholz, Berlin 1885 VI 22. In: Akte 14, Bd. 20, Bl. 148–153, betr. H. Kiepert.
265 Schreiben Richthofens an v. Goßler, Berlin 1890 I 30. In: Akte 19, Bd. 1 Bl. 110–114.
266 Spethmann, H.: Friedrich Marthe. Ein vergessener deutscher Geograph. Berlin 1935.
267 Marthe, F.: Was bedeutet Carl Ritter für die Geographie? In: Zeitschrift der Gesellschaft für Erdkunde zu Berlin 14. 1879, S. 374–400. Der Sonderdruck Berlin 1880 wurde durch eine umfangreiche Anmerkung über die „Vergleichende Erdkunde" Ritters vermehrt.
268 A. Merz erwähnte 1916, Kriegsminister v. Roon habe eine Professur an der Kriegsakademie Oscar Peschel angetragen. Da die archivalischen Studien L. v. Scharfenorts 1910 (s. Anm. 13) darüber nichts ergeben haben, muß die Richtigkeit dieser Mitteilung bezweifelt werden.

bzw. seinen Nachfolgern über Physikalische Geographie. Emil v. Sydow brach seinen Kurs Spezialgeographie ab, als er zu Justus Perthes nach Gotha übersiedelte. Marthe las zwanzig Jahre (1873–1893) Allgemeine Geographie, wobei er die Erdteile und Ländergruppen in der Reihenfolge behandelte, wie sie nacheinander in die Geschichte eingetreten waren. Seinem Vortrag fehlte die Gunst der freien Rede. Helmuth v. Moltke stellte 1879 als Chef des Generalstabes beim Kultusministerium den Antrag auf Verleihung des Professorentitels an Marthe. Diese wurde aber aus Rücksicht auf dienstältere Lehrkräfte am Realgymnasium bis 1884 hinausgezögert.

Marthe arbeitete als der führende Geographiemethodiker nach Ritter an einer Abhandlung, die nie zum Abschluß kam und deren Manuskript nicht mehr vorhanden ist. Über ihre Gedankengänge gibt seine Abhandlung Aufschluß, die er nach dem Erscheinen von Richthofens „China, Band 1" verfaßte.[269] Für Marthe war die Geographie eine beschreibende „Wissenschaft von der Macht des Raumes im Erdplaneten, nachgewiesen an den örtlichen Verschiedenheiten seiner dinglichen Erfüllung" (S.444). Den Gegenstand der Geographie bildet nach ihm die Erde als Ganzes nebst ihren sechs „konstituierenden Planentheilen": das Feste, das Wasser, die Atmosphäre, Pflanzen, Tiere und der Mensch. Da sämtliche Beobachtungsgegenstände der Erdkunde von benachbarten Fachwissenschaften in Anspruch genommen werden, besteht die Selbständigkeit der Geographie als Wissenschaft in der methodischen Behandlung der Erdoberfläche. Abschließend steigerte Marthe seine methodische Betrachtung zu einer Geosophie, wie es vor ihm in anderer Weise Julius Fröbel in seinem „System der geographischen Wissenschaften" getan hatte. Manche Gedankengänge Marthes treten erneut in Richthofens Leipziger Antrittsrede von 1883 auf.[270]

Als 1882 in Leipzig die Frage nach einem Nachfolger Oscar Peschels aufgeworfen wurde, konnte Heinrich Kiepert als einen Geographen, der naturwissenschaftlich und historisch gleichermaßen vorgebildet sei, neben Joseph Partsch in Breslau nur Friedrich Marthe nennen.[271]

2.1.4. Universität Bonn – Ferdinand von Richthofen

An der Universität Bonn war das persönliche Ordinariat Georg Benjamin Mendelssohns mit seinem Tod 1874 erloschen. Im folgenden Jahre ließ Minister Falk die Mittel für eine o. Planstelle in den Staatshaushalt für 1875 einsetzen. Im November berief er Ferdinand v. Richthofen nach Bonn[272]. Richthofen entstammte dem

---

269 Marthe, F.: Begriff, Ziel und Methode der Geographie und von Richthofens China Band I. In: Zeitschrift der Gesellschaft für Erdkunde zu Berlin 12. 1877, S. 422–478.
270 Richthofen, F. v.: Aufgaben und Methoden der heutigen Geographie. Akademische Antrittsrede. Leipzig 1883, S. 31–39.
271 Brief Kieperts an Richthofen, Berlin 1882 XI 6. In: Akte 102, o.Bl., betr. F. Marthe u. J. Partsch.
272 Festschrift Ferdinand von Richthofen zum sechzigsten Geburtstag am 5. Mai 1893 dargebracht von seinen Schülern. Berlin 1893. Gedächtnisfeier für Ferdinand von Richthofen

geadelten Geschlecht Praetorius v. Richthofen, das auf schlesischen Rittergütern und über Schlesien hinaus Landwirtschaft betrieb[273]. Ferdinand v. Richthofen wurde 1833 im oberschlesischen Karlsruhe geboren, wo seine Eltern in nahen Beziehungen zur Herzoglich-Württembergischen Familie standen. Der Vater studierte Forstwirtschaft und erhielt aus dem Familienbesitz eines der ältesten Güter, das er aber wirtschaftlich nicht halten konnte. Der junge Richthofen wanderte frühzeitig durch die Salzburger Alpen und nach Dalmatien und Montenegro. Er war mit den Kindern Adelbert v. Chamissos, des Weltumseglers auf „Rurik", befreundet und wechselte während seines akademischen Studiums Jugendbriefe mit Ernst Haeckel, der in Würzburg Medizin studierte. Sein eigenes Studium widmete er den Naturwissenschaften. Von der Universität Breslau (1850) wandte er sich nach Berlin (1852), wo er Carl Ritter hörte und aufsuchte, während er von einer Begegnung mit Alexander v. Humboldt absah: „Dazu war ich zu schüchtern, wie überhaupt oft"[274]. Den Abschluß seiner Studienzeit bildete 1856 seine Dissertation „De Melaphyro" (lateinisch 1856, deutsch 1857). Noch im letzten Studienjahre empfahlen ihn die Berliner Geologen Christian Samuel Weiß und Ernst Beyrich zu geologischen Erstaufnahmen der portugiesischen Verwaltung in Angola. Richthofen schrieb an Ernst Haeckel: „Der Entschluß, auf Jahre allein in eine portugiesische Verbrechercolonie zu gehen, ... wo weite sumpfige Strecken unter entsetzlicher Hitze furchtbare Fieberluft ausdünsten — dieser Entschluß ist in der That nicht leicht. Doch es fehlt mir weder an Lust noch an Muth, und alle Beschwerden werden weit aufgewogen werden von der Befriedigung, für meine Wissenschaft, der ich lebe, etwas zu thun"[275].

Da aus Angola keine endgültige Nachricht eintraf, trat Richthofen im Frühjahr 1856 in die vom Berliner Mineralogen Gustav Rose vermittelte Verbindung mit der Geologischen Reichsanstalt [heute: Bundesanstalt] in Wien ein, die damals das einzige deutsche Staatsinstitut zur Ausbildung von kartierenden Geologen war. Er

am 29. Oktober 1905. In: Zeitschrift der Gesellschaft für Erdkunde zu Berlin 1905, S. 673–697. Wiederabdruck unter dem Titel: Drygalski, E. v.: Ferdinand Freiherr von Richthofen. Gedächtnisrede. Mit einem Anhang von E. Tiessen: Die Schriften Ferdinand Freiherr von Richthofens. In: Männer der Wissenschaft. Eine Sammlung von Lebensbeschreibungen zur Geschichte der wissenschaftlichen Forschung und Praxis. Heft 4. Leipzig 1906. Hettner, A.: Ferdinand von Richthofens Bedeutung für die Geographie. In: Geographische Zeitschrift. Leipzig 12. 1906, S. 1–11. Drygalski, E.v.: Ferdinand v. Richthofen und die deutsche Geographie. In: Zeitschrift der Gesellschaft für Erdkunde zu Berlin 68. 1933, S. 88–97. Ferdinand von Richthofen. Ansprachen [von N. Krebs, A. Defant und A. Penck] anläßlich der Gedächtnisfeier zu seinem 100. Geburtstage an der Universität Berlin. In: Berliner Geographische Arbeiten, Heft 5. Stuttgart 1933. Solger, F.: Erinnerung an Ferdinand von Richthofen. Vortrag im Hörsaal des Geographischen Instituts der Humboldt-Universität zu Berlin am 5. Oktober 1955. In: Wissenschaftliche Zeitschrift der Humboldt-Universität zu Berlin 5. 1955/1956. Mathematisch-Naturwissenschaftliche Reihe Nr. 2, S. 107–111.

273 Richthofen, E.v.: Geschichte der Familie Praetorius v. Richthofen. Magdeburg 1884. Manuskriptdruck.
274 Zitiert nach Drygalski 1933 (s. Anm. 272) S. 89.
275 Brief Richthofens an Ernst Haeckel, Berlin 1855 XI 27. In: Akte 118.

bereitete sich durch sie auf eine Studienreise nach Südtirol vor, auf der er zum Deuter der Dolomitfelsen als alter Korallenriffe wurde[276]. Im Herbst 1856 schloß sich der Dreiundzwanzigjährige der Reichsanstalt als freiwilliger Mitarbeiter an. Bis 1859 legte er aus Nordtirol und Vorarlberg, dem nordöstlichen Ungarn und dem östlichen Siebenbürgen Ergebnisse scharfer Beobachtung in ehemaligen Vulkangebieten vor. An Ernst Haeckel schrieb er: „Niemand hat mehr Gelegenheit, eine Gegend in allen Beziehungen gründlich kennen zu lernen, als die österreichischen Geologen. Indem wir jeden Berg, jeden kleinen Thalriß, jeden Abhang untersuchen, in den armseligsten Nestern viele Tage zubringen müssen, uns fortwährend unter dem Volke bewegen, lernen wir auf physikalische, geographische, culturhistorische, sociale, national-ökonomische Interessen achten"[277]. Richthofen galt in der Reichsanstalt als „ein Mann voll Kenntniß, Kraft und Beharrlichkeit", der aber allzubald wieder ausschied.

Während Richthofens letztem Wiener Jahre bereitete die Preußische Regierung eine Expedition nach Ostasien vor, die Wirtschaftsverträge mit China, Japan und Siam [Thailand] abschließen sollte. Die Expedition wurde von Emil v. Richthofen[278], einem Oheim Ferdinands, vorbereitet, aber von Graf Fritz zu Eulenburg durchgeführt. Dem Geschwader wurden als Naturwissenschaftler Max Wichura als Botaniker und Eduard v. Martens als Zoologe zugeordnet. Richthofens erste Anregung, außerdem ihn als Geologen mitzunehmen, wurde mit dem Bemerken abgeschlagen, er sei in Siebenbürgen mit geologischen Aufnahmen beschäftigt. Erst seinem Gesuch vom 23. Dezember 1859 wurde von Handelsminister v. d. Heydt entsprochen. Während der Expedition fand Richthofen Anschluß an den Chef der Expedition und seine drei diplomatischen Attachés, darunter den späteren deutschen Gesandten in Ostasien Maximilian v. Brandt[279]. Als Geologen an Bord eines Segelschiffes drängte sich Richthofen „inmitten angestrengter Wirksamkeit ein peinliches Gefühl auf". Nur die abschließende Naturforscherfahrt auf „Thetis" (1861) bot ihm durch den Besuch der südostasiatischen Inselgruppen von Taiwan über die Philippinen bis Java und die Weiterfahrt nach Bangkok die Gelegenheit zu wissenschaftlichen Beobachtungen in der Landschaft. Ein Forschen im unabhängigen Alleingang erhoffte er sich durch sein Ausscheiden aus der Expedition vor der Geschwaderheimfahrt. Am 18. Februar 1862 trennte er sich von der Expedition. Da ihm von der Regierung auferlegt worden war, den Landweg durch Sibirien zu

---

276 Richthofen, F.v.: Geognostische Beschreibung der Umgegend von Predazzo, Sanct Cassian und der Seisser Alpe in Süd-Tyrol. Gotha 1860 (Besteigung des Latemar S. 270–271). Brief Richthofens an Ernst Haeckel, Wien 1857 III 4. In: Akte 118.
277 Brief Richthofens an Ernst Haeckel, Wien 1857 III 4. In: Akte 118.
278 Die Familie v. Richthofen zählte auch Diplomaten in ihrem Kreis: Emil v. Richthofen war Ministerresident in Mexiko, Gesandter bei den Hansestädten und in Stockholm. Sein Sohn Oswald v. Richthofen arbeitete im Auswärtigen Amt und wurde im Reichskanzleramt zur Bearbeitung sozialpolitischer Fragen herangezogen. Seit 1896 letete er die Kolonialabteilung des Auswärtigen Amtes, dessen Staatssekretär er 1900 wurde.
279 Brandt, M.v.: Dreiunddreißig Jahre in Ost-Asien. Erinnerungen eines deutschen Diplomaten. Leipzig 1901, betr. F. v. Richthofen.

benutzen, wollte Richthofen nach Innerasien vordringen und durch Sibirien in die Heimat zurückkehren. In einem Brief an Fritz zu Eulenburg berichtete er: „Die Reise von Bangkok nach Molmen [Moulmein] war lang und nicht ohne ihre kleinen Beschwerden. Ich brauchte 43 Tage dazu und war fast während dieser ganzen Zeit in einer unendlichen Wildniß. [...] Im wilden felsigen Gebirge und im Urwald [mußten] meine Leute und die Elefanten gemeinsam den Weg ausbrechen. [...] Die Gegend war zum Theil schön und großartig, und ich genoß durch einige Wochen reines Naturleben in vollen Zügen. Daß ich [nach Schiffahrt ab Rangoon] in Calcutta meinen Plan, durch Turkestan zu gehen, von dem Sie mir so abgeraten haben, vorläufig aufgeben mußte, hat Ihnen wol Berg [ein Expeditionsmitglied] mitgetheilt. [...] Ich kam nach Hongkong, um über Shanghai nach Hakodada [Hakodate] oder die nahen russischen Häfen nördlich von Corea zu gehen. Allein es gibt so selten Gelegenheit dahin, daß ich, um nicht Zeit zu verlieren, beschloß, das zunächst sich Darbietende zu ergreifen. Ich will in den nächsten Tagen nach San Francisco fahren, sämtliche Minen von Californien besuchen, darauf nach Britisch-Columbien und später nach Sitka gehen, um dann zum Schluß die beabsichtigte Reise durch Sibirien auszuführen"[280]. Richthofen untersuchte die Goldvorkommen Kaliforniens bis 1868. Als ihm der Weiterweg durch die vulkanreichen Gebiete der Alëuten und Kamtschatkas infolge des russischen Verkaufs von Alaska an die USA erschwert wurde, gab er die Weiterreise durch Sibirien auf. Um aber vor seiner Rückkehr nach Europa noch eine wissenschaftliche Aufgabe von großer Tragweite lösen zu können, setzte er sich das Ziel, China geologisch zu erforschen.

Während in den 7oer Jahren noch an der von August Petermann geforderten Haltung sich selbst genügender Wissenschaftlichkeit festgehalten wurde, bewies Richthofen, daß die Qualität der wissenschaftlichen Arbeit durch gleichzeitige Erfüllung praktischer Aufgaben keineswegs beeinträchtigt werde. Es könnten sich sogar neue fachwissenschaftliche Ausblicke eröffnen. Er hielt die Wendung zur Praxis für „eines der günstigsten Ereignisse" in seinem Leben: „Wenn man weder reich geboren ist, noch das Geldmachen zum Lebensziel gemacht hat, noch sich in einer Staatskarrière befindet, sondern sich sorglos den Beschäftigungen hingegeben hat, die einem am meisten Vergnügen machen, so muß man stramm arbeiten, um sich an der Oberfläche zu halten und sich an das schwache Tau der öffentlichen oder staatlichen Gunst anklammern, die man sich durch seine Leistungen erwirbt"[281]. Den Aufenthalt in Kalifornien (1868) finanzierte die Bank von Kalifornien und die Reisen in China und Japan (1868–1872), nachdem er die ersten Reisen auf eigene Kosten durchgeführt hatte, die Europäisch-Amerikanische Handelskammer in Shanghai. Sie gab seit 1869 Richthofen Anweisungen für die Reisewege und Vorschläge zur wirtschaftlichen Durchdringung Chinas. Auf sieben Reisen[282] ging

---

280 Brief Richthofens an F. zu Eulenburg, Hongkong 1862 VI 18. In: Akte 123.
281 Brief Richthofens an seine Eltern, Shanghai 1872 VII 14. In: Ferdinand v. Richthofens Tagebücher aus China. Berlin 1907, Bd. 2, S. 343–346.
282 Freitag, U.: Deutsche Beiträge zur Kartographie Ostasiens im 19. Jahrhundert [mit Karte:] Reisewege Richthofens 1868–1872. In: Papers presented at the 8th International Conference on history of cartography. Berlin 1979. (maschinenschriftlich) 1980.

Richthofen geologischen und klimatischen, wirtschaftlichen und kulturellen Fragen nach. Während seines vierjährigen Aufenthaltes in China und Japan nahm er Quartier in den Häusern der diplomatischen Vertreter Preußens. Richthofen wurde ein diplomatisch denkender und handelnder Gelehrter.

Im November 1868 besuchte er die Tschusan Inseln [Chu Shan], eine Gruppe von Felseilanden am Südeingang in die Hangchow-Bucht, die Nordchina von Südchina trennt. Auf der Hauptinsel lernte er den geräumigen und geschützt liegenden Hafen Tinghai kennen, über den er in seinem Tagebuch notierte: „Als Freihafen in den Händen einer Macht wie Preußen würde Tschusan eine gebietende Stellung einnehmen. Der Hafen kann mit Leichtigkeit befestigt werden, und eine Kriegsflotte würde den Verkehr mit dem nördlichen China und Japan beherrschen. Als Handelsort würde es zu hoher Wichtigkeit gelangen. Ningpo [gegenüber auf dem Festland] würde eingehen und Shanghai viel einbüßen, da das Eigentum hier viel sicherer sein würde"[283]. Die Denkschrift über Chu Shan, die Richthofen im Dezember 1868 an Bismarck als Bundeskanzler des Norddeutschen Bundes richtete, wiederholte er am 31. Mai 1871 als ein „Memorandum betreffend die Wahl des geeignetsten Platzes zur Gründung einer deutschen Marine- und Handelsstation in den chinesisch-japanischen Gewässern"[284].

Beim Abschluß seiner Chinareisen bat Richthofen von Shanghai aus die preußische Regierung um wirtschaftliche Sicherstellung in der Heimat. An Fritz zu Eulenburg, den damaligen preußischen Innenminister, schrieb er: „Es ist mein Wunsch, mein reiches Beobachtungsmaterial in einem größeren, umfassenden Werk zu bearbeiten. Da ich aber bei meinen Reisen keine Reichthümer gesammelt habe, so muß ich befürchten, die Ergebnisse derselben zu verlieren, wenn ich mir nicht im Vorhinein eine ruhige Existenz sichern kann, die mir gestatten würde, mich für längere Zeit ausschließlich der Bearbeitung meines Materials hinzugeben"[285]. Er hoffte, in drei Jahren sein Reisewerk über China und Japan abschließen zu können und legte seinem Schreiben an Kultusminister Falk einen Plan für sein Reisewerk bei, der die spätere Durchführung übertraf[286]. Bewilligt wurde ihm ein in drei Jahresraten zahl-

---

283 Ferdinand von Richthofens Tagebücher aus China. Ausgewählt und hrsg. von E. Tiessen. Berlin 1907, Bd. 1, S. 42–51 (44).
284 Schreiben Richthofens an Bismarck, Shanghai 1871 V 31 mit einem Memorandum. In: Akte 3, Bl. 37–48. Kirchhoffs Behauptung, Bismarck habe 1870 auf Grund von Empfehlungen Richthofens die Besetzung von Kiautschou beabsichtigt, muß auf einer Verwechselung mit Richthofens Memorandum über Chu Shan beruhen. Daß Richthofens Rolle bei der Besetzung von Kiautschou im Jahre 1897 entscheidend war, wird neuerdings bezweifelt, kann aber bewiesen werden durch einen Brief Richthofens an Hettner (Berlin 1897 XII 9. In: Akte 99): „Ich habe natürlich eine gewisse Freude an dem Ergebniß, da ein seit mehr als 25 Jahren bestehendes Streben endlich glücklich gelöst ist" und durch eine Randbemerkung Schmidt-Otts in den Akten des Kultusministeriums: „Bedeutung Richthofens, Ermittlung Kiautschous, wie auch von Allerhöchster Stelle anerkannt ist, vorzugsweise ihm zu danken." (Schreiben Richthofens an Bosse, Berlin 1898 VI 29. In: Akte 19, Bd. 1 Bl. 136–139 (139)).
285 Brief Richthofens an F. zu Eulenburg, Shanghai 1871 VIII 25. In: Akte 123, o. Bl.
286 Schreiben Richthofens an Falk, Berlin 1873 II 27 mit Plan zum Reisewerk über China und Japan. In: Akte 53, Bl. 19–26, 28–31.

barer Betrag von 14.500 Talern; den Rest von 6.500 Talern der veranschlagten Summe deckten das Kultusministerium und — da in Richthofens Chinawerk auch Nachrichten über Bergbau und Industrie, Handel und Verkehrswege zu erwarten waren — das Handelsministerium. — Während der Arbeit am Reisewerk erhielt Richthofen im Sommer 1875 die Aufforderung, an der Universität Leipzig die durch Peschels Tod erledigte Professur anzunehmen. Da er aber noch nicht entschlossen war, sich der akademischen Laufbahn zu widmen, lehnte er ab. Als aber noch Ende desselben Jahres an ihn der Ruf auf den Lehrstuhl der Universität Bonn erging, nahm er ihn an[287]. Um von Seiten des Kultusministeriums den Abschluß des Chinawerkes nicht zu gefährden, blieb der Antrittstermin offen. Als die Dreijahresfrist für die Fertigstellung des Reisewerkes Ende 1876 auslief, sah sich Falk veranlaßt, die Beurlaubung Richtofens bis zum 1. April 1878 zu verlängern. Nach dem Erscheinen des ersten Bandes (28. Mai 1877) bat Richthofen um eine weitere Urlaubsverlängerung bis zum 1. April 1879[288]. „Nur mit Widerstreben" kam er nochmals um Urlaub bis zum 1. Oktober 1879 ein[289].

Mit 46 Jahren und jung verheiratet siedelte Richthofen im Sommer 1879 nach Bonn über, wo er im WS 1879/80 mit seiner Lehrtätigkeit begann. Gegen erheblichen Widerstand in der Philosophischen Fakultät ließ er das Fach Geographie der Mathematisch-Naturwissenschaftlichen Sektion zuweisen. Dabei mußte er dem Vorurteil entgegentreten, „daß die Geographie ein überflüssiger und nicht streng wissenschaftlicher Lehrgegenstand sei"[290]. Worin Richthofen die „heutigen Aufgaben der wissenschaftlichen Geographie" sah, legte er im „Rückblick" des „Chinawerkes, Band 1" dar: „Man begegnet so eigenthümlichen, theils unklaren und theils irrthümlichen Ansichten über Wesen und Aufgaben der Geographie, nicht nur im Publicum, sondern auch bei Gelehrten und in gelehrten Büchern, daß ich die Aufgabe, die ich mir selbst stelle, näher bezeichnen zu müssen glaube"[291]. Im Chinawerk, Band I,[292] führte Richthofen aus: „Es sollte stets im Auge behalten werden, daß der Gegenstand der wissenschaftlichen Geographie in erster Linie die Oberfläche der Erde für sich ist, unabhängig von ihrer Bekleidung und ihren Bewohnern. Dieß ist die einzige Domaine, welche ihr ausschließlich zusteht". Sie betrifft die gegenwärtige Erdoberfläche und behandelt „die reine Form des Bodens", dessen

---

287 Als Richthofen 1886 nach Berlin berufen wurde, gab er in seinem Schriftwechsel mit Althoff an, seine erste preußische Bestallung vom 29. November 1875 sei ihm als ao. Professor ausgestellt worden. (Schreiben Richthofens an Althoff, Leipzig 1886 IV 18. In: Akte 72, Bd. 2). Minister Falk hatte aber in seinem Immediatschreiben vom 25. November 1875 Richthofens Ernennung zum o. Professor in Bonn nachgesucht (Falks Immediatschreiben, Berlin 1875 XI 25. In: Akte 22, Bd. 12 Bl. 23—24) und erhalten.
288 Schreiben Richthofens an Goeppert, Berlin 1877 XII 17. In: Akte 108: Asien (4) 1868, Bd. 13 Bl. 7—9.
289 Schreiben Richthofens an Falk, Berlin 1878 XII 6. In: Akte 22, Bd. 13 Bl. 89—92.
290 Schreiben Richthofens an Goeppert, Berlin 1878 XII 10. In: Akte 22, Bd. 13 Bl. 93—94.
291 Brief Richthofens an Hermann Wagner, Berlin 1877 VI 23. In: Akte 117, Richthofen Nr. 6.
292 Richthofen, F.v.: China, Ergebnisse eigener Reisen und darauf gegründeter Studien. Erster Band: Einleitender Theil. Berlin 1877, Rückblick S. 726—733 (730).

Darstellung in der Kartographie „zum bildlichen Ausdruck" kommt. Richthofens geographische Methode beruhte „auf den Wechselbeziehungen beider Gebiete und ihrer vergleichenden Betrachtung nach möglichst vielseitigen und umfassenden Gesichtspunkten". (S. 730) Auf dieser Grundlage entsteht die Angewandte Geographie, die sich „aus den Beziehungen der Form und Beschaffenheit der Oberfläche, des Festen wie des Flüssigen, zur Physik des Erdkörpers und zu den klimatischen Zuständen und atmosphärischen Bewegungen entwickeln, und in zweiter Linie aus den combinirten Beziehungen beider Classen von Erscheinungen zu der Pflanzenbekleidung, zu der Verbreitung der Thiere, zu der Anordnung der Menschenrassen, Sprachen, Stämmen und Nationen, zu dem Verkehrsleben der Völker, ihren Ansiedlungen, Industrien, Beschäftigungen und Culturentwickelungen, zu den Ursprungsarten der natürlichen und künstlichen Producte und deren Verbreitung durch den Handel und endlich zu den am wenigsten stabilen Verhältnissen der politischen Eintheilungen, Landesgrenzen und staatlichen Einrichtungen, hervorgehen. Insofern diese verschiedenen Momente menschlicher Existenz und Thätigkeit eine geschichtliche Entwickelung haben und letztere mit besonderer Rücksicht auf den Boden betrachtet wird, auf dem sie sich bewegte, entsteht der vielgepflegte Zweig der historischen Geographie, welcher jedoch der gleichen Grundlage und Methode wie die anderen Disziplinen nicht entbehren kann". (S. 730—731). — Mit Nachdruck betonte Richthofen: „Nach meiner Ansicht ist die Geologie die einzig wahre Grundlage, auf der eine gesunde wissenschaftliche Geographie erwachsen kann".[293] In Breslau war Richthofen 1874 zuversichtlich: „Es wird voraussichtlich nicht lange dauern, daß die Geographie von dem hohen Standpunkt, den sie durch Carl Ritter erreicht hat, sich zu einem noch höheren aufschwingen wird, daß die Geologie die methodische Grundlage der Betrachtung und Behandlung bilden wird"[294]. Im Alter meinte er, seine Auffassung werde „noch auf lange Zeit hinaus einen individualitirten Charakter" tragen. Er fügte hinzu: „Es ist gut, daß diese Sonderrichtungen vorhanden sind, eine codificirte Schablone wäre kein Glück"[295]. Mit seiner Meinung, das entscheidende Forschungsmittel sei die Geologie mit der Beobachtung im Gelände, trat Richthofen zu Ritter in Gegensatz: „Ritters Verbindung mit der Geschichte, die er als großer Meister herbeiführte, ist verhängnisvoll geblieben für die academische Auffassung der Geographie in Deutschland. Es wurde übersehen, daß die Erdoberfläche ein Objekt naturwissenschaftlicher Betrachtung und Erforschung ist und nur auf dieser Grundlage die Geographie entwicklungsfähig ist"[296]. So stand Richthofen auch gegen Peschel, dem er im Chinawerk, Band I 1877 kritisch entgegentrat[297]. In der Darstellung seiner Forschungsergebnisse erwies sich Richthofen als ein Meister der Länderkunde. Er faßte sie als eine beschreibende Wissenschaft auf: „Sie kann eine geordnete Registrirung des Thatsächlichen

293 Schreiben Richthofens an Althoff, Bonn 1883 III 7. In: Akte 22, Bd. 14 Bl. 359—362.
294 Tagblatt der 47. Versammlung Deutscher Naturforscher und Ärzte in Breslau im September 1874. Breslau 1874, S. 160—172 (165).
295 Brief Richthofens an Hettner, Berlin 1895 VI 25. In: Akte 99.
296 Denkschrift Richthofens, Berlin 1898 VIII 8. In: Akte 2, Bl. 74—107. (s. Dokument 9!).
297 Brief Richthofens an Hermann Wagner, Berlin 1877 VI 23. In: Akte 117, Richthofen Nr. 6.

sein; doch geht das Streben in Deutschland jetzt allgemein dahin, auch hier die Betrachtung nach dem Prinzip des Kausalzusammenhanges zu gliedern, indem sie von den invariablen Größen der Erdoberfläche und des Klimas ausgeht, um daran die variablen Größen, insbesondere Alles, was sich auf den Menschen bezieht, in aufsteigender Folge anzureihen"[298].

Ehe Richthofen sein Ordinariat in Bonn antrat, lehrte dort Theobald Fischer als Privatdozent der Geographie[299]. Er stammte von einem Bauernhof in Kirchsteitz bei Zeitz, auf dem er 1846 geboren wurde. Sein Studium in Heidelberg, Halle und Bonn war der Geschichte und klassischen Philologie gewidmet. In Halle hörte er auch botanische Vorlesungen. 1868 promovierte er mit einer historischen Arbeit aus der Geschichte Kursachsens. Seine Bonner Habilitation für Geschichte verhinderte der Kriegsausbruch von 1870. Die Annahme einer Pariser Hauslehrerstelle bei dem Sohn des Wiener Eisenbahnunternehmers Baron Hirsch versetzte ihn in die Lage, Reisen in die Alpen, nach Skandinavien, England und Frankreich, besonders aber in die europäischen Mittelmeerländer zu unternehmen und die Winter in Florenz, Palermo, Athen und Istanbul zu verbringen. Die naturwissenschaftliche Grundlage seiner Forschungen erwarb er in Paris und Palermo. Nach fast drei Jahren der Forschung, die ihn vor allem auf Sizilien zum Geographen und Länderkundler werden ließen, habilitierte er sich in Bonn mit „Beiträgen zur Physischen Geographie der Mittelmeerländer, besonders Siziliens" (1876). Theobald Fischer wurde durch sie der erste akademische Geograph Deutschlands, dessen Habilitationsschrift thematisch der Geographie entnommen ist. Ein Semester nach Richthofens Antritt in Bonn wurde er als o. Professor der Geographie an die damals noch kleine Universität Kiel berufen (1879). Von Kiel aus berichtete er: „Ich bin 3 Jahre in Bonn als Privatdozent, überhaupt der erste für das Fach der Erdkunde in Deutschland, seitdem hier [in Kiel] 3½ Jahre als Ordinarius tätig gewesen; dort wie hier ist es mir gelungen, unter sehr schwierigen Verhältnissen diesem neuen Lehrfach Boden zu gewinnen. In Bonn, wo ich keinen Ordinarius zur Seite hatte, kein Geograph in der Prüfungs-Commission war, erst Lehrmittel zu schaffen und die Studierenden erst darüber aufzuklären waren, was Geographie jetzt ist, ist es mir doch gelungen, nach und nach eine stattliche Zahl von Zuhörern um mich zu versammeln, für diese

---

298 Richthofen, F.v.: Die Gebirgsprovinz Sz'tshwan in China. In: Tagblatt der 47. Versammlung Deutscher Naturforscher und Ärzte in Breslau im September 1874. Breslau 1874, S. 160–172. Übersetzung des Vortrags: La province de Sz'tshwan. In: La Revue Scientifique. Paris 2. Série Bd. 9. 1875, S. 388–394.

298a Richthofens Denkschrift vom 8. August 1898. In: Akte 2.

299 Schnell, P.: Theobald Fischer. In: Geographischer Anzeiger. Gotha 2. 1904, S. 65–67. Wagner, H.: Theobald Fischer. In: Petermanns Geographische Mitteilungen. Gotha 56. 1910 II, S. 188–189. Wolkenhauer, W.: Theobald Fischer. In: Deutsche Rundschau für Geographie und Statistik. Wien 33. 1911, S. 182–184. Oestreich, K.: Theobald Fischer. Eine Würdigung seines Wirkens als Forscher und Lehrer. In: Geographische Zeitschrift. Leipzig 18. 1912, S. 241–254. Günther, S.: Theobald Fischer. In: Quellen und Darstellungen zur Geschichte der Burschenschaft und der deutschen Einheitsbewegungen, Bd. 7. Heidelberg 1921, S. 265–273. Rühl, A.: Theobald Fischer als akademischer Lehrer. In: Geographische Zeitschrift. Leipzig 27. 1921, S. 29–33. Glauert, G. in NDB 5. 1961.

Studien zu erwärmen und Herrn v. Richthofen dann das Feld geebnet zu übergeben"[300].

Richthofen nannte seinen Bonner Wirkungskreis einen „stillen und bescheidenen, aber sehr behaglichen"[301]. An Vorlesungen hielt er eine Einleitung in die Allgemeine Erdkunde und Grundzüge der Gebirgskunde, neben denen er Geographie von Europa und den östlichen Mittelmeerländern las. Unter den kleineren Vorlesungen finden sich die Geschichte der zentralasiatischen Handelsstraßen und der arktischen Forschung. Außer einem geräumigen Hörsaal im ehemaligen Konviktgebäude am Alten Zollgarten standen ihm zwei Zimmer zum Abhalten geographischer Übungen und für den Geographischen Apparat zur Verfügung. Im „Geographischen Colloquium" (1880) ließ Richthofen über neu erschienene Bücher und wichtige Abhandlungen berichten. Alfred Hettner, der am Kolloquium teilnahm, urteilte später: „Der Fortgeschrittene wird dadurch allerdings über die wichtigsten neuen Erscheinungen unterrichtet, aber für den Studenten, der eben in die Geographie hineinkommt, sie vielleicht nur im Nebenfach betreibt, fehlt oft das Verständnis, und bei dem ständigen Wechsel der Themata – manchmal an einem Abend ein morphologisches Thema und ein Vortrag über Verkehrswege des Mittelalters in Asien oder dergleichen, bleibt zu wenig haften"[302]. Exkursionen führte Richthofen in Bonn nicht. – Unbefriedigend blieb die Regelung der Prüfungsberechtigung in der Wissenschaftlichen Prüfungskommission. Richthofen durfte nur die Studenten der Geographie naturwissenschaftlicher Richtung prüfen, während die Studenten der Geschichte und Geographie sich vom Historiker prüfen ließen. Sein Unmut darüber spricht aus einem Brief an seinen Nachfolger Johann Justus Rein[303].

Richthofens Bonner Lehrtätigkeit ging bereits 1883 zu Ende, da er einen Ruf nach Leipzig annahm. Am 12. Dezember 1882 meldete der Bonner Universitätskurator nach Berlin, die Universität sei in Gefahr, Richthofen zu verlieren[304]. Der folgende Bericht vom 18. Dezember ließ Richthofens festen Entschluß erkennen, den preußischen Staatsdienst zu verlassen[305]. Althoff unterstützte den Bonner Versuch, ihn durch eine Gehaltszulage in Bonn zu halten. Aber Ferdinand Zirkel aus Leipzig, ein Bonner Kind, verstärkte während der Weihnachtsfeiertage Richthofens Bereitschaft, nach Leipzig zu kommen, das ihn schon einmal 1875 gerufen hatte. Daraufhin bestellte Althoff Richthofen für den 27. Dezember zu einer Unterredung mit Minister v. Goßler nach Berlin. Richthofen hielt an Leipzig fest,

---

300 Schreiben Theobald Fischers an Althoff, Kiel 1883 I 21. In: Akte 62, Bd. 2 Bl. 193–194.
301 Schreiben Richthofens an Althoff, Bonn 1882 I 10. In: Akte 37, Bd. 7 Bl. 19–20.
302 Hettner, A.: Aus meinem Leben (Niederschrift im Februar 1935). In: Alfred Hettner, Gedenkschrift zum 100. Geburtstag. In: Heidelberger Geographische Arbeiten, Heft 6. Heidelberg u. München 1960, S. 41–72 (48), betr. F. v. Richthofen.
303 Zitiert von J.J. Rein in einem Brief an Althoff, Marburg 1883 IV 30. In: Akte 45, Bd. 5 Bl. 73–74, betr. F. v. Richthofen.
304 Schreiben Beselers an v. Goßler, Bonn 1882 XII 12. In: Akte 22, Bd. 14 Bl. 290–294, betr. F. v. Richthofen.
305 Schreiben Beselers an Althoff, Bonn 1882 XII 18. In: Akte 22, Bd. 14 Bl. 299–301, betr F. v. Richthofen.

von dem er freie Zeit und bessere Gelegenheit zur Vollendung seines Chinawerkes erhoffte. Der zweite Band war während der Bonner Zeit am 9. Mai 1882 erschienen. Es fehlte die Bearbeitung von Band 3 und vom Atlas. v. Goßler erwog, um Richthofen für Preußen zu halten, in Berlin eine zweite geographische Professur neben Carl Ritters Lehrstuhl zu begründen. Richthofen erklärte sich bereit, nach Abschluß seines Chinawerkes in den preußischen Staatsdienst zurückzukehren. So ging er am 31. März 1883 mit der Voraussicht nach Leipzig, er werde dort sein Chinawerk vollenden, aber nur eine beschränkte Zahl von Semestern lehren.

In Leipzig erklärte Richthofen in seiner Antrittsrede die Geographie vertieft als die „Wissenschaft von der Erdoberfläche und den mit ihr in ursächlichem Zusammenhang stehenden Dingen und Erscheinungen". Seinen Bonner Vorlesungen fügte er das Kolleg „Vergleichende Übersicht der Kontinente" hinzu. Zur Unterbringung des Geographischen Apparates begnügte er sich mit zwei „kellerartigen Zimmerchen", die noch Friedrich Ratzel 1886 in dem „kleinen, alten, verstaubten und verrauchten Geographischen Seminar der Universität Leipzig" übernahm[306]. Vom Chinawerk wurde in Leipzig nur Teil 1 des Atlasses fertiggestellt (1885).

Fortsetzung der biographischen Einführung im Abschnitt 2.2.6.

2.1.5. Universität Königsberg — Hermann Wagner

An der Universität Königsberg, der ehrwürdigsten in Preußen, an der Immanuel Kant in vierzig Jahren (1756—1796) seine Vorlesung über Physische Geographie gehalten hatte[307], ging der Antrag zur Errichtung einer Professur der Geographie 1873 von der Philosophischen Fakultät aus[308]. Minister Falk entschloß sich zu ihrer Einrichtung, nachdem ihm Goeppert die Akten über Kirchhoffs Professur in Halle vorgelegt hatte. Am 30. April 1875 unterbreitete die Fakultät ihre Vorschläge: „Die Fakultät war sich bewußt, daß bei gleichzeitiger Besetzung von acht geographischen Lehrstühlen im Deutschen Reich und in Österreich [Straßburg, Bonn, Breslau, Greifswald, Kiel, Marburg, Graz und Wien] für die Königsberger Wünsche nur eine geringe Anzahl erprobter und gleichzeitig für den Lehrbetrieb geeigneter Geographen zur Auswahl stehe". Sie schlug pari loco Hermann Wagner am Gothaer Gymnasium und Sophus Ruge vom Polytechnikum in Dresden vor.

---

306 Ratzel, F.: Kleine Schriften, ausgewählt und hrsg. durch Hans Helmolt. München u. Berlin 1906, Bd. 1 S. 522.
307 Prutz, H.: Die königliche Albertus-Universität zu Königsberg i.Pr. im 19. Jahrhundert. Königsberg i.Pr. 1894. Sölle, G.v.: Geschichte der Albertus- Universität zu Königsberg in Preußen. Königsberg 1944, 2. Afl. hrsg. vom Göttinger Arbeitskreis in Gemeinschaft mit dem Königsberger Universitätsbund. Würzburg 1956. Immanuel Kants physische Geographie [1756—1796], hrsg. von F.T. Rink. In: Kants gesammelte Schriften. Berlin u. Leipzig, Bd. 9. 1923. Adickes, E.: Untersuchungen zu Kants physischer Geographie. Tübingen 1911. Hauck, P.: Immanuel Kant als Geograph. In: Petermanns Geographische Mitteilungen, Gotha 124. 1980, S. 263—274.
308 Schreiben der Philosophischen Fakultät der Universität Königsberg an den Universitätskurator, Königsberg i.Pr. 1873 XII 29. In: Akte 42, Bd. 9 Bl. 115, betr. H. Wagner.

Sollte die Wahl auf keinen der beiden Kandidaten fallen, dann möge die Professur zunächst unbesetzt bleiben, denn es entspreche nicht den Anforderungen der Fakultät, Kandidaten vorzuschlagen, „welche nicht eigentlich wissenschaftliche Forschungen angestellt, sondern nur encyclopädisch zusammenfassende Handbücher geschrieben oder über geographische Themata in populär-journalistischen Aufsätzen sich haben vernehmen lassen"[309].

Berufen wurde am 24. Juli 1875 Hermann Wagner. Doch konnte er sein Amt erst am 1. April 1876 antreten. Er las Allgemeine Erdkunde und Geographie von Deutschland sowie ausgewählte Erdteile. Daneben hielt er eine Vorlesung über den geographischen Unterricht. Erstmalig führte er neben den geographischen auch kartographische Übungen mit praktischer Unterweisung im Entwerfen und Zeichnen von Karten ein. Der Hörsaal umfaßte 30 Sitzplätze. Der Geographische Apparat war in einem einfenstrigen Zimmer untergebracht. Exkursionen führte Wagner nicht. Seine Lehrtätigkeit in Königsberg umfaßte nur wenige Jahre, denn er wurde 1880 nach Göttingen versetzt.

Fortsetzung der biographischen Einführung im Abschnitt 2.1.8.

2.1.6. Universität Breslau — Joseph Partsch

An der Universität Breslau drängte Carl Neumann auf die Errichtung einer ao. Professur für Geographie und Alte Geschichte neben seinem Ordinariat. Sie wurde von der Philosophischen Fakultät am 1. Oktober 1874 beantragt und war Joseph Partsch[310] zugedacht. Partsch wurde 1851 in Schreiberhau im Riesengebirge geboren, wo sein Vater in der Reichsgräflich Schaffgotschen Josephinenhütte Geschäftsführer war. Seine schöpferische Begabung verdankte er seiner Mutter, der Tochter eines Garnhändlers vom böhmischen Hang des Riesengebirges. Dicht vor der Staatsgrenze der Provinz Posen gegen Kongreßpolen stammte Partschs Frau her. Die frühzeitige Kenntnis der Bevölkerungsspannungen im Osten steigerte Partschs bewußtes Deutschtum. Die Mittel zum Besuch des Breslauer Gymnasiums und zum Studium auf der Universität gewährte für ihn und seinen älteren Bruder Graf Schaffgotsch. Joseph Partsch studierte klassische Philologie und Alte Geschichte. Seine Dissertation behandelte „Africae veteris itineraria explicantur et emendantur"

---

309 Schreiben der Philosophischen Fakultät der Universität Königsberg an Falk, Königsberg i.Pr. 1875 IV 30. In: Akte 42, Bd. 10 Bl. 66–69, betr. H. Wagner.
310 Partsch, J.: [Autobiographische Skizze]. In: Deutsche Rundschau für Geographie und Statistik. Wien 21. 1899, S. 326–328. Lehmann, F.W.P.: Joseph Partsch. Eine Skizze seines siebzigjährigen Lebens und seiner bisherigen Arbeit. In: Geographischer Anzeiger. Gotha 22. 1921, S. 149–154. Lehmann, F.W.P.: Joseph Partsch. In: Geographische Zeitschrift. Leipzig 31. 1925, S. 321–329. Praesent, H.: Joseph Partsch zum Gedächtnis. In: Mitteilungen der Geographischen Gesellschaft in München 19. 1926, S. 202–211. Waldbaur, H.: Joseph Partsch. In: Joseph Partsch. Aus fünfzig Jahren. Verlorene Schriften. Breslau 1927 (mit Bibliographie). Penck, A.: Joseph Partsch und sein Lebenswerk. In: Zeitschrift der Gesellschaft für Erdkunde zu Berlin 1928, S. 81–98. Waldbaur H.: Zur Erinnerung an Joseph Partsch (1851–1925). Ebenda 82. 1951/1952, S. 60–64.

(1874). Seine Habilitationsschrift über „Die Darstellung Europa's in dem geographischen Werke des Agrippa" (1875) bewirkte, daß ihn die Fakultät unico loco zum ao. Professor für Geographie und Alte Geschichte vorschlug[311]. Seine Lehrtätigkeit nahm er am 25. November 1876 auf. Ab 1880 las er nur noch Geographie, wodurch er für eine Nachfolge Neumanns als Historiker ausschied. Zum o. Professor der Geographie wurde Partsch am 24. Juni 1884 ernannt. Berufungen nach Königsberg, Wien und Halle schlug er aus, ging aber 1905 als Nachfolger Friedrich Ratzels nach Leipzig[312].

Solange Partsch in Breslau neben Carl Neumann las, wählte er Themen über Schauplätze der antiken Kultur und Vorlesungen über Erdteile. Nach Neumanns Tod und nach seiner Einarbeitung in die naturwissenschaftlichen Grundlagen der Geographie konnte er die Gesamtheit der Geographie vertreten[313]. Carl Neumanns von Partsch bearbeitete „Physikalische Geographie von Griechenland" (1885) bot unter den Länderkunden erstmalig gemeinsam die Darstellung der physischen Verhältnisse und des Menschenwerkes auf der Erdoberfläche. Im Kolleg fesselte Partsch auch durch seine Kunst in der Formung des ausgearbeiteten Textes: „Bei Ihnen ist wie bei dem echten Künstler alles aus einem Guß. Auf einer Seite vollkommen sachliche Beherrschung des Gegenstandes, ehe Sie daran gehen über ihn zu schreiben; auf der anderen eine wohlthuende Atmosphäre warmen Empfindens und unparteiischer Gerechtigkeit"[314]. Seine Forschungen auf den Jonischen Inseln[315] fanden in länderkundlichen Monographien[316] ihren Niederschlag, nach deren Erscheinen Partsch bekannte: „Wenn ich einmal der Geographie noch einen Dienst erweisen kann, wird es immer nur auf dem Gebiet der Länderkunde liegen"[317]. Dies bewies er vor allem durch sein „Schlesien"[318]. Damals schrieb Richthofen an ihn: „Sie verstehen wie Wenige, die Kunst, Schönheit der Sprache mit wissenschaftlichem Gehalt zu verbinden. [...] Sie ebnen dadurch der Geographie den Eingang in die breiteren Schichten des deutschen Volkes"[319].

Partsch fiel in Breslau auch der Aufbau des Geographischen Seminars zu. Er übernahm Neumanns Kartensammlung in staatlichen Besitz und erweiterte sie bei

---

311 Schreiben der Philosophischen Fakultät der Universität Breslau an Falk. Breslau 1876 V 17. In: Akte 25, Bd. 10, Bl. 179–180, betr. J. Partsch.
312 Brief Richthofens an Partsch, Berlin 1904 XII 28. In: Akte 119, Briefteile 294 u. 296.
313 Im Archiv für Geographie der Akademie der Wissenschaften der DDR im Institut für Geographie und Geoökologie in Leipzig liegen zwei kleinere Vorlesungsmanuskripte J. Partschs aus der Breslauer Zeit.
314 Brief Richthofens an Partsch, Berlin 1903 VI 29. In: Akte 119, Brief 292.
315 Partsch. J.: Bericht über die wissenschaftlichen Ergebnisse der Reise auf den Inseln des Jonischen Meeres. Der Akademie der Wissenschaften von Heinrich Kiepert vorgelegt. In: Sitzungsberichte der Preußischen Akademie der Wissenschaften. Berlin 1886, S. 615–628.
316 Partsch, J.: Die Insel Korfu / Die Insel Leukas / Kephallenia und Ithaka. In: Petermanns Geographische Mitteilungen. Gotha. Ergänzungshefte 88. 1888, 95. 1889 und 98. 1890.
317 Zitiert von A. Penck in seinem Brief an Partsch, Wien 1889 III 17. In: Akte 120, Brief 27.
318 Partsch, J.: Schlesien. Eine Landeskunde für das deutsche Volk auf wissenschaftlicher Grundlage bearbeitet. Breslau 1896. 1911.
319 Brief Richthofens an Partsch, Berlin 1904 IX 30. In: Akte 119, Brief 293.

der knappen Geldzuweisung nur durch topographische und thematische Karten der europäischen Länder. Der Unterbringung der Karten in einem Schrank des Hörsaals folgte 1888 die Bereitstellung von zwei kleinen Zimmern im Dachgeschoß des Universitätsgebäudes als der „ersten Heimstatt anhaltender geographischer Arbeit". Hier hielt er seit WS 1881/82 geographische Übungen ab, die seit 1887 als „Geographisches Seminar" bezeichnet wurden. Zehn Jahre später erhielt das Seminar zwei lichtere Zimmer im zweiten Stock mit einem Übungsraum für 12 Teilnehmer. Die Seminarübungen stellte Partsch anhand gemeinsamen Lesestoffes unter eine thematische Aufgabe oder er knüpfte an Stoffe für selbständige wissenschaftliche Tätigkeit an. Das Ergebnis eines Semesters legte er 1901 in der Festschrift des Geographischen Seminars zur Begrüßung des Deutschen Geographentages in Breslau vor[320]. Als Privatdozent habilitierte sich Richard Leonhard, der Sohn eines Breslauer Bankherrn und Handelsrichters, durch eine Arbeit, die Partschs Jonische Inselstudien und Heinrich Kieperts kartographische Arbeiten in Kleinasien ergänzte (1898). Leonhard wurde 1908 ao. Professor; aber sein zurückgezogenes Wesen ließ ihn nur ein hoffnungsarmes Leben erwarten, aus dem er 1916 schied[321]. — Zur Führung von Exkursionen war Partsch insbesondere durch die landeskundliche Durchforschung seiner schlesischen Heimat berufen.

Noch in Breslau nahm er seine Arbeit an einer Darstellung der „Länder und Völker von den Westalpen und dem Balkan bis an den Kanal und das Kurische Haff" auf. In England hatte John Mackinder[322], Professor der Geographie an der Universität Oxford, für die Jahrhundertwende ein Werk über die Länder des Erdkreises in Angriff genommen, in dem sich zwischen Frankreich und Rußland das am buntesten zusammengesetzte Stück des binnenländischen Europa ergab[323]. Zur Bearbeitung dieses von Mackinder abgegrenzten Bandes „Central Europe" lud der Herausgeber 1897 Joseph Partsch in Breslau ein. Diesem erschien die Umgrenzung ungewöhnlich, doch hielt er es nicht für unmöglich, „einen Kreis so verschiedener Länder als eine Einheit aufzufassen" und ging ans Werk[324]. Dieses „Mitteleuropa" rief Bedenken hervor. Albrecht Penck schrieb an Partsch: „Deine weite Fassung des Begriffes Mitteleuropa überraschte mich sehr, und ich begann sofort nachzuschauen, ob Du oder ob Mackinder den weiten Begriff geschaffen"[325]. Partsch sah in diesem Mitteleuropa ein Zusammenwachsen der Länder und Völker zu einer Kulturgemeinschaft unter deutscher Führung bei Selbständigbleiben der Staaten. Er wog — durch ein-

---

320 Partsch, J.: Die Geographie an der Universität Breslau. In: Festschrift des Geographischen Seminars der Universität Breslau zur Begrüßung des 13. Deutschen Geographentages Breslau 1901, S. 1—37, die nachfolgenden studentischen Beiträge S. 38—236.
321 Partsch, J.: Richard Leonhard. In: Petermanns Geographische Mitteilungen. Gotha 62. 1916, S. 262.
322 Lange, G.: Sir Halford Mackinder (1861—1947). In: Geographisches Taschenbuch. Wiesbaden 1964/1965, S. 309—316.
323 Brief Richthofens an Partsch, Berlin 1903 VI 29. In: Akte 119, Brief 292.
324 Partsch, J.: Central Europe. In: The Regions of the World. Bd. 3. London 1903. Partsch, J.: Mitteleuropa. Die Länder und Völker von den Westalpen und dem Balkan bis an den Kanal und das Kurische Haff dargestellt. Gotha 1904.
325 Brief Pencks an Partsch, Wien 1903 VI 30. In: Akte 120, Brief 180.

dringliche Studien der Werke von Napoleon, Friedrichs II., von Clausewitz und Moltke vorbereitet — die Kräfteverhältnisse der Mächtegruppen gegeneinander ab. Dabei erfüllten ihn schwere Sorgen um die Abwehr drohender Gefahren, sodaß er „alle ehrgeizigen Gewalthaber der Zukunft" warnte und „Frieden zu halten und Frieden zu gebieten" forderte[326]. Ihm schwebte nicht ein „Mitteleuropäisches Projekt" vor, „das eine breite territoriale Machtgrundlage in Europa anstrebe, auf der es wirtschaftlich, politisch und militärisch geeint eine Weltmacht der Zukunft werde"[327]. Als der Erste Weltkrieg ausbrach, sprach er vor Leipzigs Öffentlichkeit sehr ernst über Deutschlands Ostgrenze[328]. Partsch besaß die Sicherheit des Urteils und konnte überlegenen Rat geben.

2.1.7. Universität Marburg — Johann Justus Rein

Die Universität Marburg war als die erste protestantische Universität in Deutschland gegründet worden. Da sie zu Kurhessen gehörte, kam sie 1866 auch unter die Herrschaft Preußens[329]. Der geographische Lehrstuhl wurde am 1. Oktober 1875 errichtet und mit Johann Justus Rein besetzt[330]. Er wurde 1835 im hessischen Rauenheim a. Main geboren, wo sein Vater im Zolldienst stand. Kurz nach der Geburt des Sohnes übernahm er ein ererbtes Bauerngut in Mainzlar bei Gießen. Hier wuchs der junge Rein in ländlicher Umgebung auf, die frühzeitig seine Liebe zur Natur weckte. Sein Studium der Mathematik und Naturwissenschaften begann er auf der Universität Gießen. Häusliche Verhältnisse erzwangen seinen Übertritt in das Lehrerseminar Friedberg. Nach kurzem Schuldienst in Frankfurt a. Main wurde Rein im Sommer 1858 an die Ritter- und Domschule in Reval berufen. An der Universität Dorpat legte er die Lehramtsprüfung für den höheren Schuldienst ab. Eine Reise nach England nutzte er zur biologischen Weiterbildung im Britischen Museum und Botanischen Garten Kew aus. Nach erneutem Studium in Gießen

---

326 Partsch, J.: Mitteleuropa 1904, S. 431.
327 Schulte-Althoff, F.-J.: Studien zur politischen Wissenschaftsgeschichte der deutschen Geographie im Zeitalter des Imperialismus. In: Bochumer Geographische Arbeiten. Heft 9. Paderborn 1971, S. 187, betr. J. Partsch.
328 Partsch, J.: Deutschlands Ostgrenze. In: Zeitschritt für Politik. Berlin 8. 1915, S. 14—27.
329 Hundert Jahre Geographie in Marburg. Festschrift aus Anlaß der 100jährigen Wiederkehr der Einrichtung eines Lehrstuhls Geographie in Marburg . . . In: Marburger geographische Schriften. Heft 71. Marburg 1977. Leib, J.: Geographie. In: Die Naturwissenschaften an der Philipps-Universität Marburg 1527—1977. Marburg 1978, S. 455—523.
330 Festschrift zur Feier des 70. Geburtstages von Johann Justus Rein. In: Veröffentlichungen der Geographischen Vereinigung zu Bonn. Heft 1. 1905. Kerp, H.: Johannes Justus Rein. In: Geographische Zeitschrift. Leipzig 24. 1918, S. 331—342. Philippson, A.: Johann Justus Rein. In: Chronik der Rheinischen Friedrich-Wilhelms-Universität 1917/1918. Bonn, S. 139—142. Ziegler, J.: Johann Justus Rein. In: 49. Bericht der Senckenbergischen Naturforschenden Gesellschaft in Frankfurt/Main 1919, S. 139—142. Hohmann, J.: Johannes Justus Rein. In: Erdkunde. Bonn 22. 1968, S. 1—7 (mit Bibliographie). Lauer, W.: Johannes Justus Rein. In: Beiträge zur geographischen Japanforschung In: Colloquium Geographicum. Bonn 10. 1969. S. 9—12.

promovierte er in Rostock mit der Dissertation „Über das Klima, den Boden und die Vegetation Estlands" (1861). Dann vertraute ihm der britische Gouverneur auf den Bermuda-Inseln seine Söhne zur Erziehung an. Die Inseln boten die Gelegenheit zu geographischen und botanischen Beobachtungen. Im Herbst 1863 zurückgekehrt, trat Rein in Frankfurt a. Main in den Schuldienst der Höheren Gewerbeschule und der „Musterschule", die zu Ritters Zeiten nach Pestalozzi arbeitete. Gleichzeitig setzte er sich für die Senckenbergische Naturforschende Gesellschaft ein. Zu Forschungen reiste er 1872 gemeinsam mit Carl v. Fritsch nach Marokko und in den Hohen Atlas.

Im Herbst 1873 sandte Handelsminister Achenbach Rein nach Japan (1873–1876). Er sollte Untersuchungen über Industrie, Handel und Kunstgewerbe des Inselreiches anstellen und Auskunft über Japans eigenständige Kulturformen vor ihrer Bedrohung durch europäische Einfuhr geben[331]. Nach seiner Rückkehr berichtete Achenbach: „Rein wendete seine Aufmerksamkeit vor allem denjenigen Industriezweigen zu, in welchen die japanischen Fabrikate, sei es durch die Solidität, sei es durch den Geschmack und die Sauberkeit der Arbeit, das Übergewicht über den europäischen behaupten. So hat er in der Lack-, der Papier-, Bronze-, Email- und der keramischen Industrie sowohl die verschiedenartigen Rohstoffe und Arbeitsgeräthe erforscht, als auch die den Japanern eigenthümliche Art des Verfahrens durch den Besuch der Werkstätten und selbst Betheiligung an den Arbeiten auf das Eingehendste geprüft und eine werthvolle Sammlung aller kunstgewerblich und technisch interessanten Gegenstände – von den Rohstoffen bis zu den vollendeten Fabrikaten in den verschiedenen Stadien ihrer Entwicklung – angelegt"[332]. Vom Ministerresidenten Maximilian v. Brandt, dem Reisegefährten Richthofens unterstützt, konnte Rein auch Reisen in das Landesinnere unternehmen, selbst in Gegenden, die bis dahin kein Europäer aufgesucht hatte. Durch diese Reisen wurde er zum echten Geographen.

Reins Name wurde mehrfach bei der Berufung von Geographen auf o. Lehrstühle genannt, so auf den Straßburger, den Georg Gerland erhielt. Rein kam zurecht, als das neugegründete Ordinariat in Marburg a. d. Lahn zu besetzen war (WS 1876/77). Durch seine naturwissenschaftliche Vorbildung stand er der Physischen Geographie nahe. Seine wirtschaftsgeographischen Arbeiten verbanden ihn mit der Kulturgeographie. Er las Allgemeine Geographie, Physische Erdkunde bzw. einzelne ihrer Teilgebiete sowie eine stark wirtschaftsgeographisch ausgerichtete Geographie der Erdteile. Seine Arbeitsweise kennzeichnen Zustandsbeschreibungen mit Vergleichen. Wiederholt trug Rein über die Theorie der Projektionen und über Karten vor. Im Seminar, das nie mehr als zwanzig Mitglieder zählte, hielt er geographische und kartographische Übungen ab. Ihm fiel der Aufbau des Geographischen Apparates zu, den er in Schränken unterbringen mußte, die in einem schwer zugänglichen Hörsaal standen. Exkursionen führte er in Marburg nicht. Im SS 1883 wurde er Direktor der Wissenschaftlichen Prüfungskommission, in der er bei seiner strengen

---

331 Akte betr. die technische Studienreise des Dr. Justus Rein nach Japan. In: Akte 1.
332 Immediatbericht v. Achenbachs, Berlin 1876 III 21. In: Akte 4, Bd. 1 Bl. 30–32, betr. J.J. Rein.

Lebensauffassung die akademische Freiheit als eine freiwillige Pflicht auffaßte. Als 1883 in Marburg bekannt wurde, daß Althoff sich „unter Umständen bewogen fühlen könnte, J. J. Rein an die Universität Bonn zu versetzen", bat der Universitätskurator, das Ministerium möge den Gehaltsunterschied zwischen Marburg und Bonn zugunsten Marburgs verlagern. Rein sei „ein bei der akademischen Jugend sehr beliebter Lehrer, der hier eine ungewöhnliche Theilnahme für das Studium der Geographie" hervorgerufen habe[333].

Fortsetzung der biographischen Einführung im Abschnitt 2.2.1.

2.1.8. Universität Kiel – Hans Christian Dreis

In Schleswig-Holstein erhielt Kiel 1665 eine Universität, die 1867 in preußischen Besitz kam und während der Schleswig-Holsteinischen Erhebung der Gründung eines geographischen Lehrstuhls nahetrat[334]. Ein Schüler Carl Ritters, Hans Christian Dreis, erhielt 1846 die Aussicht, Geologie und Physische Geographie vertreten zu können. Dreis[335] stammte aus Gaarden bei Kiel, wo er nach dem frühen Tod seiner Eltern einen Geistlichen zum Vormund erhielt. Er studierte in Berlin Naturwissenschaften und promovierte 1835 in Kiel. Als Gymnasiallehrer kam er über Hadersleben nach Meldorf in Dithmarschen, wo er 1840 einen „Geographischen Verein" ins Leben rief, in dem er Vorträge über Ritters „Erdkunde" hielt. Als er im November 1847 von den Dänischgesinnten angefeindet wurde, gab er seinen Schuldienst auf und ging nach Heidelberg, wo er am 21. März 1848 ein Habilitationsgesuch für Allgemeine Vergleichende Geographie einreichte[336]. Das Gesuch wurde von der Philosophischen Fakultät am 5. April 1848 genehmigt, aber Dreis war bereits in seine durch Dänen und Preußen bedrohte Heimat zurückgekehrt. Ohne seine Heidelberger Habilitation aufrechtzuerhalten, reichte er von Meldorf aus am 11. Juli 1848 bei der Provisorischen Regierung Schleswig-Holsteins in Rendsburg ein Gesuch um Anstellung als ao. Professor der Geographie an der Kieler Universität ein[337]. Die

---

333 Schreiben des Universitätskurators der Universität Marburg an v. Goßler, Marburg 1883 III 19. In: Akte 45, Bd. 5 Bl. 53, betr. J.J. Rein.

334 Jordan, K.: Die Christian-Albrechts-Universität Kiel im Wandel der Jahrhunderte. In: Veröffentlichungen der Schleswig-Holsteinischen Universitätsgesellschaft Kiel. Neue Folge 1. 1953. Wenk, H.-G.: Die Geschichte der Geographie und der Geographischen Landesforschung an der Universität Kiel von 1665–1879. In: Schriften des Geographischen Instituts der Universität Kiel. Bd. 24. 1966. Schlenger, H.: Das Geographische Institut. In: Christiana Albertina. Kieler Universitäts-Zeitschrift 5. 1968, S. 60–66. Pfaffen, H.u.R. Stewig: Die Geographie an der Christian-Albrecht-Universität 1879–1979. Festschrift zum 100jährigen Bestehen des Lehrstuhls und Instituts für Geographie an der Universität Kiel. In: Kieler geographische Schriften, Bd. 50. Kiel 1979.

335 Alberti, E.: Lexikon der Schleswig-Holstein-Lauenburgischen und Eutinischen Schriftsteller von 1829 bis 1866. Kiel 1867–1868, Bd. 1, S. 172–173, betr. H.C. Dreis. Wenk, H.-G. 1966 (s. Anm. 334) S. 171–175.

336 Schreiben von Dreis an das Badische Innenministerium, Heidelberg 1848 III 21. In: Akte 98, o.Bl.

337 Schreiben von Dreis an die Provisorische Regierung in Rendsburg, Meldorf 1848 VII 11. In: Akte 100, o.Bl.

Philosophische Fakultät lehnte das Gesuch ab, empfahl die Privatdozentur und zahlte eine einmalige Beihilfe[338]. Dreis las im SS 1848 eine „Einleitung in die vergleichende Geographie" und „Geographie von Asien". Am 27. September 1848 beantragte der damalige Universitätskurator Justus Olshausen für ihn ein Reisestipendium zur weiteren Ausbildung und zur Vollendung seiner Habilitationsschrift. Dreis besuchte im SS 1849 eine auswärtige Universität und las dann in Kiel über „Vergleichende Geographie in regionaler Darstellung". Aber noch vor Jahresende 1850 brach er seine Vorlesungen ab und wanderte nach Amerika aus. Er war zunächst als Lehrer tätig, wurde aber schließlich in Davenpost im Staate Washington Brauereibesitzer.

2.1.9. Universität Kiel − Theobald Fischer

Das Ordinariat der Geographie an der preußisch gewordenen Universität wurde 1875 bewilligt, seine Besetzung aber schob Minister Falk bis Januar 1879 hinaus. Um diese Zeit war Richthofens Übersiedlung nach Bonn gesichert. Daher konnte nunmehr Theobald Fischer als Ordinarius nach Kiel berufen werden. Die Fakultät wollte ihn nur als ao. Professor berufen sehen, solange nicht feststehe, ob seine angeblich ausschließlich klimatologische Arbeitsrichtung mit den Belangen der Universität vereinbar sei. Alfred Kirchhoff konnte die Bedenken durch den Hinweis auf die Besprechung von Fischers Abhandlung durch Julius Hann in Wien[339] zerstreuen, und Falk konnte ihn für WS 1879/80 als Ordinarius nach Kiel berufen. Vorlesungen hielt er über Allgemeine Erdkunde sowie Geographie der Erdteile und gesondert der Mittelmeerländer. Außerdem hielt er ein kleines Kolleg zur Erforschungs-und Entdeckungsgeschichte. Seit SS 1881 veranstaltete er ein Geographisches Kolloquium. Für den Geographischen Apparat erhielt er ein kleines Zimmer zugewiesen, in dem er seine recht brauchbare Lehrsammlung unterbringen konnte.

In der Kieler Marine-Akademie zeigte sich im März 1883 die Bereitschaft, in den Lehrplan geographische Vorlesungen aufzunehmen. Fischer erklärte sich bereit, ozeanographische Vorlesungen zu halten, doch mußte er sie seinem Nachfolger überlassen[340], als er nach Marburg versetzt wurde.

Fortsetzung der biographischen Einführung im Abschnitt 2.2.2.

---

338 Schreiben der Philosophischen Fakultät der Universität Kiel an die Provisorische Regierung in Rendsburg, Kiel 1848 VII 26. In: Akte 101. o.Bl., betr. H.C. Dreis.
339 Schreiben Kirchhoffs an Goeppert, Halle 1879 IV 16. In: Akte 39, Bd. 4 Bl. 226−227, betr. Th. Fischer.
340 Schreiben Fischers an einen Geheimrat im Kultusministerium, Kiel 1883 VI 12. In: Akte 62, Bd. 2 Bl. 197−199.

2.1.10. Universität Göttingen — Hermann Wagner

Ehe der letzte 1875 von Falk vorgesehene Lehrstuhl der Geographie besetzt werden konnte, löste der Tod von Johann Eduard Wappäus in Göttingen die Neubesetzung von zwei Planstellen aus. Die Göttinger Philosophische Fakultät schlug als Nachfolger von Wappäus unico loco Hermann Wagner in Königsberg vor[341]. Kurz vor der Absendung des Fakultätsschreibens traf die Aufforderung des Ministeriums ein, den Wahlvorschlag als Dreiervorschlag einzureichen. Die Fakultät fügte noch den Namen Richthofen in Bonn hinzu, nicht aber den Namen eines dritten Kandidaten[342]. Wagner nahm an und verzichtete auf einen Ruf nach Leipzig, obwohl ihn die Nachfolge Oscar Peschels anzog. Nach der Aufnahme seiner Lehrtätigkeit im WS 1880/81 meinte er, die Geographie müsse „als Lehrfach nicht nach den Bedürfnissen der historischen Wissenschaften, sondern der Naturwissenschaften beurteilt werden"[343]. Dagegen bearbeitete er Guthes Lehrbuch der Geographie in der Absicht neu, „trotz starker Hervorhebung der naturwissenschaftlichen Grundlage der Erdkunde und ihrer engen Beziehung zur mathematischen bzw. geometrischen Auffassung ihrer Erscheinungen unserer Wissenschaft die volle Behandlung der Menschenverbreitung und wirtschaftlichen Ausnutzung des Bodens durch den Menschen zu wahren"[344].

Als geborener Lehrer setzte sich Hermann Wagner als akademisches Ziel die Ausbildung von Geographielehrern. Mit der ausführlichen Darlegung seiner Erfahrungen und Grundsätze im akademischen Unterricht eröffnete er eine Aufsatzreihe[345], die allerdings keiner seiner Kollegen fortsetzte. Sein eigener Beitrag verschafft dem Leser den vollen Einblick in die Praxis des akademischen Geographie-Unterrichts in der zweiten Hälfte des 19. Jahrhunderts. Wagner widmete während des Semesters seine gesamte Zeit der Vorbereitung und Durchführung der Vorlesungen[346]. Die im

---

341 Wolkenhauer, W.: Prof. Dr. Hermann Wagner. In: Deutsche Rundschau für Geographie und Statistik, Wien 7. 1885, S. 88—91. Haack, H.: Zu Hermann Wagners 80. Geburtstag. In: Geographischer Anzeiger. Gotha 21. 1920, S. 137—138. Göttinger Professoren. Lebensbilder von eigener Hand: Hermann Wagner. In: Mitteilungen des Universitätsbundes Göttingen 5. 1923/1924, S. 1—37. Meinardus, W.: Hermann Wagner. In: Petermanns Geographische Mitteilungen. Gotha 75. 1929, S. 225—229. Langhans, P.: Schriften von Hermann Wagner 1864—1920. Ebenda 66. 1920, S. 118—122. Meinardus, W.: Schriften Hermann Wagners von 1920—1929. Ebenda 76. 1930, S. 139. Hermann-Wagner-Gedächtnisschrift. Ergebnisse und Aufgaben geographischer Forschung. Dargestellt von Schülern, Freunden und Verehrern des Altmeisters der deutschen Geographen. Ebenda Ergänzungsheft 209. Gotha 1930. Dörries, H.: Hermann Wagner. In: Niedersächsische Lebensbilder, Band 1. Hildesheim u. Leipzig 1939, S. 421—438. Behrmann, W.: Hermann Wagner als akademischer Lehrer. In: Die Erde. Berlin 85. 1954, S. 362—368.
342 Schreiben der Philosophischen Fakultät der Universität Göttingen an v. Puttkammer, Göttingen 1880 I 12. In: Akte 28, Bd. 8, Bl. 212—213, betr. F.v. Richthofen.
343 Schreiben Wagners an Althoff, Göttingen 1883 VI 14. In: Akte 74, Bd. 3 Bl. 20.
344 Schreiben Wagners an Althoff, Göttingen 1900 I 2. In: Akte 74, Bd. 3 Bl. 108—109.
345 Wagner, H.: Der geographische Universitätsunterricht in Göttingen. In: Geographische Zeitschrift. Leipzig 25. 1919, S. 1—20, 97—106.
346 Hermann Wagners Kolleghefte liegen in der Niedersächsischen Staats- und Universitätsbibliothek Göttingen.

Kolleg verteilten Kartenskizzen stellte er selbst her oder entnahm sie seinen methodischen Atlanten. Lichtbilder benutzte er selten. Seine Vorliebe für die Karte, die in seiner Arbeit für den Verlag Justus Perthes in Gotha wurzelte, wirkte sich in seinen Seminarübungen aus, in denen auch Projektionslehre betrieben wurde. Für die Ausgestaltung des Geographischen Apparates standen ihm nach dem Ablauf der geringen Zuweisungen unter Falk erhebliche Mittel zur Verfügung. Im Oktober 1883 erhielt er einen bereits Wappäus zugesagten Hörsaal mit 50 Plätzen sowie einen Raum mit Zeichentischen. 1904 wurde das Seminar durch den Anbau eines Lesezimmers und Zeichensaals und 1911–1913 durch einen großen Hörsaal mit Arbeits- und Verwaltungsräumen erweitert. Seit 1913 hielt Wagner ein Geographisches Kolloquium ab. Exkursionen waren anfangs nicht üblich; später übertrug er sie auf jüngere Kräfte, vor allem an Max Friederichsen, den Sohn des Gothaer Kartographen und späteren Verlagsbuchhändlers Ludwig Friederichsen in Hamburg. Max Friederichsen habilitierte sich 1903 in Göttingen und vertrat als Ordinarius die Geographie an nordostdeutschen Universitäten, darunter 1909–1917 in Greifswald. Neben Friederichsen trat August Wolkenhauer, der Sohn des Bremer Wissenschaftshistorikers Wilhelm Wolkenhauer. Er habilitierte sich 1909 in Göttingen, fiel aber im Ersten Weltkrieg.

Seit 1880 trat Wagner für die Vereinigung der in verschiedenen Räumen untergebrachten Kartensammlungen in einer „Akademischen Kartensammlung" ein, die dem Geographischen Apparat des Geographischen Instituts zugewiesen wurde (1889). Aus der Vereinigung der 11.350 Karten der Akademischen Kartensammlung mit den 5.650 Karten des Geographischen Instituts erwuchs unter seiner Verwaltung ein Bestand von 38.240 Karten, der auch für den Leihverkehr freigegeben wurde. Die Kartenabteilung zur Geschichte der Kartographie wurde nur von wenigen staatlichen Kartensammlungen übertroffen. (U. Klaer, Anm. 215).

Hermann Wagner wurde während vier Göttinger Jahrzehnten der Altmeister der deutschen Geographen.

2.1.11. Universität Königsberg – Karl Zöppritz

Nach der Versetzung Hermann Wagners von Königsberg nach Göttingen galt es, den Königsberger Lehrstuhl neu zu besetzen. Wagner schlug als Nachfolger Karl Zöppritz von der hessischen Universität Gießen vor. Ihrem Dreiervorschlag vom 26. Mai 1880 schickte die Philosophische Fakultät folgende Erklärung voraus: „Die Fakultät glaubt zunächst ihre Überzeugung dahin aussprechen zu sollen, daß diejenigen Geographen, welche in ihren Forschungen von der naturwissenschaftlichen Grundlage ausgehen, vorzugsweise geeignet seien, das geographische Studium an der Universität zu beleben und zu einem fruchtbringenden zu gestalten. Zugleich aber würde es nach ihrer Meinung für die Continuität der Studien an der hiesigen Hochschule von besonderer Wichtigkeit sein, wenn ein die mathematisch- naturwissenschaftliche Seite der Geographie vollkommen beherrschender Mann berufen würde. Einmal liegt dies im Interesse aller derjenigen, welche sich hier bereits seit Jahren diesem Fache zugewandt haben, dann aber dürfte ein solcher besonders befähigt sein, geographische Fachlehrer heranzubilden, den Studierenden diejenigen Methoden und Manipulationen nahe zu bringen, welche sie im Unterricht später verwerthen können, wie insbesondere die Übungen im Entwerfen und Zeichnen von Karten, eine Seite der fraglichen Disciplin, welche, wie kaum eine andere, in richtiges Kartenstudium einzuführen und zu Selbstthätigkeit anzuregen vermag"[347]. Die Fakultät schlug primo loco Karl Zöppritz vor und fügte die Namen Sophus Ruge in Dresden und Rudolf Credner in Halle hinzu. Der Universitätskurator brachte in seinem Begleitschreiben an das Ministerium zum Ausdruck, besondere Berücksichtigung verdiene Rudolf Credner. Das Ministerium entschied sich für Karl Zöppritz[348], der am 25. Juni 1880 zum o. Professor an der Universität Königsberg ernannt wurde.

Zöppritz wurde 1838 in Darmstadt als Sohn eines Großindustriellen geboren. Neben dem Gymnasium besuchte er die Höhere Gewerbeschule seiner Heimatstadt. Dann studierte er in Heidelberg und Königsberg Mathematik und Physik. Das Erscheinen von Adolf Theodor v. Kupffers „Récherches expérimentales sur l'élasticité des metaux. I." (1860) regte ihn zur Berechnung einer Versuchsreihe an, die ihren Niederschlag in seiner Dissertation fand[349]. Nach seiner Promotion in Heidelberg schloß er seine Studien in Paris ab. Dann habilitierte er sich 1865 in Tübingen. Er hielt mathematisch-physikalische Vorlesungen und las im WS 1866/67 auch über Physikalische Geographie. 1867 wurde er nach Gießen als ao. Professor der theoretischen Physik berufen. Nebenamtlich hielt er für die Forstkandidaten Kurse im Feldmessen.

Als Geophysiker, der auch auf eine wissenschaftlich begründete kartographische Darstellung Bedacht nahm, errechnete Zöppritz aus nicht selten der Exaktheit entbehrenden Routenaufnahmen von Entdeckungsreisenden gesicherte Orts- und Höhenbestimmungen. So konnte er aus den Winkelmessungen eines belgischen Afrikareisenden eine Karte des mittleren Ostsudan konstruieren[350]. Seitdem überließ ihm mancher Forschungsreisende sein zu berechnendes Material. Seine Beschäftigung mit hydrodynamischen Fragen führte ihn zur Erkenntnis, daß die

---

347 Schreiben der Philosophischen Fakultät der Universität Königsberg an v. Puttkammer, Königsberg 1880 V 26. In: Akte 42, Bd. 11 Bl. 295–361, betr. K. Zöppritz.
348 Hirschfeld, G.: Gedächtnisrede auf Karl Zöppritz, gehalten vor der Geographischen Gesellschaft zu Königsberg. Königsberg i.Pr. 1885. Wagner, H.: Karl Zöppritz. In: Verhandlungen der Gesellschaft für Erdkunde zu Berlin 12. 1885, S. 298–304. Günther S.: Karl Zöppritz. In: Leopoldina. Amtliches Organ der Deutschen Akademie der Naturforscher Leopoldina. Halle Bd. 21. 1885, S. 187–190. Günther, S. in ADB 45. 1900.
349 Zöppritz, K.: Theorie der Querschwingungen eines elastischen, am Ende belasteten Stabs. Tübingen 1865. In: Annalen der Physik und Chemie. Leipzig 129. 1866, S. 139–156, 219–237.
350 Zöppritz, K.: E. de Pruyssenaere's Reisen und Forschungen im Gebiete des Weißen und Blauen Nil. Nach seinen hinterlassenen Aufzeichnungen bearbeitet und hrsg. In: Petermanns Geographische Mitteilungen. Gotha, Ergänzungshefte 50 und 51. Gotha 1877.

bisherigen Schlüsse auf die Wärmeverteilung in den Tiefen des Weltmeeres unzutreffend seien[351].

Bereits wenige Jahre nach dem Beginn seiner Gießener Lehrtätigkeit beschäftigte sich Zöppritz in Vorträgen auch mit geographischen Fragen. Der Gedanke, selbst eine Afrikaforschungsreise durchzuführen, ließ ihn zu einem Kenner des diesbezüglichen Schrifttums werden. Seit 1876 war er entschlossen, endgültig zur Geographie überzugehen. Geophysik wurde für ihn der Teil der Geographie, „der sich mit der Thätigkeit der physikalischen Kräfte bei Gestaltung, Erhaltung und Umbildung der Erde beschäftigt". In einem Brief an Hermann Wagner schrieb er: „Kein Wunder, wenn ich mich nun derjenigen Wissenschaft zuwende, die von jeher der Gegenstand meiner Studien fast ebensosehr gewesen ist wie der Physik". Früh stand er unter dem Einfluß Carl Ritters, dessen Werke in ihm den Sinn für historische Entwicklung weckten: „Es gibt sicherlich wenige Geographen, die wie ich als Student — und zwar der Physik — die 4 ersten Bände von Ritters Asien sich gekauft und von Anfang bis zu Ende, den Atlas zur Seite, durchstudirt haben"[352]. Auch in Königsberg arbeitete Zöppritz wissenschaftlich weiter. Er nahm im Innern der Erde einen überkritischen gasähnlichen Zustand an, wandte sich gegen K. E. v. Baers Annahme, daß auf die Gestaltung der Flußbetten die Erdrotation Einfluß habe, und stellte Untersuchungen über die Schwankungen des Meeresspiegels an. Im „Geographischen Jahrbuch" erstattete er die Literaturberichte über Geophysik — später auch über Afrika — und bereicherte sie mit eigenen Erkenntnissen. Diese veranlaßten Georg Gerland zur Konzeption seiner „Geophysik". Für Georg v. Boguslawskis „Handbuch der Ozeanographie" übernahm Zöppritz die Lehre von den Bewegungen des Meeres, doch fiel die Durchführung der Arbeit Otto Krümmel zu.

In Königsberg umfaßten Zöppritz' Vorlesungen neben Geographie und Ethnographie auch Meteorologie und Klimatologie, zuletzt auch Ozeanographie. Die kartographischen Übungen gaben ihm die Gelegenheit, einen Leitfaden der Kartenentwurfslehre herauszugeben[353]. Zöppritz' Lehrvortrag, der auch schwierige Sachlagen klar und faßlich behandelte, wurde durch eine bedächtige und zu leise Aussprache belastet. In der von ihm gegründeten Geographischen Gesellschaft zu Königsberg fand er ein Betätigungsfeld inmitten gereifter Männer. Dagegen verminderte sich im Kolleg die Zahl der studentischen Hörer so bedenklich, daß Althoff Hermann Wagner aufforderte, über Zöppritz' Lehrerfolge Erkundigungen einzuziehen[354]. Im März 1885 wurde Zöppritz als Kandidat für die Nachfolge Friedrich

---

351 Zöppritz, K.: Hydrodynamische Probleme in Beziehung zur Theorie der Meeresströmungen. Teil I: Über die Bewegungen einer unbegrenzten Flüssigkeitsschicht unter dem Einflusse von Oberflächenimpulsen. Teil II: Über Stromtheilung und Zusammensetzung. In: Annalen der Physik und Chemie. Neue Folge Bd. 3. 1878, S. 582–607 und Bd. 6. 1879, S. 599–611.
352 Zitiert nach Hirschfeld 1885 (s. Anm. 348) S. 12, 13.
353 Zöppritz, K.: Leitfaden der Kartenentwurfslehre für Studierende der Erdkunde und deren Lehrer bearbeitet. Leipzig 1884, 2. Afl. 1899 hrsg. von A. Bludau.
354 Schreiben Hermann Wagners an Althoff, Göttingen 1883 III 23. In: Akte 74, Bd. 3 Bl. 16–17, betr. K. Zöppritz.

Simonys in Wien genannt. Aber in diesen Wochen raffte ihn, der ein ungewöhnlich rüstiger Mann war, eine tückische Krankheit in wenigen Tagen im 49. Lebensjahr hinweg.

Hermann Wagner urteilte über den Heimgegangenen: „Haben wir in Karl Zöppritz auch keinen hervorragenden Lehrer verloren, so doch die Geographie einen ihrer tüchtigsten, ernst wissenschaftlich forschenden und arbeitenden Vertreter, der sich durch Exaktheit seiner Publikationen, durch das maßvolle Urtheil, das aus tiefer Sachkunde entsprang, unter uns eine hohe Achtung verschafft hat"[355].

2.1.12 Universität Greifswald — Rudolf Credner

Die Universität Greifswald ist mit ihrem Gründungsjahr 1456 die älteste Preußens, an das sie 1815 von Schweden überging[356]. Die Vertretung der Geographie übernahm 1865 Theodor Hirsch neben seiner o. Professur der Geschichte. Hirsch war in Altschottland bei Danzig geboren, studierte in Berlin Theologie, Geschichte und Geographie und unterrichtete als Geschichtslehrer in Berlin und Danzig, dessen Stadtarchiv er aufbaute. In Greifswald las er als geographischer Vertreter Allgemeine Erdkunde und die Geographie der Erdteile, hielt geographische Übungen und verwaltete den Geographischen Apparat. Als Minister Falk 1875 auch für Greifswald eine o. Professur der Geographie erhalten hatte, forderte Goeppert die Philosophische Fakultät auf, in nicht zu ferner Zeit einen jüngeren Gelehrten in Vorschlag zu bringen. Diese erklärte, die Berufung eines Geographen sei „nach der Lage der Dinge für uns im Augenblick völlig entbehrlich"[357]. Am 16. Dezember 1880 erinnerte Goeppert an die Einreichung eines Wahlvorschlages, aber die Fakultät lehnte erneut ab[358]. Als aber kurz darauf Theodor Hirsch starb, mußte sie einen Dreiervorschlag einreichen. Er enthielt Rudolf Credner in Halle, Otto Krümmel in Göttingen und Friedrich Hahn in Leipzig. Die Fakultät war bereit, einen Geographen der naturwissenschaftlichen Richtung berufen zu lassen, erhob aber gegen seine Zulassung in die Wissenschaftliche Prüfungskommission Bedenken[359]. Gegen diese

---

355 Brief Hermann Wagners an Althoff, Göttingen 1885 IV 1. In: Akte 74, Bd. 3 Bl. 32—33, betr. K. Zöppritz.
356 Kosegarten, J.G.L.: Geschichte der Universität Greifswald mit urkundlichen Beilagen. Greifswald 1856—1857. Wehrmann, M.: Festschrift zum 450jährigen Bestehen der Greifswalder Universität. Stettin 1906. Erdmann, G.: Die Ernst-Moritz-Arndt- Universität Greifswald und ihre Institute. Greifswald 1956. Rothmaler, W.: Festschrift zur 500-Jahrfeier der Universität Greifswald. Greifswald 1956. Wegner, E.: 100 Jahre geographische Lehre und Forschung an der Ernst-Moritz-Arndt- Universität zu Greifswald. In: Geographische Berichte. Gotha 26. 1981, Heft 101, S. 237—242.
357 Schreiben der Philosophischen Fakultät der Universität Greifswald an Falk, Greifswald 1876 I 26. In: Akte 31, Bd. 7, o.Bl., betr. Th. Hirsch.
358 Schreiben der Philosophischen Fakultät der Universität Greifswald an den Universitätskurator, Greifswald 1881 II 11. In: Akte 31, Bd. 9 Bl. 16., betr. Th. Hirsch.
359 Schreiben der Philosophischen Fakultät der Universität Greifswald an den Universitätskurator, Greifswald 1881 III 16. In: Akte 31, Bd. 9 Bl. 61—64, betr. R. Credner.

Einschränkung wandte sich Alwill Baier in seinem Sondervotum, dem sich der Universitätskurator anschloß. Er brachte zum Ausdruck: „Wenn der Fachmann der Geographie vom Prüfen der Kandidaten in dieser Kommission ausgeschlossen würde und die Prüfung in der Geographie dem Historiker übertragen bliebe, so wäre dies eine Geringschätzung der soeben als nothwendig anerkannten geographischen Professur und die Herstellung einer halbwüchsigen einseitigen Vertretung durch den Historiker"[360]. Die Wahl fiel im April 1881 auf Rudolf Credner[361]. Er wurde zunächst zum ao. und 1891 zum o. Professor — allerdings bis 1899 ohne das Gehalt eines Ordinarius — ernannt.

Rudolf Credner war 1850 in Gotha als Sohn des Bergrats Heinrich Credner geboren. Er studierte an der Bergakademie Clausthal und an den Universitäten Leipzig, Göttingen und Halle. Zwei Jahre Feldarbeit als Sektionsgeologe der Sächsischen Geologischen Landesaufnahme, die sein Bruder Hermann Credner als Professor der Geologie an der Universität Leipzig gegründet hatte, zeitigten seine Hallenser Dissertation über das Grünsteinschiefergebiet von Hainichen in Sachsen (1876). Nach Reisen in Europa und Nordamerika habilitierte er sich 1878 bei Alfred Kirchhoff in Halle mit der Untersuchung „Die Deltas, ihre Morphologie, geographische Verbreitung und Entwicklungsbedingungen" (1878). Als eine spätere wertvolle Arbeit gilt seine physisch-geographische Monographie „Die Reliktseen" (1877—1888). In Greifswald wurde Credner ein Kenner der Ostseeländer.

Als ein geborener Lehrer widmete sich Credner unter Verzicht auf literarische Tätigkeit ganz dem Lehramt. Für den Ausbau des Geographischen Apparates erhielt er außergewöhnliche Mittel, denn Theodor Hirsch hatte als Vorsteher der Universitätsbibliothek die bisherigen Mittel zur Vervollständigung der geographischen Abteilung der Bibliothek verwendet. Seit 1884 stand Credner ein Hörsaal mit 50 Plätzen und Nebenräumen zur Verfügung; ihm folgte 1891 das Geographische Institut. Durch die von ihm 1882 gegründete Geographische Gesellschaft, die einen starken Anklang in Pommern fand, erhielten auch seine Studenten die Gelegenheit, weite Räume des Ostseegebietes kennen zu lernen. 1907 kam Gustav Braun zu seiner Habilitation nach Greifswald.

Als Althoff 1902 Credner zu Verwaltungsarbeiten ins Kultusministerium ziehen wollte, lehnte dieser ab. Er legte dar, daß ihn seine Arbeitsweise an den Lehrvortrag binde[362], und lehrte weiterhin in Greifswald bis zu seinem unerwarteten Tod im 58. Lebensjahr, der als schwerer Verlust empfunden wurde.

---

360 Schreiben des Universitätskurators der Universität Greifswald an v. Puttkammer, Greifswald 1881 III 17. In: Akte 31, Bd. 9 Bl. 58—59, betr. R. Credner u. A. Beier.
361 Rathjens, C. in NDB 3. 1957, S. 405—406, betr. R. Credner unter Wilhelm Credner.
362 Schreiben Credners an Althoff, Ilsenburg i. Harz 1902 IX 16. In: Akte 61, Bd. 1 Bl. 15—17.

2.2. DAS VIERTELJAHRHUNDERT UNTER FRIEDRICH ALTHOFF
1881 – 1907

Friedrich Althoff wirkte im preußischen Kultusministerium als Vortragender Rat und Ministerialdirektor unter vier Kultusministern:

Gustav v. Goßler: Ihn hatte bereits v. Puttkammer ins Ministerium gerufen, in dem er als Minister tatkräftig für die Wissenschaft und ihre Universitäten eintrat (1881–1891). Goßler holte 1881 Althoff ins Ministerium, obwohl er über ihn urteilte: „Sehr unbequem, aber außerordentlich tüchtig".

Robert Graf v. Zedlitz und Trützschler: Er war Oberpräsident von Posen und Vorsitzender der Ansiedlungskommission für Westpreußen und Posen, ehe er 1891–1892 als Kultusminister amtierte. Sein Volksschulgesetz, das katholischen Wünschen entgegenkam, fiel infolge Widerspruchs aus der protestantischen Bevölkerung.

Dr. Robert Bosse: Er hatte im juristischen Staatsdienst an der Gesetzgebung für die Arbeiterversicherung und an der Abfassung des Zivilgesetzbuches mitgearbeitet und stand 1892–1899 dem Kultusministerium vor. Bei der Verfolgung seiner Ziele war er nachgiebig. So ließ er sich die Zulassung der Frauen zum Universitätsstudium entgehen, auch hemmte er Ferdinand v. Richthofen beim Ausbau des Geographischen Instituts der Berliner Universität.

Konrad Studt: Er war Oberpräsident der Provinz Westfalen und führte das Kultusministerium in den Jahren 1899–1907. Für die Entwicklung des Schulwesens konnte er Wesentliches erreichen. Mit Althoff war er seit der gemeinsamen Bonner Studentenzeit freundschaftlich verbunden.

Friedrich Althoff[363] entstammte einer westfälischen Beamten- und Pfarrerfamilie bäuerlichen Ursprungs. Er wurde 1839 in Dinslaken bei Wesel als Sohn eines Domänenrates geboren und studierte in Bonn die Rechte. 1871 trat er in die Verwaltung der Reichslande Elsaß-Lothringen ein. Neben seiner juristischen Professur (1872) war er an der Neugestaltung der Straßburger Universität beteiligt. Sein Arbeitsfeld als Verwaltungsmann erweiterte sich auf Preußen, als ihn v. Goßler 1881 ins Kultusministerium rief. Während der Amtszeit von Goeppert hatte das Hochschulreferat einen solchen Umfang angenommen, daß die Bewältigung der Amtsgeschäfte nicht mehr einem Referenten allein zugemutet werden konnte. Doch Althoff übernahm das Amt nochmals ungeteilt. Er blieb während seiner Amtstätigkeit ein nach außen nicht verantwortlicher Beamter der Unterrichtsverwaltung. In Wirklichkeit übte er auf die preußische Kulturpolitik und ausstrahlend auf das Deutsche Reich einen starken Einfluß aus. Innerhalb des Hochschulwesens erleichterte er aufstrebenden jungen Talenten das Vorwärtskommen, auch wenn er dabei von landläufigen Auffassungen abwich. Er schränkte die Wirkung der Dreiervorschläge ein und verließ sich auf seine durchdringende Menschenkenntnis, die er durch Anfragen bei maßgebenden Gelehrten absicherte. Im Dienstverkehr mit der Lehrerschaft machte er sich zuweilen unbeliebt, was zu Mißverständnissen und Entstellungen führte. Als 1907 Minister Studt zurücktrat, erging an Kaiser Wilhelm II. der Vorschlag, Althoff als

---

363 Sachse, A.: Friedrich Althoff und sein Werk. Berlin 1928.

Studts Nachfolger zu berufen. Der in Aussicht genommene Amtsnachfolger stellte als Vorbedingung für seine Amtsübernahme Althoffs Ausscheiden aus seinem Amt. Reichskanzler und Preußischer Ministerpräsident Bernhard v. Bülow ließ in seinem Unvermögen, den Wert beider Männer abwägen zu können, Althoff gehen, der ein Jahr nach seiner Entlassung starb.

Althoffs Betreuung der Universitäten konnte an Falks Leistungen anschließen. Hermann Wagner hatte 1882 Falks Maßnahmen ein Experiment genannt: „Ein solches war es bei den herrschenden Vorurteilen innerhalb mancher akademischer Körper und weil man bei der Besetzung der Professuren allein zu Autodidakten seine Zuflucht nehmen mußte". Dieses Experiment glückte, da „überall sich bald langsamer, bald rascher ein Zuhörerkreis von steigendem Umfang um die Dozenten der Geographie versammelte. Bereits zählen die jungen Männer, welche hinsichtlich eines als trocken, schal und langweilig von der Schule her verabscheuten Unterrichtsgegenstandes hier ihre Meinung zu ändern Gelegenheit genommen haben, nach Tausenden [1881: 3.734 Hörer], die welche ihm ernstlicheres Studium gewidmet, nach Hunderten, und zahlreiche Keime sind gelegt, um wissenschaftliche Arbeitskräfte heranzubilden"[364].

Althoff legte für die Geographie an den preußischen Universitäten den Grund in seiner Denkschrift vom 26. Juni 1883[365]. Er vertrat den Standpunkt, daß die Geographie gleichmäßig in die Lehrpläne *aller* preußischen Universitäten eingeführt werden müsse. Die wichtigste Aufgabe der Geographieprofessoren sei die Ausbildung von tüchtigen Fachlehrern für den höheren Schuldienst. Unerläßlich sei eine reiche Ausstattung des Geographischen Apparates in Gleichschaltung mit den naturwissenschaftlichen Fächern. Die geographischen Übungen benötigten eine gut ausgestattete Seminarbibliothek. Neben sie müsse ein kartographisches Praktikum treten, denn das Kartenstudium sei die wichtigste Aufgabe des Geographen. – Die preußische Prüfungsordnung vom 5. Februar 1887 erkannte die Geographie als ein nicht mehr mit der Geschichte verbundenes Prüfungsfach an: „Die Geographie ist ein selbständiges Fach und kann als zweites Hauptfach sowohl mit einem der Fächer des mathematisch-naturwissenschaftlichen Gebietes, als mit einem der sprachlich-geschichtlichen Fächer verbunden werden". (S. 10). Die Zahl der Geographie Studierenden sank nach der Hochflut im ersten Jahrzehnt der Falk-Professuren ab, im Zeitraum 1881–1890 von 3.734 auf 1.819 Hörer. Aber die Pflege der Geographie vertiefte sich, denn nun kamen vornehmlich Studenten, die Neigung und Befähigung zu diesem Studium verspürten. Sie konnten von den Professoren persönlich gefördert werden und traten dann als tüchtige Geographen ins Leben[366].

---

364 Wagner, H.: Bericht über die Entwicklung des Studiums und der Methodik der Erdkunde. In: Geographisches Jahrbuch, hrsg. von E. Behm, Gotha 9. 1882, S. 651–700 (666).
365 Denkschrift Althoffs, Berlin 1883 VI 26. In: Akte 14, Bd. 19, Bl. 1–13.
366 Wagner, H.: Bericht über die Entwickelung der Methodik und des Studiums der Erdkunde. In: Geographisches Jahrbuch, hrsg. von E. Behm, Gotha 12. 1888, S. 450 und 14. 1890/91 S. 402.

2.2.1. Universität Bonn – Johann Justus Rein

Die erste Professur der Geographie, die Althoff zu besetzen hatte, war Bonn nach Richthofens Weggang nach Leipzig. Frühzeitig meldete sich Theobald Fischer in Kiel bei Althoff, zugleich mit dem Hinweis auf Peschels Nachfolge in Leipzig: „Wenn es nicht gelungen wäre, Herrn von Richthofen zu gewinnen, [wäre ich] wahrscheinlich in erster Stelle vorgeschlagen worden"[367]. Da Fischer in die Bonner Vorschlagsliste nicht aufgenommen wurde, fragte er in seiner Selbstgefälligkeit Althoff nach den Gründen des Übergehens[368]. Der Wahlvorschlag, den sich die Fakultät in der Sitzung vom 15. Februar zu eigen machte, lautete: Johann Justus Rein in Marburg, Emil Tietze in Wien und Karl Zöppritz in Königsberg. Während Rein und Zöppritz bereits an preußischen Universitäten wirkten, war Tietze als Mitarbeiter der Wiener Geologischen Reichsanstalt ein Freund Richthofens aus seiner Wiener Zeit.

Emil Tietze[369] war 1845 in Breslau als Sohn eines Fabrikanten geboren. Er studierte in seiner Heimatstadt bei Ferdinand Römer Geologie und ergänzte sein Studium in Tübingen. 1866 promovierte er in Breslau. 1870 trat er als aufnehmender Geologe in die Reichsanstalt ein, der er 1902–1918 vorstand. Neben seinen Kartierungsarbeiten in Österreich-Ungarn und bergbaulichen Untersuchungen im Iran (1873–1875) lieferte er, den scharfe Beobachtungsgabe auszeichnete, geographische Beiträge zur Theorie der Talbildung und der Salzsteppen, auch förderte er die Lehre von den antezedenten Durchbruchstälern.

Richthofen fühlte sich bei der Nennung der Namen Tietze und Rein in einem Zwiespalt, dessen Hintergründe er Althoff vertraulich darlegte[370]. Hermann Wagner ließ Althoff wissen, besser als der Geologe Tietze, der noch nie doziert habe, würde Zöppritz am Platze sein[371]. Althoff entschied sich für Rein. Dieser brachte zunächst Bedenken vor. Seine Forderung nach der Ernennung zum o. Mitglied der Wissenschaftlichen Prüfungskommission, zu der ihn Richthofen ermuntert hatte, lehnte Althoff ab[372]. Rein antwortete: „Es scheinen unter den Herrn Philologen in Bonn und ihren Nachbarn, den Historikern, noch ganz die alten, beschränkten Auffassungen von der Bedeutung und Stellung der Geographie warme Vertreter zu finden. [...] Der Ausdruck ‚facultas docendi' in der Geographie erscheint mir wie ein Hohn,

---

367 Schreiben Fischers an Althoff, Kiel 1883 I 21. In: Akte 62, Bd. 2 Bl. 193–194.
368 Schreiben Fischers an Althoff, Kiel 1883 IV 27. In: Akte 62, Bd. 2 Bl. 195–196.
369 Oberhummer, E.: Hofrat Dr. Emil Tietze. Ein Nachruf. In: Mitteilungen der Geographischen Gesellschaft zu Wien 74. 1931, S. 177–181. Hammer, W.: Zur Erinnerung an Emil Tietze. In: Jahrbuch der Geologischen Bundesanstalt Wien 81. 1931, S. 403–446 (mit Bibliographie).
370 Schreiben Richthofens an Althoff, Bonn 1883 III 7. In: Akte 22. Bd. 14 Bl. 359–362, betr. J.J. Rein u. E. Tietze.
371 Schreiben Wagners an Althoff, Göttingen 1883 III 23. In: Akte 74, Bd. 3 Bl. 16–17, betr. E. Tietze u. K. Zöppritz.
372 Schreiben Althoffs an Rein, Berlin 1883 IV 29. In: Akte 45, Bd. 5 Bl. 71–72.

wenn er angewandt wird auf Candidaten, die keine Geographie studiert und ihre Kenntnisse in diesem Fach nicht nachgewiesen haben"[373].

Rein wurde das Bonner Ordinariat am 1. Oktober 1883 übertragen. Seine Zuweisung zur mathematisch-naturwissenschaftlichen Sektion zögerte die Fakultät bis zum 24. November hinaus. Richthofens Erwartungen für Reins Lehrtätigkeit waren hochgespannt. Althoff gegenüber versicherte er, Rein sei „eine für die Schulbildung in besonderer Weise qualifiziert erscheinende Kraft. [...] Er ist so geübt, daß ich meine Bonner Wirksamkeit in keine anderen Hände mit größerer Ruhe und Zuversicht legen könnte"[374]. Über Schwierigkeiten in Bonn berichtete Rein an Althoff: „Der Bonner Student hört nach dem einstimmigen Urteil meiner Collegen nur die Vorlesungen, in denen er erwarten darf, geprüft zu werden, selten etwas über diesen Examenszweck hinaus, es sei denn ein Modegegenstand oder einer, der besonders anziehend vorgetragen wird. [...] Nun hoffe ich auf das Zuversichtlichste, daß mein berechtigter Wunsch bezüglich der Wissenschaftlichen Prüfungs-Commission von Ostern ab erfüllt wird, da hiervon meiner und meines Faches Stellung, mein ferneres freudiges Wirken, ja mein Verbleib an hiesiger Universität abhängen wird"[375]. Obwohl Rein den Geographischen Apparat räumlich erweitern konnte, bot das größte der drei Zimmer bei den Übungen nur 16 Teilnehmern Platz. Eine Besonderheit stellte Reins Naturwissenschaftliche Sammlung dar, die 1886 aus Schenkungen der Indian and Colonial Exhibition in London bereichert wurde. Ob er von Bonn aus Exkursionen führte, läßt sich nach der Vernichtung der Institutsakten nicht mehr feststellen. – Bei ihm habilitierte sich 1891 Alfred Philippson.

Von Bonn aus übernahm Rein in Köln an der Städtischen Handelshochschule [heute: Universität Köln] das Lehramt für Warenkunde und Handelsgeographie. Sein Nachfolger wurde dort 1902 Kurt Hassert als o. Professor.

In Bonn lehrte Rein bis 1910, wo er auch seinen Lebensabend verbrachte.

2.2.2. Universität Marburg – Theobald Fischer

Wie J. J. Rein von Marburg nach Bonn, so versetzte Althoff Theobald Fischer von Kiel nach Marburg. Fischer meldete sich wieder zuerst und schrieb an Althoff: „Wie man dort [in Marburg] über mich denkt, weiß ich nicht, denn außer Professor Rein kenne ich dort niemand und kennt auch mich niemand, da ich 8 Jahre meiner Entwicklungszeit im Auslande gelebt und auf Reisen gewesen bin und seit meiner Rückkehr, Ende 1876, noch wenige Beziehungen angeknüpft habe"[376]. Der Entwurf zum Dreiervorschlag, den Rein der Philosophischen Fakultät vorgelegt hatte, lautete pari loco Rudolf Credner in Greifswald, Theobald Fischer in Kiel und Siegmund

---

373 Schreiben Reins an Althoff, Marburg 1883 IV 30 und Bonn 1884 II 16. In: Akte 45, Bd. 2 Bl. 73–74 und Akte 71, Bd. 2 Bl. 124–126.
374 Schreiben Richthofens an Althoff, Leipzig 1883 VII 7. In: Akte 71, Bd. 2 Bl. 12–13, betr. J.J. Rein.
375 Schreiben Reins an Althoff, Bonn 1884 II 16. In: Akte 71, Bd. 2 Bl. 124–126.
376 Schreiben Fischers an Althoff, Kiel 1883 IV 27. In: Akte 62, Bd. 2 Bl. 195–196.

Günther in Ansbach. Rein hob Credner hervor, da er mit tüchtiger naturwissenschaftlicher Ausbildung ein gutes Lehrgeschick verbinde. Gegen Fischer brachte er Bedenken vor, die er unter dem Einfluß von Richthofen und Hermann Wagner sowie des Kieler Botanikers Adolf Engler fallen ließ. Die Fakultät stellte in ihrem Gutachten vom 1. Juni 1883 zunächst die Gesichtspunkte für die Personalvorschläge heraus: „Der Bildungsgang erscheint für den Geographen deshalb besonders wichtig, weil einmal die Erdkunde mehr associirend und weniger selbständig als die meisten übrigen Wissenschaften ist, aus diesen heraus sich entwickelt hat und es in ihr nicht wie etwa in der Mathematik oder Sprachkunde eine Schule gibt, worin sich ein Lehrer unbekümmert um alle anderen Fächer allmählich zu einer gewissen Meisterschaft heranbilden könnte; und sodann weil die ganze Auffassung und Behandlung der Geographie eine andere als früher geworden ist. Geographen mit blosser geschichtlicher Vorbildung gibt es nur wenige; wer unter den Universitätslehrern dazu gehört, hat sich bemüht die Lücken seines Wissens nach naturwissenschaftlicher Seite thunlichst auszufüllen. Es gibt heute keinen Geographen in Deutschland für die wissenschaftliche Erdkunde von Namen und Stellung, Kiepert vielleicht ausgenommen, der nicht für die wissenschaftliche Erdkunde eine naturwissenschaftliche Grundlage als nothwendig ansehe. Die Fakultät wird daher nur Männer mit naturwissenschaftlicher Vorbildung in Vorschlag bringen. Je vielseitiger diese gewesen ist, je mehr der Betreffende daneben auch geschichtliches und sprachliches Wissen sich angeeignet hat, desto mehr verspricht er eine erfolgreiche Lehrthätigkeit und wird es ihm möglich sein, geographische Quellenstudien zu betreiben". Als Kandidaten nannte die Fakultät Theobald Fischer in Kiel, Albrecht Penck in München, Siegmund Günther in Ansbach und Rudolf Credner in Greifswald: „Die philosophische Facultät legt den größten Werth auf die Berufung des zuerst genannten Professor Fischer sowohl wegen seiner vielseitigen Vorbildung und größeren Völker- und Länderkenntniß, als auch mit Rücksicht auf seine bedeutenden Lehrerfolge, obgleich sie den Dr. Penck als den am meisten versprechenden Forscher bezeichnen muß. Sie kann sich jedoch nicht verhehlen, daß der letztere noch sehr jung ist und im akademischen Lehramt wenig Erfahrung hat, auch dürften größere amtliche Pflichten, wie sie mit einer Professur verbunden sind, ihn der günstigen Gelegenheit berauben, seine geographischen Anschauungen durch Bereisen fremder Länder zu erweitern. Sollte nichts destoweniger Dr. Penck zum Vertreter des geographischen Faches von unsrer Universität ausersehen werden, so dürfte er vorläufig wohl nur als Professor extraordinarius anzustellen sein"[377].

Albrecht Penck[378] wurde 1858 in Reudnitz bei Leipzig als Sohn eines aus Nordhausen stammenden kaufmännischen Angestellten geboren. Die Herkunft seiner Vorfahren weist auf Ostpreußen. Er besuchte die Realschule der Messestadt, legte

---

377 Schreiben der Philosophischen Fakultät der Universität Marburg an den Senat der Universität, Marburg 1883 VI 1. In: Akte 45, Bd. 5 Bl. 80–87, betr. Th. Fischer.
378 Biographische Nachrichten über Albrecht Penck s. G. Engelmann: Bibliographie Albrecht Penck. In: Wissenschaftliche Veröffentlichungen des Deutschen Instituts für Länderkunde. Neue Folge Bd. 17/18. Leipzig 1960, S. 331–447.

an der Petrischule die gymnasiale Reifeprüfung ab und bezog 1875 die Universität Leipzig zum Studium der Geologie. Mit noch nicht zwanzig Jahren trat er 1877 in die Sächsische Geologische Landesaufnahme ein. Unter Hermann Credner bearbeitete er als Sektionsgeologe für die Geologische Spezialkarte Sachsens zwei Flachlandblätter. Dabei deutete er die Oberflächenformen um Colditz und Grimma — unter den Geologen und Geographen Deutschlands als erster Beobachter — als Auswirkungen der Nordischen Inlandvereisung.[379] In Leipzig promovierte er mit „Studien über lockere vulkanische Auswürflinge" (1878). Dann trieb er in München unter Karl v. Zittel palaeontologische Studien. Im Jahre 1880 übertrug er die Eiszeitforschung in die Ostalpen. Seine im Auftrage des Bayerischen Oberbergamtes in den Sommern 1881 und 1882 durchgeführten geologischen Untersuchungen des bayerischen Voralpenlandes zeitigten die bahnbrechenden Ergebnisse seiner Abhandlung „Die Vergletscherung der deutschen Alpen, ihre Ursachen, periodische Wiederkehr und ihr Einfluß auf die Bodengestaltung" (1882). Diese Schrift reichte Penck am 3. Juni 1882 in München zur Habilitation für Geographie ein.

Nach Marburg berufen wurde Theobald Fischer. Er begrüßte diese Entscheidung mit den Worten: „Es geht mit meiner Berufung nach Marburg ein still gehegter Wunsch in Erfüllung, indem mir damit ein größerer, namentlich auch besser mit Hilfsmitteln zu wissenschaftlicher Tätigkeit ausgestatteter Wirkungskreis erschlossen wird und ich in die Lage versetzt sein werde, nun alle meine Kraft, soweit sie nicht von meiner Lehrtätigkeit in Anspuch genommen sein wird, rein wissenschaftlichen Studien widmen zu können"[380].

Er nahm seine Lehrtätigkeit im WS 1883/84 auf. In seinen Vorlesungen trug er Länderkunde der Erdteile und einzelner Länder sowie verschiedener Landschaftsräume vor. Große Vorlesungen betrafen auch die Geographie der Mittelmeerländer. Die abgerundete Länderkunde des gesamten Mittelmeerraumes konnte er neben den „Mittelmeerbildern" (1905–1908) nicht vorlegen. Großen Wert legte er auf die Durchführung von Exkursionen. Sie begannen stets mit einer Landschaftsschau vom Marburger Schloßberg in der „Bergpredigt". Um den Ausbau des Geographischen Seminars führte Fischer einen „sechsjährigen Kampf". Er beanspruchte die Bezeichnung „Geographisches Institut", deren eigenwillige Verwendung das Ministerium im August 1913 untersagte. Wie Fischer vertrat auch sein Nachfolger Leonhard Schultze-Jena die Ansicht: „Nach der Art des Unterrichts und der äußeren Ausstattung mit allem zu praktischer Unterweisung Erforderlichem ist die geographische Lehrstätte nicht mehr auf eine Stufe mit einem philologischen, historischen, mathematischen oder staatswissenschaftlichen Seminar zu stellen, sondern sie gleicht sich in ihrem Wesen einem naturwissenschaftlichen Institute an"[381].

Unter Theobald Fischer arbeiteten im Marburger Geographischen Institute:

Karl v. Steinen: Ein Arzt, der nach einer Weltreise (1879–1881) an der Deutschen Südpolar-Expedition nach Südgeorgien (1882–1883) teilnahm und nach der

---

379 Die Bearbeitung einer geographischen Specialkarte von Sachsen. In: Akte 110, Bd. 1 Bl. 50–83, betr. A. Penck.
380 Schreiben Fischers an Althoff, Kiel 1883 VI 12. In: Akte 62, Bd. 2 Bl. 197–199.
381 Leib, J. 1978 (s. Anm. 329) S. 466–467.

Erforschung innerbrasilianischer Indianerstämme sich 1889 in Berlin für Völkerkunde habilitierte. 1890–1892 hielt er in Marburg geographisch ausgerichtete völkerkundliche Vorlesungen, ehe er in Berlin Professor der Ethnographie und 1904 Direktor der amerikanischen Abteilung des Museums für Völkerkunde wurde.

Karl Oestreich: Er habilitierte sich 1902 in Marburg für Geographie und wurde nach seiner Teilnahme an einer Himalaja-Expedition (1908) o. Professor an der Reichsuniversität Utrecht in den Niederlanden.

Alfred Rühl: Er trat 1908 als Fischers Assistent in Marburg ein und las seit 1909 als Privatdozent, bis er 1912 als Abteilungsvorsteher am Institut und Museum für Meereskunde nach Berlin ging.

Je stärker Theobald Fischer seine wissenschaftliche Arbeit auf die Länder des Maghreb einschränkte (Marokko 1888, 1889, 1901), desto stärker münzte er seine wissenschaftlichen Erkenntnisse im Dienste des Imperialismus um. Er sah im Deutschen Reich eine zukünftige Welthandelsmacht, die in Marokko Fuß fassen sollte. Das „Atlas-Vorland" zwischen den Gebirgsketten des Hohen Atlas und der Atlantischen Küste sei für agrarische Nutzung geeignet und berge reiche Bodenschätze. In einem unabhängigen Staat Marokko solle deutsches Siedelland entstehen und müsse Mogador ein deutscher Flottenstützpunkt werden[382]. Er warb unentwegt für Marokko auf Vortragsreisen, in Zeitschriften und Zeitungen. Als diese Propaganda nicht durchschlug, übertrug er sein Vorhaben auf den von ihm mitbegründeten „Alldeutschen Verband", der auf den Gewinn neuen, auch überseeischen Lebensraumes für den deutschen Staat ausgerichtet war. Durch Aufsätze in den „Alldeutschen Blättern" wurde ein „Marokko-Sturm" entfacht, doch brachte ihm die Marokko-Politik der Reichsregierung 1903 die stärkste Enttäuschung. Seine letzten Marburger Jahre wurden durch schwere Krankheit belastet.

2.2.3. Universität Kiel – Otto Krümmel

Nach Theobald Fischers Versetzung nach Marburg wurde der Kieler Lehrstuhl für einen Ozeanographen frei. Ehe die Philosophische Fakultät an Minister v. Goßler ihren Dreiervorschlag einreichte, schlug Theobald Fischer in einem Brief an Althoff Otto Krümmel als seinen Nachfolger in Kiel vor[383]. Die Fakultät nannte primo loco Otto Krümmel in Göttingen/Hamburg und außerdem Alexander Supan in Czernowitz, Joseph Partsch in Breslau und Rudolf Credner in Greifswald.

Unter diesen Namen erschien neu Alexander Supan[384]. Er entstammte einem

---

382 Fischer, Th.: Marokko. Eine länderkundliche Skizze. In: Geographische Zeitschrift. Leipzig 9. 1903, S. 65–79 (79). Wiederabdruck in: Fischer, Th.: Mittelmeerbilder. Gesammelte Abhandlungen zur Kunde der Mittelmeerländer. Leipzig 1905, 2. Afl. 1913, S. 357–379 (379).

383 Schreiben Fischers an Althoff. Kiel 1883 VI 12. In: Akte 62 Bd. 2 Bl. 197–199, betr. O. Krümmel.

384 Wagner, H.: Alexander Supan. In: Petermanns Geographische Mitteilungen. Gotha 66. 1920, S. 139–146. Dietrich, B.: Alexander Supan. In: Geographische Zeitschrift Leip-

slowenischen Bauerngeschlecht in Oberkrain, wo sein Vater im Pustertal Forstmann war. 1866 bezog Supan die Universität Graz zum Studium der Geschichte und Literaturwissenschaft. 1870 promovierte er über ein historisches Thema. Geographie wurde während seines Lehramts an der Oberrealschule in Laibach sein Lebensberuf. Eine Weiterbildung auf geographischem Gebiet verschaffte er sich 1876 und 1877 durch einen Urlaub vom Schuldienst, den er bei Kirchhoff und Carl v. Fritsch in Halle und in Leipzig durch den Besuch zoologischer und astronomischer Vorlesungen nutzte. Im Oktober 1877 wurde er an das Gymnasium in Czernowitz versetzt, wo er zugleich als Privatdozent der Geographie an der Universität wirken konnte. Supan empfand die Jahre in Czernowitz durch „unleidliche Verhältnisse" erschwert[385]. Im Herbst 1884 trat er — die Hoffnung auf einen geographischen Lehrstuhl zurückstellend — als wissenschaftlicher Leiter in den Gothaer Verlag Justus Perthes ein, wodurch Bernhard Perthes einen „unerwartet ausgezeichneten Griff" (Richthofen) tat. Als Schriftleiter von „Petermanns Geographischen Mitteilungen" erwarb er sich internationales Ansehen. Richthofen wünschte sein Verbleiben in Gotha: „Er hat die Stelle unserer Vertretung nach außen"[386]. Als Supan trotzdem in seinem 62. Lebensjahr an die Universität Breslau ging, hinderte ihn Krankheit am vollen Auswirken der ersehnten Erfüllung seiner Lehrtätigkeit.

Um den Kieler Wahlvorschlag auswerten zu können, erkundigte sich Althoff bei J. J. Rein in Marburg[387], bei Hermann Wagner in Göttingen[388] und bei Theobald Fischer in Kiel[389]. Schließlich entschied er sich für Otto Krümmel[390]. Dieser wurde 1854 als Sohn eines Kupferschmiedemeisters in Exin bei Bromberg geboren. Nach dem Besuch des Gymnasiums in Lissa studierte er in Leipzig Medizin und hörte bei Peschel „Völker- und Staatenkunde von Europa", die er später aus dessen Nachlaß heraugab (1880). Später widmete sich Krümmel ausschließlich dem Studium der Natur-und Staatswissenschaften. In Göttingen hörte er Vorlesungen bei J. E. Wappäus, in Berlin bei Heinrich Kiepert und Adolf Bastian. 1876 promovierte er in

---

zig 27. 1921, S. 193–198. Horn, W.: Die Geschichte der Gothaer Geographischen Anstalt im Spiegel des Schrifttums. In: Petermanns Geographische Mitteilungen. Gotha 104. 1960, S. 271–287 (278–279).

385 Brief Supans an Althoff, Czernowitz 1884 V 11. In: Akte 73, Bd.1 Bl. 58–59.
386 Schreiben Richthofens an Althoff, Leipzig 1885 VII 2. In: Akte 72, Bd. 2, o.Bl., betr. A. Supan.
387 Schreiben Reins an Althoff, Marburg 1883 VII 2. In: Akte 71 Bd. 2 Bl. 120–123, betr. O. Krümmel.
388 Schreiben Wagners an Althoff, Göttingen 1883 VII 9. In: Akte 74, Bd. 3 Bl. 23–24, betr. O. Krümmel.
389 Schreiben Fischers an Althoff, Kiel 1883 VIII 3. In: Akte 62, Bd. 2 Bl. 202–204, betr. O. Krümmel.
390 Meinardus, W.: Otto Krümmel. In: Petermanns Geographische Mitteilungen. Gotha 58. 1912 II. Teil, S. 281. Eckert-Greifendorff, M.: Otto Krümmel. In: Geographische Zeitschrift. Leipzig 19. 1913, S. 545–554. Wegemann, G.: Otto J.G. Krümmel. In: Bettelheims Biographisches Jahrbuch und deutscher Nekrolog. Berlin 17. 1915 S. 200–206. Matthäus, W.: Der Ozeanograph Johann Gottfried Otto Krümmel (1854–1912). In: Wissenschaftliche Zeitschrift der Universität Rostock 16. 1967. Mathematisch-naturwissenschaftliche Reihe, Heft 9/10, S. 1219–1224 (mit Bibliographie).

Göttingen mit der Dissertation „Die aequatorialen Meeresströmungen des Atlantischen Ozeans und das allgemeine System der Meereszirkulation", der allerdings ein Jahr später Karl Zöppritz die wissenschaftliche Grundlage entzog. Zur Habilitation reichte Krümmel 1878 bei Wappäus seinen „Versuch einer vergleichenden Morphologie der Meeresräume" (1879) ein. Ab 1880 wirkte er als Privatdozent neben Hermann Wagner. Da seine wirtschaftliche Stellung durch eine Berufung nach Greifswald nicht gesichert werden konnte, ging er im April 1882 an die Deutsche Seewarte in Hamburg, wo ihm Georg Neumayer die Bearbeitung des ozeanographischen Teils für das Segelhandbuch des Atlantischen Ozeans übertrug. Im August 1883 wurde er durch die Berufung als ao. Professor der Geographie an die Universität Kiel[391] überrascht. Seine Ernennung zum o. Professor erfolgte am 29. Oktober 1884. Gleichzeitig übernahm Krümmel an der Kieler Marine-Akademie die Dozentur für Geographie, die Theobald Fischer nicht mehr antreten konnte.

Krümmel begründete in Kiel die Ozeanographie als eine Teilwissenschaft der Geographie. Für ihn war die Geographie „eine Naturwissenschaft und nicht eine historische". Im WS 1903/04 hob er die Ozeanographie aus der Physischen Geographie heraus und las sie seitdem als „Allgemeine Geophysik, Meteorologie und Ozeanographie". Den Geographischen Apparat konnte er durch ansehnliche Zuweisungen Althoffs beträchtlich erweitern. 1892 erhielt er einen Hörsaal mit Nebenräumen und 1897 im Seminarhaus der Universität Hör-und Zeichensaal, Kartenzimmer und einen Bibliotheks-und Arbeitsraum. Aus seinen kartographischen Übungen erwuchs das „Geographische Praktikum" (1908). Er verfaßte es mit Max Eckert – [Greifendorff], einem Schüler Friedrich Ratzels, der sich 1903 in Kiel habilitiert hatte und als Ordinarius der Technischen Hochschule Aachen (1907–1938) der Begründer der „Kartenwissenschaft" (1921–1925) wurde.

Als ozeanographischer Forscher nahm Krümmel 1889 an der Deutschen Plankton-Expedition des Physiologen Victor Hensen auf „National" teil. Später beteiligte er sich an den Terminfahrten des Forschungsdampfers „Poseidon". Die großen in- und ausländischen ozeanographischen Expeditionen verfolgte er in der Studierstube. Ihre Ergebnisse verarbeitete er im 2. Band des „Handbuchs der Ozeanographie", den Georg v. Boguslawski begonnen hatte (1884). Boguslawski war nach seiner Lehrtätigkeit an Höheren Schulen Berlins 1874 Sektionschef im Hydrographischen Amt der Admiralität geworden und gab die „Nachrichten für Seefahrer" und die „Annalen der Hydrographie und maritimen Meteorologie" heraus. Krümmel übernahm – da Karl Zöppritz als Bearbeiter ausschied – den zweiten Band mit der Lehre von den Bewegungen des Meeres (1887) und bearbeitete das Gesamtwerk in zweiter Auflage (1907–1911). Er war auch Mitglied in der „Kommission zur wissenschaftlichen Untersuchung der deutschen Meere" und wurde in den „Internationalen Rat für Meeresforschung" berufen (1902). Richthofen bezeichnete sein Wirken in Kiel als „eine höchst nützliche Thätigkeit"[392].

---

391 Schreiben Krümmels an Althoff, Hamburg 1883 VIII 13. In: Akte 108, Lc (2) 1889: Bd. 5 Bl. 278.
392 Brief Richthofens an Partsch, Berlin 1905 III 28. In: Akte 119, Briefteile 295 u. 298, betr. O. Krümmel.

Trotzdem sehnte sich Krümmel, der seine Berufung zum Geographen nie aufgab, an einen anderen Wirkungsort als Kiel. Die Marburger Philosophische Fakultät hatte nach Theobald Fischers Ausscheiden in ihrem Dreiervorschlag vom 9. November 1900 Alfred Hettner in Heidelberg, Karl Sapper in Straßburg und Kurt Hassert in Köln genannt. Als Sapper ausschied, ließ Minister Trott zu Solz in Marburg anfragen, ob Krümmel für Marburg infrage kommen könnte. Die Fakultät wünschte nach der Krankheit Theobald Fischers eine frische Kraft und antwortete mit einem neuen Dreiervorschlag: Alfred Hettner in Heidelberg, Leonhard Schultze in Jena und Wilhelm Volz in Breslau. Berufen wurde am 12. Februar Otto Krümmel, der bei angegriffener Gesundheit im SS 1911 begann, das WS 1911/12 nicht zu Ende führen konnte und am 12. Oktober 1912 auf einer Reise in Köln starb. Penck urteilte über den Wechsel von Kiel nach Marburg: „Es sehnte ihn schon seit langem nach einer Ortsveränderung, und die Ozeanographie ist ihm immer, so Tüchtiges er darin geleistet, doch etwas fremd geblieben"[393].

2.2.4. Universität Königsberg — Karl Zöppritz' Lehrstuhl

Nach dem Tode von Karl Zöppritz war die o. Professur der Geographie an der Universität Königsberg neu zu besetzen. Hermann Wagner schlug am 1. April 1885 in einem Brief an Althoff Siegmund Günther in Ansbach vor: „Ich sage offen, daß er Zöppritz an Gründlichkeit des Wissens nachsteht, aber an Leichtigkeit der Auffassung und Bewältigung riesigen Materials und besonders an meisterhafter mündlicher Darstellungsgabe ihn weit übertrifft. Ihn also für die Geographie zu gewinnen, nach der seine ganze Entwicklung sich immer gerichtet hat, halte ich besonders nach dem Tode von Zöppritz für eine höchst wünschenswerthe Sache, ja es erscheint mir Pflicht"[394].

Siegmund Günther[395] wurde 1848 in Nürnberg als Sohn eines Kaufherrn geboren. Er studierte in Erlangen, Heidelberg, Leipzig, Berlin und Göttingen Mathematik und Physik. In Erlangen promovierte er 1870 mit „Studien zur theoretischen Photometrie". Nach kurzem Schuldienst habilitierte er sich 1872 in Erlangen für Mathematik. Im Auftrag des Bayerischen Kultusministeriums vertrat er ein erledigtes Ordinariat an der Polytechnischen Schule [heute: Technische Universität] in Mün-

---

393 Brief Pencks an Partsch, Berlin 1911 II 12. In: Akte 120, Brief 292, betr. O. Krümmel.
394 Schreiben Wagners an Althoff, Göttingen 1885 IV 1. In: Akte 74, Bd. 3 Bl. 32–33, betr. S. Günther.
395 Reindl, J.: Siegmund Günther. In: Geographischer Anzeiger. Gotha 9. 1908, S. 1–4. Kistner, A.: Siegmund Günther. In: Mitteilungen zur Geschichte der Medizin und Naturwissenschaften. Hamburg u. Leipzig 17. 1918, S. 1–4. Greim, G.: Siegmund Günther. In: Geographische Zeitschrift. Leipzig 29. 1923, S. 161–164. Drygalski, E.v.: Siegmund Günther. In: Jahrbuch der Bayerischen Akademie der Wissenschaften 1922/23. München 1924, S. 79–83. Schüller, W.: Siegmund Günther. In: Zeitschrift für mathematischen und naturwissenschaftlichen Unterricht. Leipzig 56. 1925, S. 109–113. Günther, L.: Siegmund Günther. In: Lebensläufe aus Franken, Bd. IV. Würzburg 1930, S. 204–219. Hohmann, J. in NDB 7. 1966.

chen (1874). Seit 1876 erteilte er am Gymnasium in Ansbach Unterricht in Mathematik und Physik. In seiner literarischen Tätigkeit zeigte sich eine zunehmend wissenschaftsgeschichtliche Betrachtung, durch die die Zahl und Mannigfaltigkeit seiner Arbeiten übermäßig gesteigert wurde. Mehrere Jahre war Günther Mitglied des Deutschen Reichstages — eine Tatsache, die sich auf Berufungen hemmend auswirkte. 1886 wurde er der Nachfolger Friedrich Ratzels an der Technischen Hochschule [heute: Technische Universität] München. Dort zog er auch die Studenten der Universität an sich, bis diese 1906 in Erich v. Drygalski einen eigenen Professor der Geographie erhielten.

Wegen der Wiederbesetzung des Lehrstuhles in Königsberg fragte Althoff bei Richthofen an. Dieser sah von der unmittelbaren Fortsetzung der Fachrichtung Zöppritz durch Günther ab und schlug Albrecht Penck in München „als den talentvollsten" vor: „Seine Arbeiten sind sehr hervorragend, und er berechtigt zu großen Hoffnungen". Er könne auch nach Breslau berufen werden, wenn Joseph Partsch mit Königsberg tauschen würde[396]. Die Philosophische Fakultät reichte ihren Dreiervorschlag wieder mit grundsätzlichen Erörterungen ein: „Maßgebend waren für die Fakultät bei ihren Erwägungen einmal die Richtung, welcher die Geographie ihre fortschreitend wissenschaftlichere Gestaltung und damit ihre wachsenden Erfolge verdankt, und dann die damit übereinstimmende Art, in welcher dieselbe an der hiesigen Universität bisher vertreten und deren wissenschaftlichen Gesamtorganismus als ein lebendiges Glied eingefügt worden ist. Die Facultät einigte sich auch diesmal dahin, daß die verschiedenen Interessen, welche, zumal bei der provinziellen Abgeschiedenheit Königsbergs, in dieser Sache Berücksichtigung verlangen, gleichmäßig und in wahrhaft ersprießlicher Weise nur dann gefördert werden können, wenn auf den erledigten Lehrstuhl ein Fachmann berufen wird, welcher von einer festen naturwissenschaftlichen Basis ausgeht oder sich doch mit den für die Geographie unentbehrlichen Methoden naturwissenschaftlicher Betrachtung bis zu eigener sicherer Anwendung vertraut gemacht hat und mit diesem Rüstzeug versehen sich eine vollständige Übersicht über das Gesamtgebiet des Faches angeeignet hat. Denn nur ein solcher Vertreter der Geographie giebt eine Gewähr gegen die einseitige Betonung oder ungerechte Bevorzugung des einen oder des anderen Specialgebietes sowohl wie gegen den Dilettantismus, welcher in dem Betriebe der Geographie hier und da noch immer bemerkbar ist". Der Dreiervorschlag lautete: primo loco Joseph Partsch in Breslau, pari loco Theobald Fischer in Marburg und Albrecht Penck in München[397]. Althoff setzte sich mit Partsch in Verbindung, er aber mußte aus Familiengründen ablehnen[398]. So griff Althoff auf Penck zurück. Penck nahm die Berufung nach Königsberg am 20. Juni 1885 an[399]. Wenige Stunden nach dem

---

396 Schreiben Richthofens an Althoff, Leipzig 1885 IV 14. In: Akte 72, Bd. 2, o.Bl., betr. J. Partsch u. A. Penck.
397 Schreiben der Philosophischen Fakultät der Universität Königsberg an v. Goßler, Königsberg 1885 V 7. In: Akte 42, Bd. 14 Bl. 2–10, betr. J. Partsch, Th. Fischer u. A. Penck.
398 Schreiben Partschs an Althoff, Breslau 1885 VI 12. In: Akte 69, Bd. 1 Bl. 17–18.
399 Schreiben Pencks an Althoff, München 1885 VI 20. In: Akte 42, Bd. 14 Bl. 11–13.

Abgang seiner Zusage erhielt er aber einen Ruf nach Wien, wo der Lehrstuhl Friedrich Simonys frei geworden war[400]. Da Penck auf die Berufung nach Wien mit Bestimmtheit rechnen konnte, bat er Althoff am 23. Juni telegraphisch um die Einstellung des Königsberger Berufungsverfahrens. Althoff telegrafierte bei gleichzeitiger Zurückhaltung des ausgefertigten Immediatberichts und der unterschriftsreifen Bestallungsurkunde am 24. Juni zurück: „Ich betrachte Sie gebunden für Königsberg, Ihre Ernennung dorthin bereits eingeleitet". Nach dem Erhalt eines erläuternden Briefes aus München wiederholte Althoff: „Mein Standpunkt unverändert, erwarte volle Einhaltung Ihrer Zusage"[401]. Richthofen sprach sich Althoff gegenüber für Pencks Wechsel nach Wien aus[402]. Am 4. Juli kam es in Berlin zu einer Unterredung Althoffs mit Penck, in der sich Althoff bereiterklärte, dem Minister vorzuschlagen, Penck von seinen Verpflichtungen für Königsberg freizugeben[403]. v. Goßler willigte ein, und Penck konnte am 12. Juli in Wien zusagen. Richthofen begrüßte diesen Ausgang „im Interesse der Entwicklung unserer wissenschaftlichen Geographie, für welche Penck ein großartiges Feld findet"[404].

Mit der Frage nach einem neuen Königsberger Vorschlag überraschte Althoff Penck während der Berliner Unterredung. Dieser gab erst von München aus Antwort: „[Ich finde,] wenn ich von bereits angestellten Professoren absehe, daß sich die Wahl nur zwischen Professor [Friedrich] Hahn Leipzig und Gymnasial-Professor Günther in Ansbach bewegen könnte. Beide erfassen die Geographie in ausgezeichnet kompilatorischer Weise; ersterer wird wegen seiner hervorragenden Gewissenhaftigkeit und hingebender Lehrtätigkeit hoch geschätzt, und der letztere nimmt durch eine außerordentliche Belesenheit und Redegewandtheit für sich ein"[405]. Besonders wertvoll war Althoff die Meinung von Joseph Partsch. Er lenkte den Blick ebenfalls auf Siegmund Günther und nannte die Privatdozenten Ferdinand Löwl in Prag und Fritz Regel in Jena sowie F. W. Paul Lehmann vom Falk-Gymnasium in Berlin. Zugleich erklärte er sich bereit, sofern sich die Königsberger Berufung verzögern sollte und er dadurch nicht mehr aus familiären Gründen gebunden sei, an die kleinere Universität Königsberg überzuwechseln[406]. Wenige Tage später nahm er noch zu zwei ihm nicht persönlich bekannten Anwärtern Stellung: Richard Lehmann möge nicht so bald von Münster abberufen werden. Friedrich Hahn in Leipzig eigne sich bei angegriffener Gesundheit nicht für das unwirtliche Königsberg[407].

400 S. den nachfolgenden Exkurs: Friedrich Simonys Nachfolge in Wien 1885!
401 Schreiben Pencks an Althoff, München 1885 VI 23, 26. In: Akte 42, Bd. 14, Bl. 28 u. 26. Telegramm Althoffs an Penck, Berlin 1885 VI 24. Ebenda. Bd. 15, Bl. 27.
402 Schreiben Richthofens an Althoff, Leipzig 1885 VII 2. In: Akte 72, Bd. 2, o.Bl., betr. A. Penck.
403 Protokoll Althoff – Penck, Berlin 1885 VII 4. In: Akte 42, Bd. 14 Bl. 39.
404 Schreiben Richthofens an Althoff, Leipzig 1885 VII 8. In: Akte 72, Bd. 2, o.Bl., betr. A. Penck.
405 Schreiben Pencks an Althoff, München 1885 VII 24. In: Akte 70, Bd. 1 Bl. 116–117, betr. F. Hahn u. S. Günther.
406 Schreiben Partschs an Althoff, Breslau 1885 VII 14. In: Akte 69, Bd.1 Bl. 19–22.
407 Schreiben Partschs an Althoff, Breslau 1885 VII 17. In: 69, Bd. 1 Bl. 24–25, betr. F. Hahn u. R. Lehmann.

Für diese Ratschläge sind nachfolgende biographische Einführungen nachzutragen:

Ferdinand Löwl: Er war 1856 im mährischen Preßnitz geboren. Nach seinem Studium der Geographie und Geschichte an der Deutschen Universität Prag ging er nach Bonn zu Richthofen und zu Eduard Sueß nach Wien. Dort nahm er auch Verbindung mit der Geologischen Reichsanstalt auf. Er habilitierte sich 1881 in Prag und wurde 1887 als ao. Professor an die Universität Czernowitz als Nachfolger Alexander Supans berufen. Seine alpinen Forschungen führten ihn zur Regressionstheorie bei der Bildung von Durchbruchstälern. Als begeisterter Alpinist schrieb er Gebirgsschilderungen für einen weiten Leserkreis. Am Gaisberg in Salzburg verunglückte er im Alter von 52 Jahren[408].

Fritz Regel war 1853 auf Schloß Tenneberg bei Waltershausen als Sohn eines Justizamtmannes geboren. Im Gothaer Gymnasium war er Schüler Hermann Wagners. Sein Studium in Jena galt Mathematik und Naturwissenschaften. Nach Assistentenjahren am Botanischen Institut trat er 1876 in den Schuldienst und betrieb daneben ein ergänzendes Studium der Geschichte und Geographie. Dietrich Schäfer, der 1877–1885 in Jena als Professor der Geschichte lehrte und die Geographie in der Auffassung Carl Ritters vertrat, ermunterte Regel, Geograph zu werden. Als Lehrer an der Stoyschen Erziehungsanstalt in Jena hörte Regel weiterhin in Halle Kirchhoffs Vorlesungen. 1884 habilitierte er sich in Jena mit einer Arbeit über den Thüringer Wald. Als Dozent lehrte er gleichberechtigt neben E. Pechuel-Loesche und wurde nach dessen Weggang nach Erlangen 1895 ao. Professor in Jena. Seit 1899 lehrte er als ao., seit 1905 als o. Professor in Würzburg[409].

F. W. Paul Lehmann: Er wurde 1850 auf Rügen geboren, wo sein Vater vom Fürsten von Putbus Gut Darsband gepachtet hatte. In Berlin und Greifswald studierte er Geschichte, während er in Breslau durch Carl Neumann zur Geographie geführt wurde. Auf seine Lehrtätigkeit an Gymnasien in Breslau und Berlin folgten Amtsjahre als Direktor eines Realgymnasiums in Stettin. Seit 1913 lehrte er an der Universität Leipzig an der Seite seines Freundes Joseph Partsch[410].

---

408 Hammer, W.: Ferdinand Löwl. In: Verhandlungen der Geologischen Reichsanstalt Wien 1908, S. 188–189. Diener, C.: Ferdinand Löwl. In: Mitteilungen der Geographischen Gesellschaft in Wien 51. 1908, S. 293. Hess, H.: Prof. Dr. Ferd. Löwl. In: Mitteilungen des Deutschen und Österreichischen Alpenvereins. Neue Folge 24. 1908, S. 124–125. Österreichisches Biographisches Lexikon 1815–1950. Wien Bd. 5. 1975.

409 Langhans, P.: Fritz Regel. In: Petermanns Geographische Mitteilungen. Gotha 61. 1915, S. 481. Stein, H.: Die Geographie an der Universität Jena (1786–1939). Ein Beitrag zur Entwicklung der Geographie als Wissenschaft (Diss. Jena 1954) In: Erdkundliches Wissen, Heft 29. Wiesbaden 1972.

410 Engelmann, G.: F.W. Paul Lehmann. Achtzig Jahre seines Lebens und die Summe seiner Arbeit. In: Geographischer Anzeiger. Gotha 31. 1930, S. 168–170. Engelmann, G.: F.W. Paul Lehmann. In: Geographische Zeitschrift. Leipzig 36. 1930, S. 449–453. Rudolphi, H.: F.W. Paul Lehmann. In: Geographischer Anzeiger. Gotha 31. 1930, S. 345–348 (mit Bibliographie).

Friedrich Simony und seine Nachfolge in Wien

Die Erneuerung der österreichischen Universitäten setzte 1849 in Wien mit dem Ziel ein: „Pflege der allgemeinen Wissenschaften um ihrer selbst willen und somit nach ihrer ganzen Tiefe und Breite". Graf Leo Thun wies dabei der Geographie[411] einen Platz in der Naturwissenschaftlichen Abteilung der Philosophischen Fakultät an. Er stützte sich auf eine von ihm angeforderte Denkschrift Friedrich Simonys vom 18. Februar 1851.

Friedrich Simony[412] stammte aus einer ungarischen Familie und wurde als Sohn eines Militärarztes in Hrochov Teinitz bei Pardubitz a. Elbe geboren. Er lernte als Apotheker, wechselte aber während seines Studiums in Wien auf Anregung des Botanikers Josef v. Jacquin zu den Naturwissenschaften über. In seinen Forschungen fühlte er sich zu Alexander v. Humboldt hingezogen. Ihn beschäftigte der Aufbau und die geologische Zusammensetzung der Alpen. Im Dachsteingebiet maß und kartierte er die Seen und Gletscher samt ihren Eiszeitspuren. Auf Alpengipfeln führte er wochenlang meteorologische Beobachtungen durch, verfolgte er die Höhengrenzen der Pflanzen und die alpine Flora. Er wurde Kustos am Naturhistorischen Landesmuseum Klagenfurt und Sektionsgeologe der Wiener Geologischen Reichsanstalt (1842–1847).

In seiner Denkschrift für Graf Leo Thun (1851) forderte er eine Lehrkanzel für Geographie zur „Darstellung eines allgemeinen naturwissenschaftlichen Gemäldes der Erde in besonderer Beziehung auf die physikalischen Verhältnisse"[413]. Diese erste geographische Professur in Österreich erhielt Simony am 23. April 1851 durch Kaiserliche Ernennung. Seine Vorlesung „Naturwissenschaftliche Erdkunde" nannte er später „Physikalische Geographie". Als in der neuen Prüfungsordnung für Gymnasien die Geographie mit der Geschichte verbunden wurde, kündigte er ab SS 1854 an: „Die Elemente der vergleichenden physikalischen Erdkunde mit Beziehung auf die Culturentwicklung der Völker". Seine Vorträge unterstützte er durch Karten und Tableaus, für die ihm Heinrich Berghaus' „Physikalischer Atlas" (erste Lieferung 1837, zwei Bände 1845–1848) Anregungen gab. Zwei Jahre nach seiner

---

411 Penck, A.: Die Geographie an der Wiener Universität. Ein Vorwort zu den Arbeiten des Geographischen Institutes der Universität Wien. In: Arbeiten des Geographischen Institutes der Universität Wien. 1. 1886, Heft 4, S. 57–63. In: Geographische Abhandlungen, hrsg. von Albrecht Penck in Wien, Bd. 4, Heft 1, Wien 1891, S. 1–16, VII–XXII. Bernleithner, E.: Sechshundert Jahre Geographie an der Wiener Universität. In: Studien zur Geschichte der Universität Wien. Bd. 3. Graz u. Köln 1965, S. 55–125.

412 Peuker, K.: Friedrich Simony (1813–1896). In: Geographische Zeitschrift. Leipzig 2. 1896, S. 657–662. Penck, A.: Friedrich Simony. Leben und Wirken eines Alpenforschers. Ein Beitrag zur Geschichte der Geographie in Österreich. In: Geographische Abhandlungen, hrsg. von Albrecht Penck in Wien, Bd. 6, Heft 3. Wien 1898, S. 1–72. Böhm v. Böhmersheim, A.: Zur Biographie Friedrich Simony's. Wien 1899. 62 S. Hierzu s. Briefe Pencks an Partsch, Wien 1899 V 7 und Steinhaus am Semmering 1900 XII 29. In: Akte 120, Briefe 138 u. 144.

413 Denkschrift Friedrich Simonys an Graf Leo Thun, Wien 1851 II 18. Druck in Penck 1898 (s. Anm. 411) S. 202–204.

Amtsübernahme richtete er ein geographisches Cabinett mit Übungskursen ein (1853)[414]. Von den Studenten forderte er „Ausführung geographischer Arbeiten, Übungsvorträge mit Demonstrationen auf Tafel und Karte und mit gelegentlichen Diskussionen, endlich Benutzung und genaue Kenntnisnahme des vorhandenen geographischen Materials unter geeigneter Anleitung". Da er selbst meisterhaft alpine Landschaften mit Zeichenstift und später mit der Kamera festhalten konnte, forderte er in seinen geographischen Übungen und auf seinen Exkursionen die Anschaulichkeit durch graphisches Darstellen und das naturwissenschaftliche Landschaftszeichnen. Über diese Ausbildung für das höhere Lehramt ging er nicht zur Heranbildung von Fachgeographen hinaus. 68 Semester vertrat er eine physischgeographische Wissenschaft, während an die anderen österreichischen Universitäten in den 70 und 80er Jahren vornehmlich Historiker berufen wurden[415].

Als seinen Nachfolger wünschte sich Simony von außerhalb Österreich einen Vertreter der Physischen Geographie „als der einzig richtigen Grundlage einer wissenschaftlichen Erdkunde"[416]. Die Philosophische Fakultät der Wiener Universität einigte sich im März 1885 auf den Dreier-Vorschlag: Ferdinand v. Richthofen in Leipzig, Hermann Wagner in Göttingen und Karl Zöppritz in Königsberg. Als Richthofen durch Franz v. Hauer sein primo loco mitgeteilt bekam, fühlte er sich nach Wien gezogen, wo er 1856—1860 in der Geologischen Reichsanstalt gearbeitet und „aus dieser Periode jugendfrischer und enthusiastischer Thätigkeit mit gleichgesinnten Fachgenossen einen Schatz der angenehmsten Erinnerungen" in sein Leben genommen habe. Er sah in Wien eine „glänzende Aufgabe des akademischen Berufs" voraus und den Aufbau einer wissenschaftlichen Geographie in ganz Österreich — dem „unvergleichlich großartigen Feld der Forschungsthätigkeit, denn die wissenschaftliche Erforschung des ganzen europäischen Orients könnte von dem Lehrstuhl für Geographie an der Wiener Universität ausgehen"[417]. In Wien würde sich ihm außerdem manche Gelegenheit bieten „zu außerakademischer und praktisch eingreifender Wirksamkeit", etwa für „die Hebung des Deutschtums in Österreich"[418]. Er teilte den Ruf nach Wien an Althoff nach Berlin mit und legte dar, welche Bedeutung für seine Entscheidung ein späterer Ruf nach Berlin erlangen könnte: „Wenn ich schon einiges Widerstreben zu überwinden hatte, einem Ruf an eine

---

414 Denkschrift Friedrich Simonys an Graf Leo Thun, Wien 1853 VI 20: Über die Organisation des Unterrichts an der Universität Wien. Druck in Penck 1898 (s. Anm. 412) S. 206—212.
415 Prag (Karl-Ferdinands-Universität) 1856 Johann Palacky als Dozent, 1872 Dionys Grün als ao. Prof., 1876 o. Prof., Graz 1877 Wilhelm Tomaschek, Krakau 1877 Franciszek S. Czerny, Innsbruck 1879 Franz (v.) Wieser, Czernowitz 1880 Alexander Supan, Lemberg 1882 Antoni Rehman, Prag (Tschechische Universität) 1885 Johann Palacky als ao. Prof., 1891 o. Prof.
416 Simony, F.: Die Zweitheilung der Geographie an der Wiener Universität. In: Oesterreichisch-Ungarische Revue. Neue Folge. Wien 1. 1886, Heft 4, S. 57—63 (59).
417 Schreiben Richthofens an v. Gerber, Leipzig 1885 III 27. In: Akte 115, Bl. 37—38, betr. F. v. Richthofens Ruf nach Wien.
418 Schreiben Richthofens an Althoff, Leipzig 1885 III 17 u. 27. In: Akte 72, Bd. 2, o.Bl., betr. F. v. Richthofens Ruf nach Wien.

nichtpreußische Universität [Leipzig] Folge zu leisten, so müßte dies naturgemäß noch viel mehr der Fall sein, wenn es sich um eine außerhalb des Deutschen Reiches gelegene Universität handelt. [...] Natürlich nimmt die Frage eine ganz andere Gestalt an, wenn ich die Hoffnung auf eine spätere Stellung in Berlin in die Wagschale werfen darf. Dann tritt Wien weit in den Hintergrund zurück"[419]. Althoff mußte jeden Schein einer Einmischung in die zwischen nichtpreußischen Universitäten schwebende Berufungsangelegenheit vermeiden und konnte Richthofen keine Gewähr für eine Berufung nach Berlin geben. Richthofen sagte in Wien „nicht ohne Entsagung" ab[420]. Trotzdem erhielt er aus Wien neue Aufforderungen und Angebote. Noch nach sechs Wochen kam ein Abgesandter des Wiener Ministeriums nach Leipzig, um ihn aufzufordern, nach Wien zu kommen: „Als er sah, daß meine Weigerung wirklich nur auf der Erwägung der staatsbürgerlichen Pflichten beruhe, gab er den Versuch definitiv auf"[421].

Nach Richthofens Ablehnung blieb als einziger Kandidat des bisherigen Dreiervorschlages Hermann Wagner übrig, da Karl Zöppritz am 21. März 1885 gestorben war, ehe er von Wien eine schriftliche Aufforderung erhalten hatte. Wagner hatte die in Österreich bei Berufungen von auswärts übliche Vorfrage erhalten, ob er eine Berufung nach Wien anzunehmen bereit sein würde. Diese durch Julius Hann übermittelte Nachricht sah Wagner nunmehr als eine Berufung an und richtete am 28. Mai 1885 an Althoff die Frage, welche Stellung Minister v. Goßler zu einem Weggang nach Wien einnehmen werde.

Unterdessen war die Wiener Fakultät einem neuen Vorschlag für die Nachfolge Simonys nähergetreten. Sie legte dem Kultusministerium nahe, „daß entsprechend anderen Disciplinen, welche – obgleich an Umfang des Stoffes die Geographie gewiß nicht überbietend – durch zwei, drei ja selbst vier ordentliche Professuren vertreten werden, auch für das geographische Lehrfach und zwar nach seinen zwei Hauptgebieten: der mathematisch-physikalischen und der historischen Geographie eine Zweiteilung des Gegenstandes ... nicht nur im Interesse einer gedeihlichen Entwicklung des akademischen Unterrichts, sondern auch im Interesse der Förderung der Wissenschaft im allgemeinen gelegen wäre"[422]. Da das Ministerium auf den neuen Vorschlag der Fakultät einging, konnte Simony feststellen: „Wenn an irgend einer Hochschule es am Platze war, für die Pflege der geographischen Disciplin zwei Lehrkanzeln zu bestellen, so hatte wohl in erster Linie die Wiener Universität mit ihren 4500 bis 5000 Hörern den ersten Anspruch auf eine derartige Begünstigung"[423]. Für die Professur der Physikalischen Geographie wurden primo loco

419 Schreiben Richthofens an Althoff, Leipzig 1885 III 17 u. 22. In: Akte 72, Bd. 2, o.Bl. betr. F. v. Richthofens Ruf nach Wien.
420 Schreiben Richthofens an Althoff, Leipzig 1885 III 27. In: 72, Bd. 2, o.Bl., betr. F. v. Richthofens Ruf nach Wien.
421 Schreiben Richthofens an Althoff, Leipzig 1885 VII 2. In: Akte 72, Bd. 2, o.Bl., betr. F. v. Richthofens Ruf nach Wien.
422 Simony 1886 (s. Anm. 416) S. 60, betr. A. Penck in Wien.
423 Diese Ausführungen Simonys scheinen auf die „ausführlich motivirte Eingabe" der Berufungskommission zurückzugehen, die von der Philosophischen Fakultät einstimmig angenommen wurde.

Hermann Wagner in Göttingen und secundo loco Albrecht Penck in München vorgeschlagen. Nach Richthofens Meinung mußte Wagner die Berufung ablehnen: „Denn bei seiner Stellung konnte er die ... getheilte Professur nicht annehmen, am wenigsten aber die Abtheilung für physische Geographie, da seine Thätigkeit gerade auf den Gebieten der politischen Geographie, Statistik und Kartographie sich bewegt"[424]. Eine Aussprache Althoffs mit Hermann Wagners Bruder Adolph in Berlin über eine Gehaltszulage und über Bewilligungen für den Ausbau des Göttinger Instituts wie der Göttinger Akademischen Kartensammlung bewogen Wagner zur Absage in Wien und einem Verbleiben in Göttingen. Aber Wagners Unzufriedenheit über Althoffs Bemühungen löste Spannungen aus, die Althoff seitdem Zurückhaltung Wagner gegenüber auferlegten[425].

Da Wien voraussetzte, Wagner werde die geteilte Lehrkanzel nicht annehmen, stellte die Fakultät Penck trotz secundo loco die Berufung nach Wien in sichere Aussicht. Nachdem dieser von seiner Zusage nach Königsberg freigekommen war, konnte er am 12. Juli 1885 den Ruf nach Wien annehmen. Welche Erwartungen Wien auf ihn setzte, zeigen Simonys Worte: „Bei der ihm in hohem Grade innewohnenden Energie und Arbeitskraft, nebenbei aber auch einer bei Gelehrten nicht allzuhäufig vorkommenden physischen Rüstigkeit darf mit Zuversicht ausgesprochen werden, daß an ihm nicht nur die Wiener Universität eine vorzügliche Lehrkraft, sondern auch Oesterreich einen Forscher gewonnen hat, welcher die Länderkunde der Monarchie in ausgedehntester Weise bereichern wird"[426]. Penck erwarb die österreichische Staatsbürgerschaft, wurde vom österreichischen Heeresdienst freigesprochen und am 17. Juli 1885 zum o. Professor der Physikalischen Geographie ernannt. – Die Professur für Historische Geographie erhielt Wilhelm Tomaschek in Graz[427]. Fast menschenscheu bestimmte er die 16 Jahre des Zusammenwirkens mit Penck; es war „eine Ehe auf gegenseitige Achtung begründet"[428]. Als Tomascheks Nachfolger wünschte sich Penck 1902 Joseph Partsch in Breslau: „Kommst Du, so habe ich das, was ich durch 16 Jahre vermißt habe, einen mich ergänzenden Kollegen, mit dem ich die Gemeinsamkeit des Strebens teile, und ich sehe vor mir eine Zeit, in der ich ganz und voll in meiner Richtung thätig sein kann. [...] Dann sehe ich eine Zeit allseitigen Aufschwungs geographischer Studien in Wien vor mir und kann erwarten, daß die geographischen Vorteile der Lage dieses Ortes mehr und mehr zur Geltung kommen"[429]. Partsch sagte ab. Mit einer Familie, die herangewachsene Söhne besaß, wollte er die Staatsbürgerschaft nicht wechseln.

---

424 Schreiben Richthofens an Althoff, Leipzig 1885 VII 8. In: Akte 72, Bd. 2. o.Bl., betr. H. Wagners Ruf nach Wien.
425 Schreiben Wagners an Althoff, Göttingen 1885 V 20, VI 6, 7, 10, 13, 19, 22, VII 4, X 3, 7. In: Akte 74, Bd. 3.
426 Simony 1886 (s. Anm. 416) S. 62.
427 Sieger, R.: Wilhelm Tomaschek. In: Vierteljahrshefte für den geographischen Unterricht. Wien 1. 1902, Heft 11, S. 102–112. Forster, A.E.: Professor Dr. Wilhelm Tomaschek. In: Deutsche Rundschau für Geographie und Statistik. Wien 24. 1902, S. 232–234.
428 Brief Pencks an Partsch, Wien 1901 XI 15. In: Akte 120, Brief 156, betr. W. Tomaschek.
429 Brief Pencks an Partsch, Wien 1902 III 5. In: Akte 120, Brief 164, betr. J. Partschs Ruf nach Wien.

Als Penck 1906 von Wien nach Berlin ging, schloß er eine Zeit großen und ausgreifenden Wirkens ab. Als unermüdlicher Beobachter im Gelände trachtete er danach, „von der Erde mit gereiften Augen so viel zu sehen als möglich"[430]. Später äußerte er einmal im Drange dieses Strebens: „Ich fürchte, Eindrücke auf Eindrücke zu häufen und die Gelegenheit zum Arbeiten zu verlieren"[431]. Durch seine Eiszeitforschung in den Alpen brachte er der Geomorphologie ein neues Forschungsgebiet und in seiner „Morphologie der Erdoberfläche" (1894) erhob er die Geomorphologie zur selbständigen Wissenschaft. Dann weitete sich seine Arbeit auf Klimakunde, Hydrographie, Ozeanographie, Kartographie und andere Zweige der Allgemeinen Geographie aus, auch griff sie auf Geologie und Urgeschichtsforschung über. Gleichzeitig pflegte Penck die Länderkunde. Sie bildete für ihn „den Prüfstein seiner geographischen Gesamtauffassung, seines geographischen Systems"[432] und stellte „in ihrem Können, in der Art der Darbietung, in der Auswahl und Gruppierung des Stoffes, in der Gewandtheit der Sprache"[433] eine Kunst dar, die Ansprüche erhebt. In seinem „Deutschen Reich" (1887)[434] ging er vom Entwicklungsgedanken aus: „Ich habe damals den Boden Deutschlands als Endergebnis der geologischen Entdeckungsgeschichte, die Verteilung seiner Bewohner als die Folge ihrer geschichtlichen Entwicklung geschildert. Ich habe den gegenwärtigen Zustand gewissermaßen als Querschnitt gezogen durch einen lebenden Stamm"[435]. „Nur zu wohl bin ich mir bei meiner Arbeit meiner eigenen Unsicherheit bewußt geworden, namentlich dort, wo es sich um historische oder gar sociale Verhältnisse handelt, und widerstrebend nur äußerte ich mich öfters über Fragen, welche an das politische Gebiet streifen". So sah Penck in seiner Länderkunde ein Werk, „welches in seiner Zwitterstellung zwischen wissenschaftlicher Arbeit und populärer Darstellung nur wenigen Anforderungen genügt"[436]. Zwanzig Jahre später hatte sich sein methodischer Standpunkt geändert: „Heute würde ich ... zeigen, wie die Phänomene gegenwärtig unter sich zusammenhängen. Es ist mir nicht vergönnt gewesen, diesen Gesichtspunkt selbst praktisch zu verwerten und mich durch eigne Arbeit neuerdings zu beteiligen

---

430 Brief Pencks an Partsch, Maria Wörth bei Klagenfurth 1889 VII 24. In: Akte 120, Brief 31.
431 Brief Pencks an Partsch, Berlin 1911 XII 30. In: Akte 120, Brief 318.
432 Antrittsrede des Hrn. Penck gehalten in der öffentlichen Sitzung zur Feier des Leibnizischen Jahrestages am 4. Juli. In: Sitzungsberichte der Preußischen Akademie der Wissenschaften, Physikalisch-mathematische Klasse 1907, Bd. 2, S. 634–641 (639).
433 Pencks Besprechung länderkundlicher Werke von A. Hettner, K. Sapper und N. Krebs. In: Deutsche Literaturzeitung. Berlin 45. 1924, Sp. 1138–1145.
434 Penck, A.: Das deutsche Reich. In: Unser Wissen von der Erde – Länderkunde des Erdteils Europa, hrsg. von A. Kirchhoff, Bd. II, Erster Teil, 1. Hälfte. Wien, Prag, Leipzig 1887, S. 115–618. Penck, A.: Das Königreich der Niederlande / Das Königreich Belgien/ Das Großherzogtum Luxemburg. Ebenda Erster Teil, 2. Hälfte. 1889, S. 421–581. Ursprünglich sollte Penck außerdem Frankreich, die Britischen Inseln, Dänemark, Skandinavien und die Nordischen Inseln behandeln. Diese Beiträge verfaßte später in wesentlich engerem Umfange Friedrich Hahn in Königsberg.
435 Penck, Antrittsrede 1907 (s. Anm. 432) S. 639.
436 Briefe Pencks an Partsch, Königssee bei Berchtesgaden 1886 IX 1 und Wien 1886 XI 8. In: Akte 120, Briefe 15 u. 16, betr. A. Pencks „Deutsches Reich".

an dem jetzt eifrig erörterten Probleme geographischer Länderbeschreibung. Ich habe mich beschränken müssen, auf diesem Gebiete als akademischer Lehrer auf die Jugend zu wirken, und mit Freude erfüllt mich, daß aus dem Kreise meiner Wiener Schüler[437] Arbeiten hervorgegangen sind, welche die länderkundliche Darstellung wenigstens für kleinere Gebiete in dem Sinne behandeln, wie ich sie für größere gern selbst versuchen würde"[438]. Penck dachte an eine „großzügige Länderkunde, die das Gesamtbild der Erde zeichnet"[439]. Mit diesem Plan ging er 1906 von Wien nach Berlin.

2.2.4. Universität Königsberg – Friedrich Hahn

Für die endgültige Besetzung des Königsberger Lehrstuhls wurde Althoff von Richthofen auf Friedrich Hahn in Leipzig hingewiesen: „Sie haben unter den wenigen Namen unsern hiesigen Extraordinarius F. G. Hahn nicht genannt. Seitdem ich ihn kenne, ist er in meiner Hochachtung stetig gewachsen. Kaum verfügt ein Anderer über einen so großen Schatz des Wissens wie er. In der Literatur entgeht ihm kaum irgend etwas. Fleißig, emsig und gewissenhaft im höchsten Grad, verbindet er mit der Treue des Berufs die äußere Bescheidenheit. [...] Er ist jetzt völlig dazu vorbereitet, einen selbständigen Lehrstuhl einzunehmen"[440].

Der von der Königsberger Fakultät am 27. Juli 1885 vorgelegte neue Wahlvorschlag nannte primo loco Paul Güßfeldt in Berlin, außerdem Friedrich Hahn in Leipzig und Rudolf Credner in Greifswald. Den Favoriten empfahl die Fakultät mit den Worten: „Die ausgebreitete Erfahrung des Dr. Güßfeldt berechtigt zu der Erwartung, daß derselbe ein ebenso gründlicher wie anregender Lehrer der Völkerkunde und der speziellen Länderkunde sein werde; seine vollkommene Beherrschung aller technischen Manipulationen des Aufnehmens wird nicht verfehlen, die Studierenden auf einem Wege in die Geographie einzuführen, welcher notorisch am unmittelbarsten ihr Interesse zu wecken pflegt. Endlich werden Alle, welche Herrn Güßfeldt persönlich kennen, mit der Fakultät davon überzeugt sein, daß derselbe sich auch auf den Gebieten schnell und gründlich heimisch machen wird, die ihm bisher etwa fern gelegen haben, aber für einen Lehrer der Geographie an unserer Universität unerläßlich sind. Wenn es gelänge, Herrn Dr. Güßfeldt zur akademischen Laufbahn, für die er selber sich ursprünglich bestimmt hatte, zurückzuführen, so

---

437 Pencks Wiener Schüler kamen aus allen Ländern der Doppelmonarchie und trugen die geographische Forschung und Bildung in ihre Heimatländer. Zu nennen sind: E. Brückner, J. Cvijić, R. Engelmann, A.E. Forster, A. Grund, H. Hassinger, F. Heiderich, N. Krebs, O. Lehmann, F. Machatschek, A. Merz, J. Müllner, R. Sieger und J. Sölch.
438 Penck, Antrittsrede 1907 (s. Anm. 432) S. 639–640.
439 Brief Pencks an Partsch, Berlin 1919 VII 20. In: Akte 120, Brief 410, betr. A. Penck als Länderkundler.
440 Schreiben Richthofens an Althoff, Leipzig 1885 VII 2, 8. In: Akte 72, Bd. 2, o.Bl., betr. F. Hahn.

würde, davon ist die Fakultät überzeugt, das einen wesentlichen Gewinn für die Wissenschaft überhaupt bedeuten"[441].

Paul Güßfeldt[442] war ein uneheliches Kind aus Stendal und erhielt seinen Familiennamen von seinen Adoptiveltern, einem Kaufmannsehepaar in Berlin. Er studierte Mathematik und Naturwissenschaften in Heidelberg, Berlin, Gießen und Bonn, wo er sich 1868 für Mathematik habilitierte. Adolf Bastian vermittelte ihm die Leitung der Deutschen Loango-Expedition (1874–1876). Später reiste er durch Ägypten und querte mit Georg Schweinfurth die Arabische Wüste. Als Alpinist erstieg er auf einer von der Berliner Akademie der Wissenschaften unterstützten Reise in die Anden (1882/1883) den Aconcagua bis in beträchtliche Höhe. 1892 trat er in das Seminar für orientalische Sprachen der Berliner Universität als Professor für geographisch-astronomische Ortsbestimmungen ein. Als gewandter Gesellschafter wurde er in den Jahren 1889–1910 von Kaiser Wilhelm II. auf Nordlandreisen mitgenommen.

Althoff fragte über Güßfeldt zunächst bei Richthofen an und erhielt eine entschiedene Absage[443]. Hermann Wagners mündlich gegebene Beurteilung fiel entgegenkommender aus. Althoff nahm in Randbemerkungen auf dem Fakultätsschreiben Stellung: Er habe sich „zuvörderst auf diesem Gebiete noch mehr zu bewähren"[444].

Althoff entschied sich für Friedrich Hahn[445]. Er wurde 1852 als Sohn eines Oberamtmannes in Glauzig im Kreise Köthen geboren. Die Familie siedelte nach Halle a. Saale über, wo der Vater kurz darauf starb. Auch der Sohn kränkelte sehr. Im Pädagogium der Franckeschen Stiftungen gewann ihn Hermann Albert Daniel für die Geographie. Auf der Universität Leipzig wurde er ein Schüler Oscar Peschels. 1877 promovierte er mit „Untersuchungen der Sonnenfleckenperiode zu meteorologischen Erscheinungen". Seine Habilitation beruhte auf „Untersuchungen über das Aufsteigen und Sinken der Küsten" (1879), deren Grundvorstellungen ein Jahr später durch Eduard Sueß aus dem wissenschaftlichen Sprachgebrauch entfernt wurden. Als Leipziger Privatdozent sah er sich während des Interregnums von Peschel zu Richthofen veranlaßt, seine Vorlesungen stofflich auszudehnen. Mit Themen über Kulturgeographie und Geographie des Weltverkehrs eilte er seiner Zeit voraus. Da Hahns Gesuch um eine ao. Professur 1882 unbeantwortet geblieben war, konnte erst Richthofen 1884 seine Ernennung zum Professor veranlassen.

---

441 Schreiben der Philosophischen Fakultät der Universität Königsberg an Althoff, Königsberg 1885 VIII 27. In: Akte 42, Bd. 14, Bl. 50–56, betr. P. Güßfeld.
442 Akte betr. den Forschungsreisenden Prof. Dr. Paul Güßfeld 1889–1912. In: Akte 5. Ronge, G. in NDB 7. 1966.
443 Schreiben Richthofens an Althoff, Leipzig 1885 VIII 1. In: Akte 72, Bd. 2, o.Bl., betr. P. Güßfeld.
444 Randbemerkungen Althoffs, Berlin 1884 VIII 15. In: Akte 42, Bl. 56, betr. P. Güßfeld.
445 Braun, G.: Friedrich Hahn. In: Geographische Zeitschrift. Leipzig 23. 1917, S. 337–341 (mit Bibliographie). Partsch, J.: Zur Erinnerung an Friedrich Hahn. In: Zeitschrift der Gesellschaft für Erdkunde zu Berlin 1917, S. 141–146. Böhm, W.: Friedrich Hahn 1852–1917. In: Berichte zur deutschen Landeskunde. Bad Godesberg 46. 1972, S. 81–89 (mit Bibliographie).

Nach Königsberg wurde Hahn als ao. Professor berufen; die o. Professur folgte 1886 auf Althoffs Anregung. Seine Königsberger Vorlesungen umfaßten alle Teilbereiche der Geographie einschließlich Länder-und Völkerkunde. Da sein körperlicher Zustand Eigenbeobachtung im Gelände verwehrte, verlagerte sich seine wissenschaftliche Betätigung auf landeskundliche Arbeiten aufgrund von Kartenstudien und Literaturkenntnis. Er plante einen Topographischen Führer durch das Deutsche Reich, führte aber nur den Teil Nordwestdeutschland durch[446]. In den Übungen seiner „Geographischen Gesellschaft", dem Geographischen Seminar, wurden Schriften geographischer Klassiker gelesen. Über den Geographischen Apparat berichtete er stets ausführlich[447]. Exkursionen konnte er nicht führen, sie nahm erst 1918 Max Friederichsen auf.

Friedrich Hahn hoffte immer, an eine Universität in der Mitte Deutschlands berufen zu werden, aber er mußte bis in sein Todesjahr 1917 in Königsberg ausharren.

2.2.5. Akademie Münster — Richard Lehmann

Die letzte preußische, im 19. Jahrhundert errichtete Professur der Geographie betraf die Akademie Münster. Diese Lehrstätte ging als katholische Universität aus dem Hochstift Münster hervor (1780) und wurde nach ihrem Anfall an Preußen im Jahre 1818 auf eine philosophisch-theologische Akademie eingeschränkt. Ihren Universitätscharakter erhielt sie 1902 zurück, wobei sich Richard Lehmann bei der Eingliederung neuer Fakultäten verdient machte[448].

Der Antrag auf die Errichtung einer geographischen Professur in Münster stellte Althoff im Jahre 1884. Berufen wurde Richard Lehmann[449]. Er wurde 1845 im Pfarrhaus in Neuzelle/Niederlausitz geboren und studierte in Halle und Berlin Alte Sprachen und Geschichte. 1870 wurde er Lehrer am Realgymnasium der Franckeschen Stiftungen in Halle. Seit 1875 hörte er zugleich bei Alfred Kirchhoff Geographie und bei Carl v. Fritsch Geologie; zugleich wurde er durch das Gedankengut Ernst Kapps angeregt. Auf Reisen in Skandinavien sammelte er Belege für die Entstehung der Strandlinien in den norwegischen Fjorden. Mit der entsprechenden Abhandlung habilitierte er sich 1881 bei Kirchhoff, nachdem die Direktion der

---

446 Hahn, F.: Topographischer Führer durch das nordwestliche Deutschland. Ein Wanderbuch für Freunde der Heimat- und Landeskunde. Mit Routenkarten. Leipzig 1895 [mehr nicht erschienen].

447 Hahn, F.: Berichte über die geographische Sammlung, den Geographischen Apparat bzw. das Geographische Seminar der Universität Königsberg. In: Chroniken der Albertus-Universität zu Königsberg i.Pr. für die Studienjahre 1892/93 bis 1915/16. Königsberg i.Pr. 1893–1916.

448 Die Universität Münster 1780–1980. Münster 1980, darin: Müller-Wille, W. und E. Bertelsmeier: Die Geographie in Münster S. 481–490.

449 Mecking, L.: Richard Lehmann. In: Petermanns Geographische Mitteilungen. Gotha 88. 1942, S. 331–335. Meynen, E.: Richard Lehmann zum Gedächtnis. In: Berichte zur deutschen Landeskunde. Leipzig 2. 1942/1943, S. 139–142.

Franckeschen Stiftungen ihren Widerstand gegen eine Doppelbelastung eines Lehrers aufgegeben hatte. Im gleichen Jahre regte Lehmann als ein unter den Fachgenossen noch Unbekannter auf dem Ersten Deutschen Geographentag in Berlin die wissenschaftliche Landeskunde von Deutschland und ihre Förderung durch den Geographentag an, fand aber wenig Zustimmung. Auf dem Zweiten Deutschen Geographentag, der 1882 unter Kirchhoffs Leitung in Halle stattfand, berichtete Lehmann „Über systematische Förderung wissenschaftlicher Landeskunde von Deutschland". Eindringlich führte er aus: „Wir haben eine Fülle von Werken über fremde Länder, namentlich fremder Erdteile. Aber über Deutschland sind wir darin arm. [...] Warum lenken wir unsere Studien nicht auch auf Gebiete, wo ein jeder aus gründlichster, eigener Kenntnis aller einschlägigen Erscheinungen zu urteilen vermag, auf unser Vaterland, auf die Heimatlandschaft". Der Antrag Lehmanns führte zur Einsetzung der „Zentralkommission für wissenschaftliche Landeskunde von Deutschland" unter dem Vorsitz von Friedrich Ratzel und später Alfred Kirchhoff. Die Schriftleitung der 1885 gegründeten Schriftenreihe „Forschungen zur deutschen Landes-und Volkskunde" übernahm Richard Lehmann.

Um die Belastung durch Schulamt, Dozentur und Schriftleitung abzuschwächen, wandte sich Lehmann am 6. Januar 1883 in einem Bittschreiben um die Berufung auf einen geographischen Lehrstuhl an Althoff[450]. Hermann Wagner versicherte diesem, Lehmann habe didaktisches Geschick, die geringe Zahl seiner wissenschaftlichen Veröffentlichungen sei mit seiner dreifacher Belastung zu entschuldigen[451]. Richthofen, den Althoff erstmalig ansprach, urteilte kritisch: Lehmann sei ein „von großem Eifer beseelter, fleißiger und strebender Mann von ganz guter Begabung". Einschränkend fügte er hinzu: „Diese Begabung äußert sich in seinen bisherigen Arbeiten nur in der Beherrschung kleiner Gegenstände". Er hielt ihn nach seinen bisherigen Leistungen „nicht für geeignet"[452]. Die Philosophische Fakultät der Akademie Münster nannte in ihrem Dreiervorschlag vom 30. Dezember 1884 Richard Lehmann in Halle, Friedrich Hahn in Leipzig und Albrecht Penck in München[453]. Althoff riet Lehmann von der Annahme in Münster ab, da die Besoldung der ao. Professur beträchtlich unter dem Gehalt der Franckeschen Stiftungen läge. Aber der 40jährige Bewerber trug die Bürde des schmalen Einkommens. Seine Ernennung zum o. Professor erfolgte 1897, der 1900 das Gehalt eines Ordinarius folgte.

Lehmanns Auftrag als akademischer Lehrer umfaßte die Vertretung des gesamten Gebietes der geographischen Wissenschaft mit besonderer Rücksicht auf das Bedürfnis künftiger Lehrer an höheren Schulen in Vorlesungen und Übungen[454]. Um die

450 Schreiben Richard Lehmanns an Althoff, Halle 1883 I 6. In: Akte 68, Bd. 2 Bl. 74–77.
451 Schreiben Wagners an Althoff, Göttingen 1883 I 12. In: Akte 37, Bd. 7 Bl. 21–22, betr. R. Lehmann.
452 Schreiben Richthofens an Althoff, Bonn 1882 I 10. In: Akte 37, Bd. 7 Bl. 19–20, betr. R. Lehmann.
453 Schreiben der Philosophischen Fakultät der Akademie Münster an den Kurator, Münster 1884 XII 30. In: Akte 48, Bd. 3 Bl. 26–27, betr. R. Lehmann.
454 Schreiben v. Goßlers an Richard Lehmann, Berlin 1885 IV 8. In: Akte 48, Bd. 3 Bl. 29–30.

Geographie von der im Münsterlande herrschenden Mißachtung zu befreien, vermittelte er den Studenten in einem methodisch aufgebauten Unterricht und durch Wechselausstellungen des Geographischen Apparates eine zweckmäßige Lehrmethode. In seinen „Vorlesungen über Hilfsmittel und Methode des Geographischen Unterrichts" (1894) räumte er dem Zeichnen und Auswerten von Karten den größten Platz ein. Er hielt auch geographische Übungen für die Mitglieder des Pädagogischen Seminars, auch nahmen Fachlehrer aus der Stadt an seinen Veranstaltungen teil. Der Heranbildung tüchtiger Geographielehrer dienten auch die Exkursionen, die er bis Holland ausdehnte.

Richard Lehmann lehrte in Münster bis 1906. Seinen Lebensabend verbrachte er am Ohm in der Nähe Marburgs als langjähriger Senior der deutschen Hochschulgeographen. Er starb 1942 im Alter von 97 Jahren.

2.2.6. Universität Berlin — Ferdinand v. Richthofen

In den letzten zwanzig Jahren seiner Amtszeit betrafen Althoffs Maßnahmen vornehmlich die Universität Berlin. Zunächst griff er den vom Minister v. Goßler am 27. Dezember 1882 erwogenen Gedanken auf, in Berlin neben Ritters, von Kiepert verwalteten Lehrstuhl einen zweiten Lehrstuhl für Physische Geographie zu errichten. Der neue Ordinarius solle über sein Lehramt hinaus politisch wirken können. Zugleich galt es, Ferdinand v. Richthofen, der von Bonn nach Leipzig gegangen war, nach Preußen zurückzuholen. Jetzt war die Zeit dazu gekommen. Richthofen hatte Althoff von Leipzig aus wissen lassen: „Hier in Leipzig habe ich eine ganz erfreuliche Thätigkeit, bin aber auf meinen engsten Beruf beschränkt und kann meine Wünsche, mich darüber hinaus für allgemeine vaterländische Interessen, soweit dies einem Geographen möglich ist, nützlich zu machen, nicht befriedigen."[455] „In Berlin könnte ich auf einen Wirkungskreis hoffen, der nicht nur wissenschaftlich vollkommen befriedigend sein würde, sondern mir auch gestatten würde, meine Kräfte, wenn auch an bescheidener Stelle, dem vaterländischen Dienst zu widmen."[456]

Am 22. Juni 1885 beantragte Minister v. Goßler die Einsetzung eines Ordinariats für Physische Geographie in den Staatshaushaltplan 1886/87.[457] Am 5. April 1886 fuhr Althoff nach Leipzig zu einer Aussprache mit Richthofen, die in einem Protokoll festgehalten wurde.[458] Am 30. Juni 1886 erhielt Richthofen seine Bestallungsurkunde zugeschickt. Die getroffenen Entscheidungen wurden der Philosophischen Fakultät am. 6. Juli 1886 als vollendete Tatsache mitgeteilt: „Die philosophische Fakultät setze ich hiervon mit dem Bemerken in Kenntniß, daß ich dem p. Dr. Freiherrn v. Richthofen das ... Ordinariat für physische Geographie verliehen und

---

455 Schreiben Richthofens an Althoff, Leipzig 1885 III 22. In: Akte 72, Bd. 2, o.Bl., betr. F. v. Richthofens Ruf nach Berlin.
456 Schreiben Richthofens an Althoff, Leipzig 1885 III 17. In: Akte 72, Bd. 2, o.Bl.
457 Schreiben v. Goßlers an v. Scholz, Berlin 1885 VI 22. In: Akte 14, Bd. 20 Bl. 151—152, betr. F. v. Richthofen.
458 Protokoll Richthofen — Althoff, Leipzig 1886 IV 5. In: Akte 16, Bd. 1 Bl. 84.

denselben angewiesen habe, sein neues Amt zu Beginn des nächsten Wintersemesters anzutreten."[459] Als diese Ernennung der Fakultät bekannt gegeben wurde, stellte Julius Zupitza, Professor der Anglistik, den Antrag auf Einsetzung einer Kommission zur Beratung der Frage, „ob und in welcher Weise der Herr Minister zu bestimmen sei, bei der Begründung und Besetzung einer Professur die Ansichten der Fakultät wieder mehr, als es gegenwärtig üblich sei, zu berücksichtigen."[460] Der Antrag wurde mit 26 gegen 6 Stimmen angenommen. In die Kommission wurden gewählt: Julius Zupitza, Hermann Helmholtz, Karl Weierstraß und Theodor Mommsen. Weitere Belege für diesen Antrag liegen in der Akteneinheit nicht vor.

Richthofen betonte noch von Leipzig aus, welche Schwerpunkte für ihn bei der Annahme des Rufes nach Berlin maßgebend gewesen seien: „Es ist mein Wunsch, denselben [den Geographischen Apparat] zu einem bleibenden Hilfsmittel von Bedeutung nicht allein für den geographischen Unterricht zu gestalten, und ich darf wohl an diesen Wunsch die Hoffnung knüpfen, daß sich die Beschaffung zweckentsprechender, insbesondere auch für die Übungen verwendbaren Räumlichkeiten ermöglichen lassen wird."[461] Althoff beschaffte die Mittel, um dem – trotz Kieperts Geographischem Apparat – „schmerzlich empfundenen Mangel eines geographischen Seminars" abzuhelfen.[462] Das Geographische Seminar konnte nach Richthofens Vorschlag[463] im Herbst 1886 in das Haus der alten Bau-Akademie am Schinkelplatz 6 einziehen. In die Räume des Erdgeschosses teilten sich nunmehr das Meteorologische, das Photogrammetrische und das Geographische Institut. Richthofen versicherte Althoff: „Es ist dies der Stützpunkt meiner akademischen Thätigkeit, und es ist mein Bestreben, mit der Zeit etwas Hervorragendes zu schaffen."[464] Am 1. April 1887 wurde der Geographische Apparat als das „Geographische Institut der Universität Berlin" begründet.[465] Diese von Richthofen in amtlichen Schreiben benutzte Bezeichnung sollte ein Vorrecht für Richthofens Institut bleiben, was sich aber auf die Dauer nicht durchsetzen ließ.

Noch vor Beginn des WS 1887/88 führte in der Alten Bauakademie die Teilung eines angrenzenden Saales zur Erweiterung des Instituts. Im einfenstrigen Direktorzimmer wurden die Kartenschränke aufgestellt. Das zweite einfenstrige Zimmer

---

459 Schreiben v. Goßlers an die Philosophische Fakultät der Universität Berlin, Berlin 1886 VII 6. In: Akte 86, Bl. 84, betr. F. v. Richthofen.
460 Protokoll der Philosophischen Fakultät der Universität Berlin, Berlin 1886 VII 8. In: Akte 79, Bl. 23, betr. J. Zupitza.
461 Schreiben Richthofens an v. Goßler, Leipzig 1886 VI 9. In: Akte 16, Bd. 1 Bl. 90. Später formulierte Richthofen bestimmter: Das Geographische Institut solle „in Anlehnung an darin abzuhaltende Übungen den Studierenden sowie den aus dem Institut hervorgegangenen jungen Gelehrten und Reisenden die Mittel zum Studium und zur Anfertigung wissenschaftlicher Arbeiten" gewähren. (Zitiert nach Hermann Wagner 1890/91 (s. Anm. 241) S. 426–428).
462 Schreiben v. Goßlers an v. Scholz, Berlin 1886 VI 26. In: 19, Bd. 1 Bl. 1–2, betr. H. Kiepert u. F. v. Richthofen.
463 Schreiben Richthofens an Althoff, Leipzig 1886 IV 18. In: Akte 72, Bd. 2, o.Bl.
464 Schreiben Richthofens an Althoff, Leipzig 1886 VI 26. In: Akte 72, Bd. 2, o.Bl.
465 Schreiben v. Goßlers an Richthofen, Berlin 1887 IV 4. In: Akte 19, Bd. 1 Bl. 30.

diente als Studierzimmer und als Sitzungsraum für das Kolloquium. Ein zweifenstriges Zimmer wurde Bibliothek und bot Arbeitsgelegenheit für Studenten. Im Eckzimmer mit drei, bis nahe an den Fußboden reichenden Fenstern wurden Zeichentische zur Anfertigung kartographischer Arbeiten aufgestellt. Bei den Anschaffungen für die Bibliothek legte Richthofen das Schwergewicht auf vollständige Reihen wissenschaftlicher Zeitschriften. Die Landkartensammlung konnte er 1886 durch die Kartensammlung von Karl Zöppritz erweitern.[466] Einen Zuwachs bildeten die von den Institutsmitgliedern für ihre Vorträge handgezeichneten Karten. Für kartographisches Messen und Zeichnen standen die notwendigen Instrumente zur Verfügung. Beim Überziehen von Haushaltnummern erhielt Richthofen Sonderzuweisungen. Auch erreichte er wiederholt Erhöhungen im Haushaltplan.

Schwieriger war die Anstellung eines Kustos für das Geographische Institut. Auf Richthofens Gesuch vom 29. Juni 1898 bewilligte Minister Bosse nur eine Assistentenstelle für ein Jahr. Die dauernde Anstellung als Kustos konnte erst unter Minister Studt 1900 erreicht werden. Kustos Otto Baschin war der Sohn eines Berliner Kaufmanns, der in die Apothekerlaufbahn eintrat. Nach seinem Studium der Naturwissenschaften nahm er 1891 an der Vorexpedition v. Drygalskis nach Grönland teil. Als Hilfsarbeiter im Preußischen Meteorologischen Institut (1892) beteiligte er sich an den ersten wissenschaftlichen Ballonfahrten. Dann kam er zu Richthofen, in dessen Auftrag er zunächst die Bibliotheca Geographica (1891–1912) der Gesellschaft für Erdkunde zu Berlin herausgab. In den Jahren 1899–1930 verwaltete er das Geographische Institut als Kustos.

In neue Räume konnte das Geographische Institut 1902 umziehen, als die bisherigen Räume des Ersten Chemischen Instituts (Georgenstraße 34/36) für das auch von Richthofen geleitete Institut und Museum für Meereskunde[467] frei wurden. Die durch Aufstockung des Gebäudes für das Geographische Institut gewonnenen Räume lagen an der nördlichen Straßenfront und im Westflügel des Gebäudes. Das Institut bestand nunmehr aus Zimmern für Direktor, Kustos und Assistent, aus Geschäfts-, Sammlungs- und Arbeitszimmern sowie aus dem Bibliothekssaal mit Galerie, dem ein kleines Bücherzimmer angeschlossen war.

Während seiner akademischen Lehrtätigkeit in Berlin las Richthofen bis 1905 sechsmal „Allgemeine Geographie" in zwei Teilen und einmal „Geographie der Meeresküsten". Die Verbindung der Physischen Geographie mit der Kulturgeographie stellte die Vorlesung „Allgemeine Siedlungs- und Verkehrsgeographie" her, die Richthofen 1891 und 1898 las.[468] Während der Vorbereitung auf diese Vorlesung erschien Friedrich Ratzels „Anthropogeographie, Bd. 2: Die geographische Verbreitung der Menschen" (1891). Richthofen berichtet: „Mit Bewunderung ersah ich die Fülle der Ideen und den Reichthum tatsächlichen Stoffs. [...] Aber mein

---

466 Brief Richthofens an Friedrich Hahn, Leipzig 1886 VI 9. In: Akte 108: Asien/Richthofen.
467 Engelmann, G.: Das Institut und Museum für Meereskunde an der Berliner Universität 1899–1906. Seine Gründungsgeschichte nach archivalischen Quellen dargestellt.
468 Richthofen, F.v.: Vorlesungen über allgemeine Siedlungs- und Verkehrsgeographie, hrsg. von Otto Schlüter, Berlin 1908.

Bauplan war fest, er war von dem des Buches abweichend, ich konnte den Stoff nicht mehr anwenden."[469] Richthofen sah in der Siedlungs- und Verkehrsgeographie eine Lehre vom Einfluß der physiographischen Gegebenheiten auf den Menschen. Unter den Erdteil-Vorlesungen waren Afrika und Australien nicht vertreten. Die „Vergleichende Übersicht der Kontinente" aus der Leipziger Zeit wurde fünfmal eingeschaltet. In einem Brief an Alfred Hettner erläuterte Richthofen seine Vortragsmethode: „Zuerst eine Übersicht über das Ganze nach den üblichen 5 oder 6 allgemeinen Gesichtspunkten. Dann Einzelbehandlung der einzelnen natürlich sich sondernden Glieder. Dabei werden Wiederholungen viel mehr vermieden. Differenzierungen von Klima, Vegetation, Besiedlung, Anbau, Städtelagen, staatlichen Grenzen finden viel mehr naturgemäße Erledigung als bei der Methode Sievers oder bei Guthe und Wagner, wo die Unnatürlichkeit durch die detaillirte Küstenbeschreibung als Einleitung jedes Erdteils auf die Spitze getrieben ist. — Aber auch meine Methode hat ihre Schatten, und ich meine daher, daß Freiheit des Entwurfes jedem gelassen werden sollte."[470]

Richthofen zählte unter seinen Studenten auch zukünftige Oberschullehrer wie Heinrich Fischer und Felix Lampe, doch konnte er ihnen in schulgeographischen Fragen nicht förderlich sein: „Ich stehe an Erfahrungen in schultechnischen Fragen hinter Fachgenossen an anderen Universitäten, welche aus der höheren Schule hervorgegangen sind, zurück."[471]

Den Höhepunkt seiner Lehrtätigkeit bildete sein Kolloquium, das er seit 1886 einmal wöchentlich abhielt.[472] In den ersten Jahren gab Richthofen an Hettner über den Besuch des Kolloquiums Nachricht. So 1887: „Das Colloquium hat mir viel Freude gemacht; es hatte allerdings zwei Nachtheile, einerseits zu starke Beteiligung (beinahe 30), andererseits der Monolog zu sehr vorherrschend, so daß es seinen Namen nur selten verdiente." „Der vortreffliche Kreis, der hier zusammen war, geht leider auseinander, [...] Hier sind fast nur Historiker zugekommen, und diese bleiben. Hoffentlich bildet sich ein neuer Stamm heran." Dann 1889: „Das Colloquium blüht mit der exorbitanten Zahl von 45 Mitgliedern, darunter Dr. [Adolph] Schenck, der Afrika aufarbeitet,[473] [Erich v.] Drygalski, der sich am geodätischen Institut beschäftigt, Oscar Neuhoven, der von seiner syrischen Reise mit Schätzen

---

469 Brief Richthofens an Hettner, Berlin 1891 IX 19. In: Akte 99.
470 Brief Richthofens an Hettner, Berlin 1896 VI 15. In: Akte 99, betr. Richthofens Vorlesungen.
471 Brief Richthofens an Matthias (Hrsg. der Monatsschrift für höhere Schulen), Berlin 1901 VII 3. In: Akte 108.
472 Baschin, O.: Das Berliner Geographische Kolloquium (1886–1911). In: Zeitschrift der Gesellschaft für Erdkunde zu Berlin 46. 1911, S. 570–577.
473 Adolph Schenck wurde Honorarprofessor der Geographie an der Universität Halle. Sein erster Forschungsbericht „Über Glazialerscheinungen in Südafrika" (1889) betraf die Eiszeit Südafrikas im Perm. Albrecht Penck nahm zu ihr auf dem 8. Deutschen Geographentag zu Berlin 1889 Stellung und untersuchte auf seiner Afrikareise 1905 das Dwyka-Konglomerat mit dem Ergebnis: „Es kann kein Zweifel darüber sein, daß es eine alte Moräne ist." (Brief Pencks an Partsch und Brückner, Mocambique-Straße 1905 X 7. In: Akte 120, Brief 202).

zurückgekehrt ist,[474] Dr. [Eduard] Hahn, immer der alte gute Onkel und Hausvater des Instituts."[475] In seinem Schreiben vom 29. Juni 1898 konnte Richthofen eine Vielzahl von geographischen Forschern und Forschungsreisenden nennen.[476] Er schrieb an Minister Bosse: „Von denen die aus dem Institut hervorgegangen sind oder einen größeren Theil ihrer Studienzeit dort verbracht und sich einen wissenschaftlichen Namen gemacht haben, nenne ich beispielsweise:

---

474 Oscar Neuhoven kann als Geograph oder Orientalist nicht nachgewiesen werden.
475 Briefe Richthofens an Hettner, Berlin 1887 IV 8, VII 23 und 1889 I 13. In: Akte 99, o.Bl., betr. F. v. Richthofens Kolloquium.
476 Schreiben Richthofens an Bosse, Berlin 1898 VI 29. In: Akte 19, Bd. 1 Bl. 136–139, betr. die Teilnehmer an F. v. Richthofens Kolloquium: Baschin, O.: Bibliotheca Geographica, hrsg. von der Gesellschaft für Erdkunde zu Berlin. Berlin Bd. 1. 1891/92–7. 1898. Dinse. P.: Die Fjordbildungen. Ein Beitrag zur Morphologie der Küsten. In: Zeitschrift der Gesellschaft für Erdkunde zu Berlin 29. 1894, S. 189–259. Drygalski, E.v.: Grönlands Eis und sein Vorland. In: Grönland-Expedition der Gesellschaft für Erdkunde zu Berlin 1891–1893. Bd. 1. Berlin 1897. Frech, F.: Die Karnischen Alpen. Ein Beitrag zur vergleichenden Gebirgstektonik. Halle 1894. Futterer, K.: Die allgemeinen geologischen Ergebnisse der neueren Forschungen in Zentral-Asien und China. In: Petermanns Geographische Mitteilungen, Ergänzungsheft 119. Gotha 1896. Hahn, E.: Die Haustiere und ihre Beziehungen zur Wirtschaft des Menschen. Eine geographische Studie. Leipzig 1896. Hassert, K.: Beiträge zur physischen Geographie von Montenegro mit besonderer Berücksichtigung des Karstes. In: Petermanns Geographische Mitteilungen, Ergänzungsheft 115. Gotha 1895. Hedin, Sven: Die geographisch-wissenschaftlichen Ergebnisse meiner Reisen in Zentralasien 1894–1897. In: Petermanns Geographische Mitteilungen, Ergänzungsheft 131. Gotha 1900. Hettner, A.: Die Kordillere von Boyotá. Ergebnisse von Reisen und Studien. In: Petermanns Geographische Mitteilungen, Ergänzungsheft 104. Gotha 1892. Kretschmer, K.: Die Entwicklung Amerikas in ihrer Bedeutung für die Geschichte des Weltbildes. Festschrift der Gesellschaft für Erdkunde zu Berlin zur vierhundertjährigen Feier der Entdeckung Amerikas. Berlin 1892. Löwl, F.: Die gebirgsbildenden Felsarten. Eine Gesteinskunde für Geographen. Stuttgart 1893. Meinardus, W.: Beiträge zur Kenntniß der klimatischen Verhältnisse des nordöstlichen Theils des Indischen Ozeans auf Grund von Beobachtungen an Bord deutscher Schiffe. In: Aus dem Archiv der Deutschen Seewarte, Bd. 16. Hamburg 1893. Philippson, A.: Der Peleponnes. Versuch einer Landeskunde auf geologischer Grundlage. Nach Ergebnissen eigener Reisen. Berlin 1892. Philippson, A.: Thessalien und Epirus. Reisen und Forschungen im nördlichen Griechenland. Berlin 1897. Schenck, A.: Über Glazialerscheinungen in Südafrika. In: Verhandlungen des 8. Deutschen Geographentages zu Berlin 1889, Verhandlungen S. 145–161, Diskussion S. XIX–XX. Der Band: Gebirgsbau und Bodenformen Südafrikas (bearbeitet 1887–1889) erschien nie. Schott, G.: Wissenschaftliche Ergebnisse einer Forschungsreise zur See, Ausgeführt in den Jahren 1891 und 1892. In: Petermanns Geographische Mitteilungen, Ergänzungsheft 109. Gotha 1893. Schott, G.: Ozeanographie und maritime Meterologie. In: Wissenschaftliche Ergebnisse der Deutschen Tiefsee-Expedition auf dem Dampfer „Valdivia" 1898–1899, hrsg. von Carl Chun. Jena 1902–1940. Bd. 1. Sievers, W.: Die Cordillere von Mérida nebst Bemerkungen über das Karibische Gebirge. Ergebnisse einer 1884–1885 durchgeführten Reise. In: Geographische Abhandlungen, hrsg. von Albrecht Penck in Wien, Bd. 3, Heft. 1. Wien u. Olmütz 1888. Steffen, H.: Beiträge zur Topographie und Geologie der andinen Region von Lanquihue. In: Festschrift Ferdinand Freiherrn von Richthofen zum sechzigsten Geburtstag 1893 dargebracht von seinen Schülern. Berlin 1893.

Herr Otto Baschin. Assistent am meteorologische Institut und Herausgeber der Bibliotheca geographica;
Dr. Dinse, jetzt Statdtbibliothekar in Charlottenburg, bekannt durch eine fundamentale Arbeit über die Morphologie der Fjorde;
Dr. v. Drygalski, jetzt Privatdocent in Berlin, rühmlich bekannt durch Forschungen in Grönland;
Dr. Frech, jetzt ordentlicher Professor in Breslau;
Dr. Futterer, ordentlicher Professor am Polytechnikum in Karlsruhe, jetzt auf Reisen in Centralasien begriffen;
Dr. Ed. Hahn, verdienstvoll auf dem Gebiet der Wirtschaftsgeographie;
Dr. Hassert, Privatdocent in Halle, der wissenschaftliche Erforscher von Montenegro;
Dr. Sven Hedin aus Stockholm, der sich durch Forschungen in Centralasien einen Namen gemacht hat;
Dr. Hettner, außerordentlicher Professor in Tübingen, bekannt durch wissenschaftliche Reisen in Peru und Columbien;
Dr. Kretschmer, Privatdocent in Berlin und Lehrer der Geographie an der Kriegsakademie;
Dr. Löwl, ordentlicher Professor in Czernowitz;
Dr. Meinardus, Assistent am meteorologischen Institut;
Dr. Philippson, Privatdocent in Bonn, der hervorragende Erforscher von Griechenland;
Dr. Schenck, Privatdocent in Halle, verdienstvoller Reisender in Südwest-Afrika und Transvaal;
Dr. Gerhard Schott, Assistent an der Seewarte in Hamburg, designirt als Hydrograph der Chun'schen Expedition;
Dr. Sievers, außerordentlicher Professor in Gießen, durch Forschungsreisen in Venezuela bekannt;
Dr. Steffen, Professor in Santiago, Chile.

Andere Mitglieder des Instituts, welche vom Ausland kamen, bekleiden jetzt Universitätsstellungen in Frankreich, England, den Vereinigten Staaten, Norwegen, der Schweiz, Finnland, Rußland und Japan.

Die meisten dieser Erfolge stammen aus früherer Zeit. Ich muß leider bekennen, daß sie merklich zurückgegangen sind."

Seinen Vortragsabend im Kolloquium schildert Sven Hedin mit folgenden Worten: „In der Mitte steht ein länglicher Tisch, um den die Zuhörer sitzen. Der Professor sitzt in der Mitte einer Längsseite, und der Vortragende steht ihm gegenüber, umgeben von all' seinen Karten."[477] Richthofen forderte freien Vortrag, wünschte aber die Abgabe des Textes[478] als druckfertige Arbeit. Einer der letzten

---

477 Meister und Schüler. Ferdinand Freiherr von Richthofen an Sven Hedin. Mit einer Einleitung und Erläuterung von Sven Hedin. Berlin 1931, S. 24, betr. F.v. Richthofens Kolloquium.
478 Brief Richthofens an Partsch, Berlin 1903 VI 29. In: Akte 119, Brief 292.

Richthofenschüler, Friedrich Solger, berichtet: „Im Kolloquium fanden sich viele junge Leute und auch schon im Amt und Würden stehende ein, die sich eine gewisse Freiheit des wissenschaftlichen Denkens wahrten, aber der Lehrmeinung ihres Professors folgten und damit eine ‚Schule' bildeten, von der Richthofen sagte, ihre Bildung sei ‚unbeabsichtigt' gewesen."[479] Wie sehr sich Richthofen mit seinem Kolloquium verbunden fühlte, zeigt sein Dank für die Festschrift zu seinem 60. Geburtstag.[480]

Richthofen sprach schlicht, sachlich und schmucklos, aber „durch den tief durchdachten, geistvollen Inhalt sehr eindrucksvoll."[481] Er selbst schätzte seine eigene Vortragsbegabung gering:[482] „Mir fehlt so ganz das Talent, etwas anziehend und lebhaft zu beschreiben, da ich immer mehr geneigt bin zusammenzufassen."[483] Er wünschte den freien Vortrag, denn „das freie Wort wirkt ungleich besser als das abgelesene."[484] Forschungsreisende lud Richthofen unmittelbar nach ihrer Rückkehr von der Reise zur Berichterstattung ein, „wenn sie sie fast unvorbereitet unter dem frischen Eindruck der Reise geben; später wollen sie zu Gutes leisten, und die Frische geht verloren."[485] Vorträge sollten stets an Wandkarten erläutert werden: „Wenn ich auch noch so viel Kreidezeichnungen an der Tafel mache, hilft dies doch dem Mangel nicht aus."[486] Diesem Verlangen entsprang Hans Fischers Wandkarte von Ostasien.[487]

In der Exkursionsführung beschränkte sich Richthofen auf Tagesausflüge in die nächste Umgebung Berlins. Sie konnten nur „einige elementare Anschauungen über die Natur des Flachlandes" geben.[488] Zwei größere Exkursionen in das Elbsandsteingebirge überließ er Otto Baschin. Die Alpen lagen für Studentenexkursionen der Kosten wegen zu fern, da es staatliche Beihilfen für sie nicht gab. Die ozeanographi-

---

479 Brief Friedrich Solgers an den Verfasser, Schloß Elmau O.B. 1964 IX 1, betr. F.v. Richthofen.
480 Rundschreiben Richthofens an die Mitglieder des Colloquiums, Berlin 1893 V 10. In: Akte 121, Brief 32.
481 Hettner, A.: Aus meinem Leben (Niederschrift im Februar 1935). In: Alfred Hettner. Gedenkschrift zum 100. Geburtstag. In: Heidelberger Geographische Arbeiten. Heft 6. Heidelberg u. München 1960, S. 41–72 (47).
482 Brief Richthofens an Partsch, Berlin 1901 I 24. In: Akte 119, Brief 289.
483 Brief Richthofens an unbekannten Briefempfänger, Berlin 1860 XII 30. In: Mitteilungen des Ferdinand von Richthofen-Tages 1912. Berlin 1912, S. 20.
484 Brief Richthofens an Hans Meyer, Berlin 1888 XII 14. In: Akte 121, Kasten 179, Brief 239.
485 Brief Richthofens an Hettner, Leipzig 1884 X 16. In: Akte 99.
486 Brief Richthofens an Hans Fischer, Berlin 1901 VI 26. In: Akte 121, Kasten 204, Brief 34.
487 Hans Fischer hatte bereits in der „Festschrift Ferdinand Freiherrn von Richthofen zum sechzigsten Geburtstag" (Berlin 1893) eine Karte Ost-Asien 1:10 000 000 mit Erläuterungstext veröffentlicht, die in E. Debes: Neuer Handatlas über alle Theile der Erde" (Leipzig 1893) aufgenommen wurde. Albrecht Penck erkannte in der Auffassung des ostasiatischen Gebirgsbaus „ein wahres divinatorisches Geschick des Zeichners". (Penck, A.: Deutsche Handatlanten. In: Geographische Zeitschrift. Leipzig 17. 1911, S. 633–646 (639)).
488 Denkschrift Richthofens, Berlin 1898 VIII 8. In: Akte 2, Bl. 74–107.

sche Exkursion auf der Ostsee im Sommer 1905 wurde mit dem Institut für Meereskunde gemeinsam durchgeführt.

Richthofen mußte mit wenigen Dozenten als seinen Mitarbeitern auskommen. Im SS 1894 begann Konrad Kretschmer, der sich 1893 bei ihm habilitiert hatte, im Geographischen Institut mit kartographischen Unterweisungen. Im WS 1898/99 trat Erich v. Drygalski hinzu, der am 1. April 1900 eine ao. Professur der Geographie erhielt. Ernst Tiessen, den Spürsinn für Literatur, aber kein Trieb zum selbständigen Schaffen auszeichneten, wurde 1894 Richthofens Assistent und seit 1910 Professor der Verkehrsgeographie an der Berliner Handelshochschule. Er faßte nach Richthofens Tod die Gleichgesinnten im „Richthofentag" zusammen (1906–1913, 1930, 1931, 1933 und 1936).[489]

Richthofen wollte über das Geographische Institut hinaus die geographische Entwicklung durch eine eigene Zeitschrift beeinflussen: „Mir würde eine Wissenschaft von der Erde als Gegenstand vorschweben, wie sie jetzt eine besondere Facultät der Universität Chicago bildet. Etwas abweichend davon würde ich als Unterabtheilungen: Erdmessung, Geophysik, Geologie, Physische Geographie und biologische Geographie ansetzen. Der Gegenstand läßt sich erweitern, indem man das menschliche Element hineinbringt. [...] Das unerreichte Muster aller derartigen Zeitschriften ist für mich die englische ‚Natura'. Ihr Bereich ist sehr weit, da sie Mathematik, Chemie, Physik, Astronomie etc. umfaßt, das ganze Gebiet der ‚Science' im englischen Sinne "[490] Für seinen Zeitschriftenplan „Geologische und Geographische Zeit- und Streitfragen" nahm Richthofen ein ehemaliges Mitglied seines Kolloquiums in Aussicht. Aber er sah von der Zeitschriftengründung ab, da im gleichen Jahre Alfred Hettner in Leipzig seine „Geographische Zeitschrift" eröffnete. Am Jahresende versicherte er, Hettner sei es gelungen, „die vielen guten vorhandenen Kräfte zu gemeinsamer Arbeit zu sammeln und dem Publicum geographischen Stoff ... darzubieten."[491]

Für das Chinawerk blieb Richthofen in Berlin keine Zeit mehr. Vorträge in der Akademie der Wissenschaften gaben noch Antwort auf tektonische Fragen zum Ostrand Chinas. Aber Ansätze zum Abschluß des Reisewerkes wurden bald wieder aufgegeben: „Neulich habe ich nach jahrelanger Pause wieder einmal etwas ‚China' angefangen; ob ich die begonnene Arbeit werde fortsetzen können, weiß ich nicht.

---

489 Pencks Stellung zum Richthofentag: „Dann setzte der Richthofentag ein und schuf eine gegen mich gerichtete Phalanx, eine geographische Nebenregierung in Berlin. Ihr kann ich nur entgegentreten, indem ich meinerseits eine Phalanx tüchtiger Geographen erziehe, die die Sache über den Personenkult stellen." (Brief Pencks an Partsch, Berlin 1910 IX 29. In: Akte 120, Brief 280). Pencks Urteil über Richthofens Mitarbeiter: „v.R. hat sich nicht mit den tüchtigsten Leuten umgeben. Immer hat er seine eigenen Schüler herangezogen, weil sie kannte und weil er sich scheute, Leute heranzuziehen, die er nicht kannte. Darum auch die Mißgriffe bei Berufungen." (Brief Pencks an Partsch, Berlin 1907 I 11. In: Akte 120, Brief 229).

490 Brief Richthofens an Hettner, Berlin 1895 I 12. In: Akte 99, betr. F.v. Richthofens Zeitschriftenplan.

491 Brief Richthofens an Hettner, Berlin 1895 XII 31. In: Akte 99, betr. F.v. Richthofens Zeitschriftenplan.

Berlin ist der schlechteste Ort zum Arbeiten. Hier gibt es Bücher, aber keine Muße."[492] „Tagelang kann ich keinen Federstrich arbeiten, da ich früh fortgehe, nur zum Mittagessen kurz heimkehre und erst spät Abends wieder eintreffe. Habe ich dann einen freien Abend, was eine große Ausnahme ist, so komme ich ein Stück voran. Aber die Arbeit wird dadurch auch Stückwerk. Sie ist nicht einheitlich und gefällt mir nicht."[493] Von Richthofens Chinawerk erschien Band 3 postum, besorgt von Ernst Tiessen 1912. Den Atlasteil „Das südliche China" veröffentlichte 1912 Max Groll, den Richthofen 1902 als Kartograph für das Institut und Museum für Meereskunde gewonnen hatte. Er wurde der erste Fachkartograph an einer deutschen Hochschule, wurde aber durch einen frühen Tod aus seiner Arbeit gerissen.

Politisch betätigte sich Richthofen in Berlin, als die deutsche Politik sich dem Imperialismus zuwandte.[494] Er sah sich der Afrikaforschung und der Kolonialpolitik gegenübergestellt.[495] 1873 war in Berlin nach einem Aufruf Adolf Bastians die „Deutsche Gesellschaft zur Erforschung Äquatorialafrikas" gegründet worden, an der sich Richthofen beteiligte. Auch nahm er 1876 an der Brüsseler Konferenz des belgischen Königs Leopold II. teil, von der er eine gemeinsame Arbeit der Geographen Europas vergeblich erhoffte. In der 1878 als Landesvertretung für Brüssel gegründeten „Deutschen Afrikanischen Gesellschaft" führte er den Vorsitz als Stellvertreter. Als ihr die Reichsregierung im Zuge der Errichtung kolonialer Schutzgebiete die staatlichen Zuschüsse entzog, mußte Richthofen die Gesellschaft auflösen. Er berichtete an Bismarck: „Die Geschichte der Gesellschaft fällt in eine Zeit, in welcher das Innere von Afrika von keiner europäischen Macht in Anspruch genommen wurde und der Gesichtspunkt der Erforschung des Unbekannten allein maßgebend sein konnte. Die Afrikanische Gesellschaft hat sich damals an dem Forschungszweck in hervorragender Weise betheiligt und bedeutende Kräfte für fernere Verwendung herangebildet. Seitdem jedoch verschiedene Mächte jene Gebiete unter sich vertheilt haben und jede von ihnen durch staatlich organisierte Expeditionen die Untersuchung des ihr zufallenden Antheils nach wesentlich praktischen Gesichtspunkten durchzuführen bestrebt sein muß, sieht die Afrikanische Gesellschaft ihre Aufgabe als vollendet an."[496] Nach Stanleys Durchquerung Afrikas (1874–1877) traten auch die Geographen, die sich an der Erschließung der Erde rein wissenschaftlich betätigt hatten, in die deutsche Kolonialpolitik ein. Den Gründungsaufruf des „Deutschen Kolonialvereins" (1882) unterzeichneten Theobald

---

492 Brief Richthofens an Friedrich Hahn. Berlin 1890 IX 26. In: Akte 108: Asien/Richthofen, betr. F.v. Richthofens Arbeit in Berlin.
493 Brief Richthofens an Hettner, Berlin 1895 V 4. In: Akte 99, betr. Richthofen ebenso.
494 Schulte-Althoff, F.-J.: Studien zur politischen Wissenschaftsgeschichte der deutschen Geographie im Zeitalter des Imperialismus. In: Bochumer Geographische Arbeiten, Heft 9. Paderborn 1971. Grau, K. u.W. Schlicker: Die Berliner Akademie der Wissenschaften in der Zeit des Imperialismus. In: Studien zur Geschichte der Akademie der Wissenschaften der DDR, Bd. 2. Berlin 1975, S. 122–123, 249–250.
495 Bader, F.J.W.: Die Gesellschaft für Erdkunde zu Berlin und die koloniale Erschließung Afrikas in der zweiten Hälfte des 19. Jahrhunderts bis zur Gründung der ersten deutschen Kolonie. In: Die Erde. Berlin 109. 1978, S. 36–48.
496 Schreiben Richthofens an Bismarck, Berlin 1888 VI 29. In: Akte 109, o.Bl.

Fischer und Alfred Kirchhoff neben Georg Gerland und Friedrich Ratzel. Richthofen hielt die von der Reichsregierung eingeschlagene Außenpolitik zuweilen für „absolut verkehrt."[497]

Richthofen überzeugte sein politisches Handeln davon, daß sein Geographisches Institut den praktischen Anforderungen der politischen Gegenwart nicht gewachsen sei. Er entwarf den Plan für ein „Central-Institut" als einer Lehr- und Arbeitsstätte der Geographie, die Wissenschaft treibe und zugleich praktischen Anforderungen diene. Am 8. August 1898 legte er Minister Bosse eine große Denkschrift vor, in der er Ziele und Zwecke eines erweiterten Geographischen Instituts umriß.[498] (s. Dokument 9!) Er führte aus, der gegenwärtige Betrieb der Geographie in Deutschland bleibe hinter den Leistungen anderer großer Staaten zurück. Die Kenntnis der Erde und ihrer Erscheinungen sei bisher von Einzelnen hervorragend gepflegt und verbreitet worden, sie müsse aber ein traditionelles Gemeingut werden. Er legte in seiner an Preußen und das Deutsche Reich gerichteten Denkschrift dar,

„1. daß die Aufgaben der Pflege der Geographie in Deutschland nach der wissenschaftlichen Seite in der Neuzeit eine mehr und mehr gefestigte Gestalt erhalten, nach der Richtung ihrer praktischen Anwendbarkeit aber durch das Anwachsen der überseeischen politischen und wirtschaftlichen Interessen des Deutschen Reichs eine erhebliche Erweiterung erfahren habe;

2. daß Deutschland sich nach der ersten Richtung im Aufschwung befindet, nach der zweiten hingegen hinter den kolonialen Nachbarstaaten zurücksteht; daß eine den praktischen Interessen dienende Erdkunde zu wenig gepflegt und verbreitet wird, und in Folge dessen der Mangel an ausreichender geographischer Information im entscheidenden Augenblick bei Fragen der auswärtigen Politik zuweilen nachtheilige Folgen gehabt hat;

3. daß die Förderung des geographischen Studiums und die Diffusion des Wissens auch nach einer praktischen Richtung als ein Erforderniß erscheint, daß sie aber nicht geschehen sollte ohne gleichzeitige intensivere Pflege des Gesamtgebietes der Geographie, insbesondere nach ihren streng wissenschaftlichen Grundlagen hin;

4. daß es wünschenswert ist, ein an eine Universität gebundenes Centralinstitut zu schaffen, welches eine Lehr- und Arbeitsstätte der Geographie nach ihren praktischen Beziehungen zu dienen hat, zugleich aber auch eine nutzbare Sammelstätte des geographischen Wissens der Zeit sein sollte;

5. daß die Universität Berlin als die geeignetste Stätte dafür erscheint, weil hier die meisten Lehrkräfte und Hilfsmittel vorhanden sind, und hier die bei den praktischen Aufgaben am meisten betheiligten Organe der Staats- und Reichsregierung ihren Sitz haben."

---

497 Brief Richthofens an Hettner, Berlin 1895 IV 28. In: Akte 99.
498 Denkschrift Richthofens an Bosse, Berlin 1898 VIII 8. In: Akte 2, Bl. 74–107 (s. Dokument 9!).

Richthofen schloß mit dem Bemerken: „Da das an der Universität bestehende Institut für eine diesen Erwägungen entsprechende Erweiterung der Ziele unzureichend ist und auch eine geringe Vergrößerung einen besonderen Nutzen nicht haben würde, glaubte ich es als das Richtigste erachten zu dürfen, die durch den Zug der Zeit hervortretenden Aufgaben sogleich in ihrem ganzen Umfang zu erfassen und dementsprechend große Mittel als zu ihrer erfolgversprechenden Lösung erforderlich zu bezeichnen."[499]

Trotz Bosses Nachricht vom 16. Dezember 1898, daß die Erweiterung des Geographischen Instituts nicht durchführbar sei, hielt Richthofen an seinem Plane fest. Am 19. Juli 1899 erinnerte er nochmals an seine Denkschrift, jedoch vergeblich. Ein gewisser Ersatz für diesen großen Plan bot sich Richthofen noch im gleichen Jahre, als die durch kaiserliche Initiative geförderte Errichtung des Instituts und Museums für Meereskunde ihm übertragen wurde. Aber noch vor der Vollendung dieser neuen Aufgabe starb er im Jahre 1905.

Richthofen war der Schöpfer der neueren wissenschaftlichen Geographie. Er verband die Beobachtung im Gelände mit der kausalen Verknüpfung der Erscheinungen und gelangte zu einer überlegenen geographischen Darstellung.

2.2.6. Universität Berlin — Eduard Hahn

Eduard Hahn[500] galt als der „Hausvater" in Richthofens Institut. Er wurde 1856 in Lübeck als Sohn eines Konservenfabrikanten haltbarer Speisen geboren. Mit seiner Schwester Ida verband ihn im Elternhaus die Untersuchung von Konsumeigentümlichkeiten und der Nahrungszubereitung. Die Universität bezog er 1879, um Medizin zu studieren. Er wechselte aber zu den Naturwissenschaften über und promovierte in Jena bei Ernst Haeckel. In Leipzig hörte er bei Richthofen, dem er im Herbst 1887 nach Berlin folgte. Für seine Habilitation schlug ihm Richthofen das Thema vor: Entstehung und Verbreitung der Haustiere. Wirtschaftlich unabhängig ging Hahn tiefschürfend an die Arbeit und legte — aber nicht als Habilitationsschrift — die Abhandlung vor: „Die Haustiere und ihre Beziehungen zur Wirtschaft des Menschen" (1896). In ihr breitete er Tatsachen aus Geographie, Völkerkunde, Urgeschichte, Völkerpsychologie, Kulturgeschichte und angewandter Biologie aus. Der geringe Widerhall seines Werkes veranlaßte ihn zum Ausbau einer Theorie der agrarischen Wirtschaftsformen. Eine entsprechende Geschichte und Verbreitung der Kul-

---

499 Begleitschreiben Richthofens an Bosse, Berlin 1898 VIII 8. In: Akte 19, Bd. 1 Bl. 140—141.
500 Festschrift, Eduard Hahn zum 60. Geburtstag dargebracht von seinen Freunden und Schülern. In: Studien und Forschungen zur Menschen- und Völkerkunde. Bd. 14. Stuttgart 1917. Engelbrecht. T.H.: Eduard Hahn. In: Geographische Zeitschrift. Leipzig 34. 1928, S. 257—259. Wahle, E. in NDB 7. 1966. Plewe, E.: Eduard Hahn. Studien und Fragen zu Persönlichkeit, Werk und Wirkung. In: Der Wirtschaftsraum. Beiträge zu Methode und Anwendung eines Geographischen Forschungsansatzes (Festschrift Erich Otremba). In: Geographische Zeitschrift, Beiheft 41. Wiesbaden 1975, S. 120—134 (mit Bibliographie). Plewe, E.: Eduard Hahn. 1856—1928. In: Geographisches Taschenbuch 1975/1976. Wiesbaden, S. 239—246.

turpflanzen brachten er und seine Schwester Ida nicht zum Abschluß. Als er feststellte, daß er sein aufgesammeltes Material nicht mehr allein bewältigen könne, habilitierte er sich in weit vorgeschrittenem Alter 1910 für Geographie und Geschichte der Landwirtschaft[501], um junge Mitarbeiter zu gewinnen.

Als Gutachter dieser Habilitation mußten die Staatswissenschaftler Gustav v. Schmoller und Max Sering, der Zoologe Franz Eilhard Schulze und der Vertreter der vergleichenden Sprachwissenschaft Wilhelm Schulze herangezogen werden. Die Vielseitigkeit Hahns bezeugen seine Vorschläge für die Probe- und öffentliche Vorlesung: Anfänge der Bodenwirtschaft, Entstehung der Haustiere, Hirsebau und seine geographische Verbreitung, geschichtliche Bedeutung der Wanderhirten und ihre geographische Verbreitung, Geschichte und geographische Verbreitung der künstlichen Bewässerung in der Bodenkultur und schließlich über das Verhältnis von Mann und Frau in der Wirtschaft. Gustav v. Schmoller hielt Hahns Werk über die Haustiere für den entscheidenden Beitrag zur Wirtschaftsgeographie und -geschichte.[502] Als Geograph urteilte Albrecht Penck: „Fachlich ist Hahn schwer zu rubrizieren. Hätten wir eine ‚Kulturwissenschaft', so würde diese seine Arbeitsrichtung am besten bezeichnen, die sich namentlich den Anfängen der Bodenkultur zugewandt und in der Unterscheidung von Hackbau und Pflugkultur ein allgemein anerkanntes wichtiges Ergebnis erzielt hat."[503] Sein Gutachten für die Fakultät gab er als Sondervotum ab. Er hatte gehofft, Eduard Hahn werde sich zum Wirtschaftsgeographen enwickeln, doch wandte er sich immer stärker historisch-ethnologischen Fragen zu, so daß Penck schließlich Alfred Rühl als Wirtschaftsgeographen im Geographischen Institut einsetzte: „Hahn ist eben eine Kraft, die nicht innerhalb der ausgetretenen Pfade einer bestimmten Disziplin wandert, sondern sich auf den Grenzgebieten mehrerer Disziplinen bewegt und dabei bald in der einen, bald in der anderen Richtung sich mehr betätigt, nicht immer ohne Abirrungen, aber im Großen und Ganzen doch erfolgreich."[504]

Eduard Hahn lehrte als Dozent an der Universität und der Landwirtschaftlichen Hochschule Berlin und erhielt 1921 den Titel eines ao. Professors. Er las stets vor einer geringen Anzahl von Hörern bis in sein Todesjahr 1928. Der Weiterentwicklung seiner Theorie der agrarischen Wirtschaftsformen widmeten sich Wilhelm Wundt in Leipzig und Alfred Hettner in Heidelberg.

2.2.6. Universität Berlin – Wilhelm Sieglin

Nach Heinrich Kieperts Tod bemühte sich Richthofen um die Berufung eines Vertreters der Historischen Geographie auf den Lehrstuhl Carl Ritters. Er hatte in Leipzig den Aufbau des Instituts für Historische Geographie verfolgen können

---

501 Eduard Hahns Lebenslauf, Berlin 1910 I 29. In: Akte 15, Bd. 15, Bl. 361–369.
502 Gutachten Gustav v. Schmollers über Eduard Hahn, Berlin 1910 III 7. In: Akte 82, Bl. 9–11.
503 Brief A. Pencks an Gustav Roethe, Berlin 1910 I 30. In: Akte 82, Bl. 4–5, betr. E. Hahn.
504 Gutachten Albrecht Pencks über Eduard Hahn, Berlin 1910 III 14. In: Akte 82, Bl. 15–16.

und wünschte für Berlin eine gleiche Entwicklung. In Leipzig war die Historische Geographie von der Untersuchung der dörflichen Gemarkungen ausgegangen. Ihre Förderer waren Georg Hansen, der Flurvermessungen des dänischen Feldmessers Olufsen mit seinen Rückschlüssen auf die ursprünglichen Siedlungen veröffentlichte und 1842–1848 an der Leipziger Universität lehrte, sowie Victor Jacobi, der Flurkarten aus dem altenburgischen Osterlande herausgab. Karl Lamprecht sah voraus, daß die historische Forschung auf das Zuständliche und damit das Örtliche einschwenken werde und wollte in das Leipziger Historische Institut ein Seminar für sächsische Landesgeschichte eingliedern. Da dieser Versuch mißlang, weitete er seinen Plan aus und trat für ein selbständiges Seminar für historische Geographie ein. Die sächsische Regierung gründete am 1. Juli 1898 eine ao. Professur der Historischen Geographie und erklärte sich bereit, 1899 ein Historisch-Geographisches Seminar einzurichten, das Abteilungen für klassisches Altertum, europäisches Mittelalter und den Alten Orient umfassen werde. Das Seminar erhielt auch die Sammlung der Historischen Statistischen Grundkarten für Deutschland, die der Tübinger Rechtshistoriker Friedrich v. Thudichum begründet hatte und für die Karl Lamprecht an der Universität Leipzig die Zentralstelle für Grundkartenforschung einrichtete.

Den Aufbau des Leipziger Historisch-Geographischen Seminars übernahm Wilhelm Sieglin.[505] Er war 1855 in Stuttgart als Sohn eines Apothekers geboren und bezog 1873 das ev. theologische Seminar in Blaubeuren. Zum Studium von Philologie und Alter Geschichte wandte er sich nach Leipzig, Berlin und Greifswald. In Leipzig promovierte er mit der Dissertation „Die Chronologie der Belagerung von Sagunt" (1878). Rückblickend stellte er fest: „Daß ich zum historischen Geographen geboren bin, entdeckte ich erst nach Vollendung meiner Studien."[506] In Leipzig trat Sieglin in das Russische Philologische Institut ein. Zugleich wurde er Bibliothekar der Universitätsbibliothek, in der er seit 1887 auch die Münzsammlung verwaltete. Durch seine Mitarbeit an Gustav Droysens Historischem Handatlas (1885) und durch die Neuausgabe des Atlas antiquus von Spruner-Menke (1893) wandte er sich immer entschiedener der Sammlung von Originalquellen und ihrem Vergleich mit der Gegenwart zu, wobei seine Festlegung historischer Orte zuweilen treffsicherer war als Heinrich Kieperts ältere Bestimmung. Um Sieglin der historischen Forschung in Preußen zuzuführen, wandten sich 1896 Hermann Wagner in Göttingen[507] und Alfred Kirchhoff in Halle[508] an Althoff, aber Sieglin blieb an Leipzig gebunden.

Die Philosophische Fakultät der Berliner Universität schlug am 15. Mai 1899 dem Ministerium die Errichtung eines Ordinariats für Historische Geographie

---

505 Philipp, H.: Wilhelm Sieglin. In: Petermanns Geographische Mitteilungen. Gotha 81. 1935, S. 367–368.
506 Wilhelm Sieglins Lebenslauf. In: Akte 92, Heft 2, Bl. 2.
507 Schreiben Wagners an Althoff, Göttingen 1896 II 23. In: Akte 74, Bd. 3, Bl. 103–104, betr. W. Sieglin.
508 Schreiben Kirchhoffs an Althoff, Giebichenstein bei Halle 1896 V 15. In: Akte 65, Bl. 24–25, betr. W. Sieglin.

vor.⁵⁰⁹ Der Dreiervorschlag lautete: Wilhelm Sieglin in Leipzig, Joseph Partsch in Breslau und Eugen Oberhummer in Wien.

Eugen Oberhummer war 1859 als Sohn eines Kaufmanns in München geboren und habilitierte sich 1886 an der Münchener Universität für Alte Geschichte und Historische Geographie. Nach Reisen auf Cypern und in anderen Ländern der Antike lehrte er 1892–1903 als ao. Professor der Historischen Geographie in München. Dann holte ihn Albrecht Penck als Nachfolger für Tomaschek auf Simonys Lehrkanzel nach Wien.⁵¹⁰

Richthofen erschien Sieglins Berufung nach Berlin im Wettstreit mit Partsch und Oberhummer nicht völlig gesichert. Er veranlaßte die Fakultät, den Wahlvorschlag für Sieglin in ein unico loco abzuändern.⁵¹¹ Daraufhin wurde Sieglin im Oktober 1899 als o. Professor der historischen Geographie nach Berlin berufen. Außerdem wollte Richthofen die Leipziger Zentrale der Historischen Statistischen Grundkarten nach Berlin ziehen. Doch lehnte dies die Regierung in Berlin in Rücksicht auf Lamprecht ab.

Nach kurzfristiger Unterbringung in Heinrich Kieperts Geographischem Apparat, der auf Sieglin den Eindruck einer „völlig unsystematisch angelegten Sammlung von Karten"⁵¹² machte, erhielt das „Seminar für historische Geographie" eigene Räume in der Georgenstraße 46a und 1905 in der Behrenstraße 70 zugewiesen. Die Einrichtung des Seminars fiel mit der Gründung des Instituts und Museums für Meereskunde zusammen. So blieben die Zuwendungen für Sieglins Seminar vergleichsweise niedrig. Noch 1900 klagte er: „All' das wissenschaftliche Material, das ich in Leipzig in der bequemsten Weise zur Verfügung hatte, muß ich hier entbehren."⁵¹³ Im folgenden Haushaltjahr erhielt er einen einmaligen Zuschuß für den Ausbau der Bibliothek. Althoff entnahm sogar Mittel für Sieglins Seminar aus dem Haushalt des Instituts und Museums für Meereskunde.

Eine dem Geographen förderliche Geographie von Ländern in zeitlichen Querschnitten, wie sie Philipp Clüver 1624 erstmalig in „Italia antiqua" geboten hatte, vermittelte Sieglin nicht. Sein Seminar für Historische Geographie war eine Geographie als Hilfswissenschaft der Geschichte. Assistenten für die, wie in Leipzig, in drei Abteilungen gegliederten Übungen für die Dauer einzustellen, fiel in Berlin schwer. Hermann Oncken,⁵¹⁴ der als Dozent im Seminar die Geographie des deutschen Mittelalters übernommen hatte, ging 1906 als o. Professor der Geschichte nach Gießen. Sein Nachfolger blieb nur ein Wintersemester im Seminar, dann mußten die

---

509 Schreiben der Philosophischen Fakultät der Universität Berlin an Bosse, Berlin 1899 V 15. In: Akte 87, Bl. 91–98, betr. W. Sieglin.
510 Hassinger, H.: Eugen Oberhummer. In: Petermanns Geographische Mitteilungen. Gotha 90. 1944, S. 202–203.
511 Memorandum Richthofens zu Sieglins Berufung, Berlin 1899 V. In: Akte 19, Bd. 1 Bl. 105–107.
512 Schreiben Sieglins an Schmidt-Ott, Leipzig 1899 VII 26. In: Akte 18, Bd. 1 Bl. 82.
513 Schreiben Sieglins an Althoff, Berlin 1900 V 30. In: Akte 18, Bd. 1 Bl. 101–102.
514 Goetz, W.: Nekrolog Hermann Oncken. In: Jahrbuch der Bayerischen Akademie der Wissenschaften für das Jahr 1949. München 1950, S. 118–121.

Übungen unterbleiben, „weil kein Dozent sich fand, der für die vom Ministerium ausgesetzte Remuneration die Übungen leiten wollte."[515] Konrad Kretschmers Übungen in Kartographie, Anthropogeographie und Geschichte der Erdkunde (seit 1907) bildeten für eine historische Geographie Europas keinen Ersatz. — Für die Geographie des Alten Orients fand Sieglin nur vorübergehend Übungsleiter. Der erste las als Theologe nur über Syrien und Palästina und siedelte in den Vorderen Orient über. Der zweite kam aus München und ging nach Straßburg. Der dritte ließ sich nach einem Semester zu Ausgrabungen in Kleinasien beurlauben und gab zurückgekehrt seine Lehrtätigkeit im Seminar auf. Erst Ernst Emil Herzfeld[516] übernahm 1909 dauernd die Orientalische Abteilung. Herzfeld zeichnete sich durch Ausgrabungen sowie Routenaufnahmen und Geländeskizzen im Vorderen Orient aus und erhielt 1917 die ao. Professur für orientalische Hilfswissenschaften. Zugleich übernahm er gemeinsam mit Walther Vogel[517] die Direktion des Seminars für historische Geographie, das dadurch auf Staatenkunde und historische Geographie erweitert wurde. Herzfeld lehrte noch bis 1935 als o. Professor für orientalische Archäologie.

Die schwerste Belastung für das Seminar stellte Sieglins jahrelange Erkrankung an hochgradiger Neurasthenie dar. Bereits zwei Jahre nach dem Anfang mußte er sich durch seinen aus Leipzig mitgebrachten Assistenten Maximilian Kießling vertreten lassen.[518] Auch fiel Kießling die weitere Arbeit an Spruner-Menkes Handatlas für die Geschichte zu. Die Teilnehmerzahlen bei den Übungen sanken vorübergehend auf sechs herab. Als Sieglin am 30. April 1914 seinen durch Krankheit unvermeidlich gewordenen Rücktritt vom Lehramt erklärte, bekannte Ulrich v. Wilamowitz-Moellendorff bei der Beratung über Sieglins Nachfolger: „Wir müssen einen Fehler, den wir begangen haben, wiedergutmachen."[519]

2.2.6. Universität Berlin — Konrad Kretschmer

Konrad Kretschmer[520] kam durch Heinrich Kiepert und Wilhelm Sieglin zur Historischen Geographie und wurde durch Richthofen, der das Kartenzeichnen brach liegen gelassen hatte, gefördert. Er wurde 1864 in Berlin als Sohn eines Historienmalers geboren und studierte 1884—1888 an der Berliner Universität klassische Philologie und Alte Geschichte, später auch Geographie. Seine Dissertation war eine

---

515 Sieglin, W.: Das Seminar für historische Geographie. In: Lenz, Band 3. 1910 (s. Anm. 1) S. 267—269.
516 Ettinghausen, R.: Ernst Emil Herzfeld. In NDB 8. 1969.
517 Wätjen, H.: Walther Vogel. In: Historische Zeitschrift. Berlin 158. 1938, S. 673—674. Kötzschke, R.: Walther Vogel. In: Petermanns Geographische Mitteilungen. Gotha 84. 1938, S. 279—280.
518 Bericht eines Regierungsassistenten im Auftrag von Althoff, Berlin 1903 XI 3. In: Akte 18, Bd. 1 Bl. 192—193, betr. W. Sieglin.
519 Brief Pencks an Partsch, Berlin 1914 VI 8. In: Akte 120, Brief 352, betr. W. Sieglin, U.v. Wilamowitz-Moellendorff.
520 Kühn, A.: Konrad Kretschmer. In: Westermanns Lexikon der Geographie. Braunschweig Bd. 2. 1969, S. 886.

quellenmäßige Darstellung der „Physischen Erdkunde im christlichen Mittelalter" (1889), doch verarbeitete der Verfasser sein historisches Material nicht erschöpfend.[521] Als die Gesellschaft für Erdkunde zu Berlin zur vierhundertjährigen Feier der Entdeckung Amerikas einen Festband darbieten wollte, entsandte sie Kretschmer 1890/91 zu historisch-kartographischen Studien, für die Kretschmers künstlerische Hand unerläßlich war, in die Archive und Bibliotheken Italiens. Den Festband „Die Entdeckung Amerika's in ihrer Bedeutung für die Geschichte des Weltbildes" (1892) reichte er als Habilitationsschrift (1893) ein, über die Richthofen urteilte, das Werk gebe zum ersten Male einen einheitlichen Überblick über den Wandel des Weltbildes, ohne dabei zur Entwicklung der Ideen etwas wesentlich Neues vorzutragen.[522] Kretschmers „Historische Geographie von Mitteleuropa" (1904) erwies sich für die historische Landes- und Landschaftskunde wenig ergiebig. Eine wertvolle Untersuchung widmete er 1909 den Segelhandbüchern des Mittelalters.[523]

Neben seine Vorlesungen und Übungen im Kartenzeichnen in Richthofens Geographischem Institut und in Sieglins Seminar für Historische Geographie trat 1893 in Nachfolge von Friedrich Marthe die Dozentur der Geographie an der Kriegsakademie. Als aber auf Grund der Instruktion von 1868 die allgemein-wissenschaftliche Ausbildung immer stärker hinter die erweiterte militärische Fachausbildung zurücktreten mußte, kam 1907 die einst von Carl Ritter aufgenommene „Allgemeine Erdkunde" in Wegfall.[524] Das geographische Stoffgebiet wurde in Geschichtsvorträge übernommen. Nur die von Heinrich Wilhelm Dove 1838 eingeführte „Physische Geographie" blieb bis zur Auflösung der Kriegsakademie 1919 bestehen.

2.2.6. Universität Berlin – Erich v. Drygalski

Im letzten Jahrfünft seiner akademischen Lehrtätigkeit gewann Richthofen als engsten Mitarbeiter Erich v. Drygalski.[525] Er wurde 1865 in Königsberg i. Pr. geboren. Sein Vater war der Direktor des Kneiphöfischen Gymnasiums, seine Mutter stammte aus einem ostpreußischen Rittergut. Drygalski studierte in Königsberg Mathematik und Physik und kam während seines Studiums in Bonn, Leipzig und Berlin zur Geophysik und Geographie. Friedrich Robert Helmert regte ihn zu Untersuchungen an über „Die Geoiddeformation der Kontinente zur Eiszeit und ihr

---

521 Schreiben Sieglins an Holle, Berlin 1909 IV 27. In: Akte 18, Bd. 1 Bl. 259–260, betr. K. Kretschmer.
522 Gutachten Richthofens über Konrad Kretschmer, Berlin 1893 VI 1. In: Akte 80, Bl 21–22.
523 Kretschmer, K.: Die italienischen Portulane des Mittelalters. Ein Beitrag zur Geschichte der Kartographie und Nautik. In: Veröffentlichungen des Instituts für Meereskunde und des Geographischen Instituts an der Universität Berlin, Heft 13. Berlin 1909.
524 Schreiben Kretschmers an Kriegsminister v. Einem, Charlottenburg 1907 IV 21. In: Akte 15, Bd. 15 Bl. 14–15.
525 Freie Wege vergleichender Erdkunde. Festschrift zum 60. Geburtstag von E.v. Drygalski. Berlin 1925. Meinardus, W.: Erich von Drygalski. In: Petermanns Geographische Mitteilungen. Gotha 93. 1949, S. 177–180. Creutzburg, N.: Erich von Drygalski und die deutsche Geographie. In: Erdkunde. Bonn 3. 1949, S. 65–68. Fels, E. in NDB 4. 1959.

Zusammenhang mit den Wärmeschwankungen in der Erdrinde". Der erste Teil dieser Abhandlung bildete 1887 Drygalskis Dissertation. In den Jahren 1888—1890 beschäftigte ihn Helmert in Potsdam im Geodätischen Institut und im Zentralbüreau der Internationalen Erdmessung als Rechnungsarbeiter. Der Eiszeitforschung zugewandt übertrug ihm die Gesellschaft für Erdkunde zu Berlin die Leitung der von ihm geplanten Grönland-Expedition zur Untersuchung des polaren Inlandeises (Vorexpedition 1891, Expedition 1892/93). Die wissenschaftliche Auswertung ihrer Beobachtungsergebnisse legte Drygalski 1898 als Habilitationsschrift vor. Richthofen urteilte: „Ich stehe nicht an, das Werk als eine bedeutende wissenschaftliche Leistung und als das hervorragendste in der Literatur über die fundamentalen Fragen in der gesamten Kunde von Eis und Gletschern zu bezeichnen".[526]

Im Geographischen Institut der Universität las Drygalski über Deutschland, Westeuropa, Afrika und die Vereinigten Staaten, wobei er als Ziel der Geographie die Länderkunde ansah. In ihr müsse sich forschungsmäßige Erklärung mit anschaulicher Darstellung verbinden. Zweckbestimmte Wissenschaft lehnte er ab. Im Institut und Museum für Meereskunde stand er als Abteilungsvorstand Richthofen zur Seite. 1899/1900 erhielt er die neue ao. Professur für Geographie mit dem Auftrag: „wie bisher so auch in Zukunft zur Ergänzung des Lehrplans auf geographischem Gebiete mitzuwirken, im Geographischen Institut der Universität den Direktor desselben zu unterstützen und insbesondere die Meereskunde und Geophysik in Vorlesungen und Übungen zu vertreten."[527] Vor seiner schwierigsten Aufgabe stand er als Leiter der vom Deutschen Reich entsandten Deutschen Südpolar-Expedition auf „Gauß" (1901—1903), die zwar vorzeitig zurückkehren mußte, sich aber durch ihre Forschungen im antarktischen Küstengebiet den Ehrentitel „universitas antarctica" erwarb.[528] Nach Richthofens Urteil besaß Drygalski, obwohl er anfangs „zu exclusiv Glacialist"[529] war, „die größte Berechtigung für Berufung zu höherer Stellung."[530]

Die früh erforderlich gewordene Nachfolge Richthofens fiel nicht Drygalski zu. Helmert hatte sich Drygalski für spätere Jahre als Richthofens Nachfolger vorgestellt. Er schätzte den mathematisch und geophysikalisch durchgebildeten jungen Gelehrten besonders wegen seines Geschicks im Experimentieren und Messen.[531] Drygalski nahm, nachdem er das SS 1906 dazu benutzt hatte, noch in Berlin die

---

526 Gutachten Richthofens über Erich v. Drygalski, Berlin 1897 XII 31. In: Akte 81, Bl. 77—78.
527 Schreiben Studts an Drygalski, Berlin 1900 VI 16. In: Akte 87, Bl. 153.
528 Partsch, J.: Die deutsche Südpolarexpedition / Die englische Südpolarexpedition / Der Erfolg der deutschen Südpolarexpedition. In: Schlesische Zeitung. Breslau 1903, Nr. 406, 412, 415, 442, 493 und Hamburger Zeitung 1903, Nr. 336. Brief Pencks an Partsch, an Bord D. „Kaiserin Auguste Victoria" unter Kapitän Hans Ruser 1908 X 5/6. In: Akte 120, Brief 246.
529 Brief Richthofens an Hettner, Berlin 1897 XII 9. In: Akte 99, betr. E.v. Drygalski.
530 Brief Richthofens an Partsch, Berlin 1905 III 28. In: Akte 120, Briefteile 295 u. 298, betr. E.v. Drygalski.
531 Brief Helmerts an Gustav Roethe, Potsdam 1905 XI 6. In: Akte 88, Bl. 233—234, betr. E.v. Drygalski.

Bearbeitung der wissenschaftlichen Ergebnisse der „Gauß"-Expedition einzuleiten, den Ruf auf den neugegründeten o. Lehrstuhl der Geographie an der Universität München an, wo er durch die Herausgabe des „Gauß"-Werkes: „Die Deutsche Südpolarexpedition 1901–1903" (1906–1931) zur Weltautorität auf dem Gebiete der Polarforschung aufstieg.

2.2.6. Universität Berlin – Albrecht Penck

Richthofens Nachfolger in Berlin wurde Albrecht Penck, der seit 1885 in Wien lehrte und die Nachfolge Richthofens und Ratzels in Leipzig ausgeschlagen hatte. Die Philosophische Fakultät kam der Aufforderung Althoffs nach und reichte am 11. November 1905 einen Wahlvorschlag ein. In ihm wurde primo loco Albrecht Penck in Wien und secundo loco als der an Lebensjahren jüngere Erich v. Drygalski in Berlin genannt, wobei das Schreiben durchblicken ließ, daß für die Übernahme des Instituts und Museums für Meereskunde Drygalski der geeignetere Kandidat sei.[532] (s. Dokument 10!) Auf die Nennung eines dritten Kandidaten verzichtete die Fakultät. Sie hielt die Namen Eduard Brückner in Halle und Alfred Philippson in Bonn zurück.

Eduard Brückner[533] wurde 1862 in Jena als Sohn eines Professors der Geschichte an der Universität Dorpat geboren. Sein Studium führte ihn über Dresden, wo er bei Sophus Ruge hörte, nach München. Hier promovierte er bei Penck mit der ersten Münchener Dissertation geographischen Inhalts: „Die Vergletscherung des Salzachgebietes'" (1886). Anschließend trat er als Dozent für Physische Geographie und als Mitredakteur der „Annalen der Hydrographie und Maritimen Meteorologie" in den Dienst der Deutschen Seewarte in Hamburg. Ehe er sich 1888 in Berlin bei Richthofen für Geographie habilitieren konnte, berief ihn die Universität Bern als ao. Professor der Geographie, dem 1891 der o. Professor folgte. Im gleichen Jahre war er Mitgestalter des 5. Internationalen Geographenkongresses in Bern, auf dem Albrecht Penck den Plan einer Internationalen Weltkarte 1:1 000 000 vortrug.[534] Penck hatte Brückner in München als Mitarbeiter an seinem Werk „Die Alpen im Eiszeitalter" (1901–1909) gewonnen. François Alphonse Forel in Lausanne zog ihn für sein „Handbuch der Seenkunde. Allgemeine Limnologie" (1901) heran. Er selbst stellte die nach ihm genannte Theorie der 35jährigen Klimaschwankungen auf. Dem Ordinariat in Bern folgten 1904 Halle und 1906 in Nachfolge Pencks Wien.

---

532 Schreiben der Philosophischen Fakultät der Universität Berlin an Studt, Berlin 1905 XI 11. In: Akte 16, Bd. 15, Bl. 151–156 (s. Dokument 10!), betr. A. Penck u. E.v. Drygalski.
533 Penck, A.: Eduard Brückner. In: Geographische Zeitschrift Leipzig 34. 1928, S. 65–87. Finsterwalder, S.: Eduard Brückner. In: Zeitschrift für Gletscherkunde. Leipzig 16. 1928, S. 1–19. Milkutat, E. in NDB 2. 1955, S. 656–657. Kinzl, H.: Eduard Brückner. In: Geographisches Taschenbuch 1970–1972. Wiesbaden, S. 262–265.
534 Engelmann, G.: Die Internationale Weltkarte 1:1 Million 1891–1914. Ihre Anfänge aus deutschen Quellen dargestellt. Gotha, VEB Hermann Haack (zum Druck bereitliegend).

Alfred Philippson[535] wurde 1864 als Sohn eines Rabbiners in Bonn geboren. Er studierte 1882—1886 bei Richthofen in Bonn und Leipzig. Bei Philippsons Überlegenheit in der Geländeforschung war Richthofen überzeugt, er sei sein „fähigster Zuhörer, der noch einmal eine Rolle in der Geographie spielen wird."[536] Den Abschluß seines Studiums bildete seine Leipziger Dissertation „Studien über Wasserscheiden" (1886). Dann unternahm er mit Unterstützung der Berliner Akademie der Wissenschaften je vier Reisen nach Griechenland und Westkleinasien (zwischen 1887—1904). Mit der Arbeit „Der Peloponnes. Versuch einer Landeskunde auf geologischer Grundlage" (1892) habilitierte er sich in Bonn bei Johann Justus Rein. 1899 erhielt er als Privatdozent den Titel Professor. In Nachfolge Brückners ging er 1904 nach Bern und 1906 nach Halle. Als Richthofens Lehrstuhl in Berlin zu besetzen war, konnte er klassische Abhandlungen über die Mittelmeerländer vorweisen. In den letzten Monaten vor der Entscheidung quälte ihn das Gefühl der Zurücksetzung. 1911 wurde Philippson Reins Nachfolger in Bonn.

Im Fakultätsvorschlag vom 11. November 1905 fand sich ein Hinweis auf „wiederholte Differenzen" Pencks in seinen bisherigen Stellungen. Dieser Ausdruck ließ Althoff eine Anfrage an Joseph Partsch in Leipzig richten, ob von Penck „ein freundliches harmonisches Einleben in den Berliner Collegenkreis" zu erwarten sei. Partsch antwortete am 2. Dezember 1905 bejahend und belegte seine Ansicht mit zahlreichen Feststellungen.[537] Er schloß den Brief mit seinem persönlichen Urteil über Penck: „Unter allen Geographen deutscher Zunge giebt es nur *einen*, der sich nicht davor zu fürchten braucht, Richthofens Nachfolger zu werden und an diesem stolzen Maßstab seine eigene Leistung messen zu lassen. Das ist Penck. Seine Arbeit steht an Originalität, an fest für die Dauer begründetem Wert und an Umfang zweifellos höher als die jedes denkbaren Wettbewerbers." Acht Tage nach Partschs Schreiben ging im Ministerium ein Schreiben über die Wiederbesetzung des Berliner Lehrstuhls ein, das Hermann Wagner in Göttingen „ohne jeden Auftrag", aber mit Kenntnis des Fakultätsschreibens am 10. Dezember abgefaßt hatte.[538] Wagner trat für Drygalski ein: „Wenn wohl an Umfang, so steht Drygalski an Tiefe des Wissens einem Penck nicht nur nicht nach, sondern dürfte ihn überragen. Als Redner von überzeugender Kraft steht er meines Erachtens gleichfalls über dem Wiener Geographen. Von den Gaben der Organisation und des neidlosen Zusammenarbeitens mit fachmännischen Genossen hat er glänzende Proben abgelegt. Das Direktorium des

---

535 Festschrift für A. Philippson zu seinem 65. Geburtstag. Leipzig u. Berlin 1930. Lehmann, H.: A. Philippsons Lebenswerk. In: Colloquium Geographicum, Bd. 5. Bonn 1956, S. 9—14. Lehmann, H.: Alfred Philippson zum Gedächtnis anläßlich der 100. Wiederkehr seines Geburtstages. In: Geographische Zeitschrift. Wiesbaden 52. 1964, S. 1—6.
536 Schreiben Richthofens an Althoff, Leipzig 1885 VII 2. In: Akte 72, Bd. 2, o. Bl., betr. A. Philippson.
537 Schreiben Partschs an Althoff (Elster), Leipzig 1905 XII 2. In: Akte 16, Bd. 15, Bl. 162—167, betr. A. Penck.
538 Schreiben Wagners an Althoff (?), Göttingen 1905 XII 10. In: Akte 16, Bd. 15, Bl. 157—161, betr. A. Penck u. E. v. Drygalski.

Instituts für Meereskunde würde in seiner Hand um so sicherer ruhen, als er mit dessen Verhältnissen seit länger aufs engste verwachsen ist, und endlich würde im Falle seiner Beförderung die bisherige Verbindung zwischen jenem Institut und dem geographischen auf die Dauer aufrecht erhalten werden können." Wagner schloß sein Schreiben mit Erwägungen über eine Berufung von Partsch nach Berlin. Das Ministerium richtete tatsächlich den Blick auf Partsch. Dieser aber erklärte im vertrauten Kreis: „Hierher gehört Penck."[539]

Althoff entschied sich für Albrecht Penck, der am 21. Dezember 1905 in Berlin mit Althoffs Referenten Elster das Berufungsprotokoll unterschrieb. Obwohl Penck Richthofens Lehrstuhl der Physischen Geographie einnahm, wurde er dazu verpflichtet, „die Geographie in ihrem gesamten Umfange unter besonderer Berücksichtigung der physischen Geographie in Vorlesungen und Übungen" zu vertreten.[540] Auf Grund des Immediatsberichtes, den Minister Studt am 3. Januar 1906 eingereicht hatte,[541] wurde Pencks Bestallung vollzogen. Fünfzig Jahre vorher hatte Carl Ritter für die Berliner Universität 4 bis 5 Professoren der Geographie erträumt.

Nachdem Penck wieder reichsdeutscher Staatsbürger geworden war, begann er im SS 1906 seine Lehrtätigkeit. Er las in diesem ersten Semester Geographie des Deutschen Reiches und Hydrographie der Binnengewässer. In seinem ersten Schreiben zum Ausbau des Geographischen Instituts versuchte er den Unterschied auszugleichen, der mit dem Institut und Museum für Meereskunde bestand, dessen Leitung gleichfalls ihm übertragen wurde.[542] Als ersten Mitarbeiter im Geographischen Institut gewann er Otto Quelle, der 1907 in die Assistentenstelle einrückte. Quelle hatte 1904 als Student bei Richthofen eine Reise nach Nordamerika und Mexiko unternommen, die für seine Lebensarbeit richtungweisend wurde.[543] Als o. Professor der Geographie in Bonn gründete er ein ibero-amerikanisches Institut in Köln.

Quelles Nachfolger als Assistent wurde 1909 Hermann Lautensach,[544] dessen Mitarbeit aber im Sommer des Jahres durch einen Blutsturz vor dem Gebäude des Museums für Meereskunde jäh abgebrochen wurde. Daß Lautensach nach seiner Genesung 1911 in den Schuldienst eintrat, bedauerte Penck, da er sein „bester Schüler" und ein wahrhaft „idealer Assistent" war.[545] Als Lautensach dies im Jahre 1960 erfuhr, bekannte er: „Wenn ich gewußt hätte, daß Penck eine so große gute

---

539 Lehmann, F.W.P. 1925 (s. Anm. 310) S. 325. Brief Pencks an Frau Else Hauck, geb. Partsch. Berlin 1928 II 6. In: Akte 120, Brief 482, betr. A. Penck.
540 Protokoll Penck – Elster, Berlin 1905 XII 21. In: Akte 16, Bd. 15 Bl. 185–186.
541 Immediatbericht Studts, Berlin 1906 I 3. In: Akte 16, Bd. 15 Bl. 187–190, betr. A. Penck.
542 Schreiben Pencks an Studt, Berlin 1906 VII 11. In: Akte 19, Bd. 1 Bl. 284–295. Penck, A.: Das geographische Institut. In: Lenz, Band 3 (s. Anm. 1) S. 343–350.
543 Schindler, H.G.: Die Schriften Otto Quelles. In: Die Erde. Berlin 85. 1954, S. 369–376.
544 Troll, C.: Hermann Lautensachs Lebenswerk zu seinem 80. Geburtstag. In: Erdkunde. Bonn 20. 1966, S. 243–252. Troll, C.: In memoriam Hermann Lautensach. In: Erdkunde. Bonn 25. 1971, S. 161–162.
545 Briefe Pencks an Partsch, Berlin 1909 VII 29 und Welschhofen b. Bozen 1911 IX 6. In: Akte 120, Briefe 254 u. 310, betr. H. Lautensach.

Meinung von mir hatte, wäre ich gar nicht erst in den Schulberuf gegangen. Er war ganz allgemein mit Anerkennungen sehr knapp. Mein ganzes Leben hätte einen anderen Verlauf genommen, wenn er etwas von dem, was er an Partsch geschrieben hat, mir selbst mitgeteilt und mich ermuntert hätte, sofort die akademische Laufbahn zu ergreifen."[546]

Drygalskis Weggang nach München löste in Berlin die Frage nach einem Nachfolger in der ao. Professur der Geographie aus. Penck konnte Althoff zunächst nur mitteilen, er wolle Drygalskis geophysikalische Arbeitsrichtung nicht fortsetzen, sondern einen Vertreter der Biologie gewinnen.[547] Später zeigte sich, daß die Anstellung eines Biologen eine Dozentur an der Universität voraussetze, diese aber nicht vorhanden sei.[548] Daher lenkte Penck die Aufmerksamkeit auf seinen ehemaligen Wiener Schüler Alfred Grund.[549] Er hatte 1899 unter Penck über „Die Veränderungen der Topographie im Wiener Wald und Wiener Becken" (1901) promoviert und habilitierte sich 1904 in Wien über Karsthydrographie. Die Berliner Philosophische Fakultät schlug Grund unico loco vor. Er wurde 1907 berufen, erhielt aber bereits 1910 einen Ruf an die Deutsche Universität in Prag als o. Professor der Geographie. Während seiner Prager Zeit leitete er im österreichisch-italienischen Gemeinschaftsunternehmen die hydrographischen Arbeiten auf der Adria während der Terminfahrten des Forschungsschiffes „Najade". Zu Beginn des Ersten Weltkrieges fiel er vor Belgrad.

Erst Alfred Merz,[550] ein jüngerer Wiener Schüler Pencks, fand in Berlin ein ständiges Arbeitsfeld als Ozeanograph. Hydrographische Untersuchungen auf hochalpinen Seen und auf der nördlichen Adria gaben ihm nach Assistentenjahren bei Joseph Partsch in Leipzig die Gelegenheit, sich 1910 in Berlin bei Penck mit dem Wasserhaushalt eines tropischen Flusses im Grenzgebiet von Nicaragua und Kostarika zu habilitieren. Nach einigen Wiener Jahren als Bibliothekar wurde Merz 1910 Abteilungsvorstand im Institut und Museum für Meereskunde, 1914 ao. Professor, 1910 Honorarprofessor und 1921 o. Professor sowie Direktor des Instituts und Museums für Meereskunde. Die Kriegsjahre 1917/18 verlangten die Kenntnis der Meeresströmungen in Bosporus und Dardanellen. In der Nachkriegszeit konnte er die Deutsche Atlantische Expedition auf „Meteor" planen, vorbereiten und auf See

---

546 Brief Lautensachs an den Verfasser, Stuttgart 1960 II 1.
547 Schreiben Pencks an Althoff, Trient 1906 X 10. In: Akte 16, Bd. 16 Bl. 221–223, betr E.v. Drygalskis Nachfolge.
548 Schreiben Pencks an einen Geheimrat im Kultusministerium, Berlin 1906 X 31. In: Akte 16, Bd. 16 Bl. 215–217, betr. E.v. Drygalskis Nachfolge.
549 Rudolphi, H.: Alfred Grund. In: Deutsche Rundschau für Geographie und Statistik. Wien 37. 1914, S. 241–252. Brückner, E.: Alfred Grund. In: Mitteilungen der Geographischen Gesellschaft in Wien. 58, 1915, S. 9–26. Krebs, N.: Alfred Grund. In: Petermanns Geographische Mitteilungen. Gotha 61. 1915, S. 29 u. 69. Lehmann, H. in NDB 7. 1966.
550 Oberhummer, E.: Alfred Merz. In: Petermanns Geographische Mitteilungen. Gotha 71. 1925, S. 216. Penck, A.: Alfred Merz. Gedenkworte. In: Zeitschrift der Gesellschaft für Erdkunde zu Berlin 61. 1926, S. 81–103. Steinhauser, F.: Alfred Merz. In: Österreichisches Biographisches Lexikon 1815–1950. Graz u. Köln, Bd. 6. 1975, S. 238–239.

führen. Er erfüllte damit die 1905 Penck gegenüber im Ministerium geäußerte Erwartung auf die Durchführung einer größeren marinen Expedition.

2.3. DIE LETZTEN JAHRE VOR DEM ERSTEN WELTKRIEG 1908–1914

Auf v. Studt folgte 1907 als Kultusminister Ludwig Holle, der Landeshauptmann von Westfalen, der unter der Last ungewohnter Arbeit zusammenbrach. So wurde 1909 August v. Trott zu Solz, ein Vertreter des aristokratischen Preußentums, der letzte Kultusminister vor dem Kriege. Als Vortragender Rat rückte Otto Naumann ein, den Althoff 1884 aus Straßburgs Stadtverwaltung nach Berlin geholt hatte und der in 23 Jahren als Referent für Bausachen und für die Technischen Hochschulen in die Verwaltungsarbeit des Ministeriums hineingewachsen war.

2.3.1. Universität Berlin – Versuchte Wiederherstellung von Ritters Lehrstuhl

Unmittelbar vor dem Ersten Weltkrieg versuchte Albrecht Penck, Ritters Lehrstuhl in einen kulturgeographischen, insbesondere länderkundlichen Lehrstuhl umzuwandeln und wieder mit einem Geographen besetzen zu lassen. Penck klagte 1910, als die Leitung des Instituts und Museums für Meereskunde immer mehr Zeit und Kraft beanspruchte, über die Einengung seiner wissenschaftlichen Arbeit: „Mehr und mehr empfinde ich es als nicht recht, daß ich so wenig mehr zu wissenschaftlicher Arbeit komme. Südafrika [Reise 1905 von Wien aus] ist nicht verarbeitet. Die Weltreise [Nordamerika, Hawaii, Japan, Nordchina, Sibirien 1908/1909] unausgenutzt, und welche Fülle von Eindrücken bringe ich von der letzten Reise heim [Internationaler Geologenkongress Stockholm 1910]. Ich habe meine Silliman Lectures noch niederzuschreiben, und die zweite Auflage der Morphologie (Stuttgart 1894) ist zu schreiben, ebenso das Deutsche Reich (Wien u. Leipzig 1887) neu zu bearbeiten."[551] Er wollte sich von der Verpflichtung lösen, den Gesamtbereich der Geographie vertreten zu müssen, und sich auf Richthofens ursprünglichen Lehrauftrag für Physische Geographie zurückziehen.

Nach Wilhelm Sieglins Rücktritt von der Professur der Historischen Geographie forderte das Ministerium am 14. Mai 1914 die Philosophische Fakultät auf, zur Wiederbesetzung des Lehrstuhls einen Wahlvorschlag einzureichen. In der Sitzung der Wahlkommission der Fakultät vom 8. Juni 1914 legte Penck seine Erwägungen dar: „Es gibt nur *eine* Geographie, der eine betrachtet mehr die Natur, der andere den Menschen. Alle betrachten die Länder." Was Wien seit dem Ausscheiden Friedrich Simonys besitze, brauche auch Berlin: eine Doppelbesetzung für Physische Geographie und Kulturgeographie. Letztere sei Länderkunde, und dafür gäbe es

---

[551] Brief Pencks an Partsch, Berlin 1910 IX 29. In: Akte 120, Brief 280, betr. A. Pencks Einengung seiner Arbeit.

„nur eine ganz hervorragende Persönlichkeit unico loco: Joseph Partsch ... leider 63 Jahre alt."[552] Der Wahlvorschlag der Fakultät vom 16. Juni 1914, dessen Schreiben an das Ministerium Penck entwarf, benannte unico loco Joseph Partsch in Leipzig als o. Professor der Länderkunde und historischen Geographie.[553] Voller Erwartung schrieb Penck an Partsch: „Schlage in die Hand ein, wenn sie sich Dir entgegenstreckt. Komme zu der Stelle, die Dir seit 15 Jahren gebührt ... und ergreife die Gelegenheit, in der Hauptstadt des Reiches die Stelle von Karl Ritter einzunehmen, denn dessen Professur ist es, die die Fakultät wieder besetzt zu sehen wünscht."[554] Partsch lehnte den Ruf nach Berlin im Juli 1914 ab. Penck erfuhr diese Nachricht erst nach seiner Rückkehr aus Australien und konnte — in England festgehalten — erst am 6. Januar 1915 Partsch antworten: „Dein Brief hat Befürchtungen wahr gemacht, die so mancher hier hegte, und mir so recht klar gemacht, welche Lücke neben mir auszufüllen bleibt."[555] Die Lücke zu schließen, versuchte Penck durch den Wahlvorschlag vom 24. Februar 1915, in dem die Fakultät Alfred Hettner in Heidelberg nannte.[556] Diesem Wahlvorschlag folgte am 18. Mai 1915 ein neuer, in dem die Fakultät auf Pencks Wiener Schüler Norbert Krebs hinwies.[557] Beide Vorschläge gingen in den Wirren des Krieges unter und mit ihnen für immer Ritters Lehrstuhl.

552 Protokoll der Wahlkommissionssitzung der Philosophischen Fakultät der Universität Berlin. Berlin 1914 VI 8. In: Akte 89, Bl. 298–299, betr. J. Partschs Ruf nach Berlin.
553 Schreiben der Philosophischen Fakultät der Universität Berlin an Trott zu Solz, Berlin 1914 VI 16. In: Akte 88, Bl. 300–301, betr. A. Penck u. J. Partsch.
554 Brief Pencks an Partsch, o.O. 1914 VI 20. In: Akte 120, Brief 354.
555 Brief Pencks an Partsch, o.O. 1915 I 6. In: Akte 120, Brief 356.
556 Schreiben der Philosophischen Fakultät der Universität Berlin an Trott zu Solz, Berlin 1915 II 24. In: Akte 90, Bl. 32–37, betr. A. Hettner.
557 Schreiben der Philosophischen Fakultät der Universität Berlin an Trott zu Solz, Berlin 1915 V 18. In: Akte 90. Bl. 40–45, betr. N. Krebs.

3. HUNDERT JAHRE HOCHSCHULGEOGRAPHIE IN PREUSSEN

3.1. DIE WIRKSAMKEIT DER HOCHSCHULLEHRER AN DEN UNIVERSITÄTEN

Der Professor der Geographie sollte ein Forscher sein, begabt mit Beobachtungsvermögen und Urteilskraft. Als Lehrer sollte er durch das gesprochene Wort eindrucksvoll wirken können. Maßgebend für seine Beurteilung waren seine veröffentlichten Forschungsergebnisse. Richthofen war davon überzeugt, daß es „dem einzelnen nur möglich ist, wenige Bausteine zu liefern und im günstigsten Falle zusammenzufügen."[558] „Der Lohn liegt für den Mann der Wissenschaft in der Thätigkeit selbst, im Erfolg und in der Anerkennung von Seiten derer, die hierzu competent sind."[559] Nicht jeder Ordinarius konnte ein Meister seines Faches werden, wem es aber beschieden war, wurde eine einmalige Persönlichkeit.

Die ältere Generation der Professoren kam zur Geographie aus anderen Wissenschaften. Sie erwarb sich die geographischen Grundlagen erst im höheren Lebensalter. Richthofen bekannte in Bonn: „Ich ... habe erst hier docendo die Geographie gelernt. Dasselbe ist mit allen anderen jetzigen Dozenten der Fall gewesen."[560] Die frühesten preußischen Vertreter der Geographie kamen als Theologen zu ihrer Wissenschaft: A. F. Büsching (Geburtsjahr 1724) und A. Zeune (1778). Auf C. Ritter (1779) folgten F. Müller (1805), der zur Historie und Ethnographie neigte, J. E. - Wappäus (1812) als Statistiker und H. Kiepert (1818) als historischer Kartograph. Er blieb in der Folgezeit der einzige Ordinarius, der die naturwissenschaftliche Grundlage der Geographie ablehnte. Als Naturwissenschaftler gingen von den älteren Vertretern zur Geographie G. B. Mendelssohn (1794), F. Hoffmann (1797), F. v. Richthofen (1833), J.J. Rein (1835) und K. Zöppritz (1838). Philologisch und historisch vorgebildete Geographen wie C. Neumann (1823), A. Kirchhoff (1838), H. Wagner (1840), R. Lehmann (1845) und Th. Fischer (1846) unternahmen es, „mehr und mehr, zum Theil mit großem Erfolg, die naturwissenschaftliche Vorbildung nachzuholen, deren frühere Nichterwerbung sie als einen Mangel empfanden."[561] Völlig gleichmäßig nach der naturwissenschaftlichen wie historischen Seite durchgebildet waren F. Marthe (1832) und J. Partsch (1851). Forschungsreisende wie A. v. Humboldt (1769) und H. Barth (1821) fanden keinen vollen Eingang in die Hochschulgeographie; dies blieb allein F. v. Richthofen vorbehalten.

---

558 Brief Richthofens an E. Debes, Bonn 1881 XII 8. In: Akte 121, Kasten 332, Brief 43.
559 Brief Richthofens an O. Lenz, Hohenfriedberg 1877 XII 27. In: Akte 108.
560 Schreiben Richthofens an Althoff, Bonn 1883 III 7. In: Akte 22, Bd. 14 Bl. 359–362.
561 Denkschrift Richthofens, Berlin 1895 VIII 8. In: Akte 2 Bl. 74–107.

Die jüngere Generation stellte für die Hochschulgeographie naturwissenschaftlich geschulte Geographen wie R. Credner (1850), F. Hahn (1852), O. Krümmel (1854), A. Penck (1858) und E. v. Drygalski (1865). Historische Geographen waren W. Sieglin (1855) und K. Kretschmer (1864). Eine Sonderstellung nahm E. Hahn (1856) mit seinem kulturwissenschaftlichen Denken ein.

Der Eintritt ins akademische Lehramt setzte in der Regel ein vermögendes Elternhaus voraus. Aus akademischen Kreisen sowie aus Pfarr- und Schulhäusern stammten Zeune, Hoffmann, Wagner, Lehmann, Kretschmer und v. Drygalski. Auf dem Lande wuchsen auf v. Humboldt, v. Richthofen, Rein und Th. Fischer. In Familien von Ärzten, Apothekern und Verwaltungsbeamten waren Ritter, Kirchhoff, Credner, F. Hahn und Sieglin zu Hause. Aus Kaufmannschaft, Großindustrie und Bankgewerbe stammte die Mehrzahl der Geographen: Mendelssohn, Wappäus, Kiepert, Barth, Marthe, Zöppritz, E. Hahn und Penck. Gering war die Zahl der Söhne aus Handwerkerkreisen: Müller, Neumann und Krümmel. Partsch verdankte seine Vorbildung auf Gymnasium und Universität dem Inhaber des Unternehmens, an dem sein Vater als Geschäftsführer angestellt war.

Für das akademische Studium war eine gehobene Schulbildung unerläßlich. Humboldt erhielt in Tegel Unterricht durch Hauslehrer. Ritter war Zögling in Salzmanns Philanthropin in Schnepfenthal. Die Mehrzahl der zukünftigen Professoren besuchte das humanistische Gymnasium. Neumann und Rein wechselten aus dem Lehrerseminar auf das Gymnasium, entsprechend Penck aus der Realschule. Grundsätzlich abgelehnt wurde die Ausbildung zum Kartographen, wie sie Petermann durch Heinrich Berghaus erfuhr.

Der Abschluß des akademischen Studiums durch die Promotion erfolgte bei den meisten Inhabern preußischer Lehrstühle auf einer preußischen Universität wie Berlin, Bonn, Breslau, Göttingen, Halle und Königsberg. Außerhalb Preußens promovierten Zeune im noch kursächsischen Wittenberg, Mendelssohn in Kiel, Rein in Rostock, Sieglin, F. Hahn und Penck in Leipzig sowie E. Hahn in Jena. Ritter erwarb die Doktorwürde nicht; ihm wurde von der Berliner Universität der Dr. phil. h.c. verliehen. Wie stark noch auf den Universitäten des 19. Jahrhunderts das Zeitalter des Humanismus nachwirkte, belegen die lateinischen Dissertationen der älteren Doktoranden: Zeune 1802, Hoffmann 1823, Mendelssohn 1828, Müller vor 1831, Wappäus nach 1834. Barth 1844, Neumann 1855, Marthe 1856, Richthofen 1856 und 1857 deutsch, Kirchhoff 1861, Fischer 1868 und Partsch 1874. Nur drei Doktoranden unter den zukünftigen Geographen des 19 Jh. wählten für ihre Dissertation ein geographisches Thema:

Rein, J.: Klima, Boden und Vegetationsverhältnisse Estlands (Rostock 1861),
Krümmel, O.: Die aequatorialen Meeresströmungen des Atlantischen Oceans und das allgemeine System der Meerescirculation (Göttingen 1876),
Kretschmer, K.: Einleitung in die Geschichte der physischen Erdkunde im christlichen Mittelalter (Berlin 1889).

Für den Eintritt ins akademische Lehramt war anfangs keine Habilitation erforderlich. Zeune bot sich bei der Gründung der Berliner Universität als Lehrkraft an. Ritter wurde von seinem Frankfurter Gymnasialamt nach Berlin berufen. Humboldt und Kiepert fanden als Lesende Akademiemitglieder in die Berliner Universität Eingang.Neumann erhielt seine Breslauer Professur während seines Dienstes im Berliner Staatsministerium zugesichert. Richthofen kam als Forschungsreisender nach Berlin und ging nach Sicherung seiner Forschungsergebnisse nach Bonn. Rein verdankte seine Berufung nach Bonn seinem Japan-Aufenthalt im Auftrag des preußischen Handelsministeriums. Kirchhoff wurde auf Grund seiner Lehrtätigkeit an der Berliner Kriegsakademie nach Halle berufen. Bei H. Wagner fiel seine Mitarbeit bei Justus Perthes in Gotha mit ins Gewicht. — Die jüngeren Professoren traten nach ihrer Habilitation ins Lehramt ein. Als sehr junge Dozenten waren es Partsch und Krümmel mit 24 Jahren, Penck mit 25 Jahren. Die meisten Dozenten habilitierten sich bis zum 29. Lebensjahr. Spät traten ins Lehramt Fischer mit 30 Jahren, dem der Krieg von 1870/71 die Habilitation für Geschichte zerschlagen hatte, Drygalski mit 33 Jahren nach seiner Grönland-Expedition, Lehmann mit 36 Jahren infolge Behinderung durch schulische Verpflichtungen und E. Hahn mit 54 Jahren, da ihm seine wirtschaftliche Unabhängigkeit Zeit ließ. — Geographische Themen für Habilitationsschriften gab es wie bei den Dissertationen nur wenige:

Fischer, Th.: Beiträge zur physischen Geographie der Mittelmeerländer, besonders Siziliens (Bonn 1876),

Krümmel, O.: Versuch einer vergleichenden Morphologie der Meeresräume (Göttingen 1879),

Penck, A.: Die Vergletscherung der deutschen Alpen, ihre Ursachen, periodische Wiederkehr und ihr Einfluß auf die Bodengestaltung (München 1882),

Kretschmer, K.: Die Entdeckung Amerika's in ihrer Bedeutung für die Geschichte des Weltbildes (Berlin 1892).

Kennzeichnend für die Personalpolitik der preußischen Hochschulverwaltung ist die Auswahl der Lehrstuhlinhaber nach ihrer Herkunft aus deutschen Landschaften. Zeune war in der kursächsischen Lutherstadt Wittenberg geboren und Ritter in Quedlinburg, dessen freiweltliches Reichsstift seit 1698 unter preußischer Schutzherrschaft stand. Kirchhoff wuchs in Erfurt auf, das ehemals als Freie und Reichsstadt geführt wurde und 1802 an Preußen fiel. Pencks Vater stammte aus Nordhausen, einer freien Reichsstadt, die 1802 zu Preußen kam. Fischers Heimat lag in der Provinz Sachsen, die 1815 Preußen an sich nahm. Zum ernestinischen Sachsen gehörte Gotha, die Geburtsstadt Credners. F. Hahn wurde im askanischen Anhalt geboren. Sechs Dozenten stammten aus Berlin und der Mark Brandenburg: Humboldt, Mendelssohn, Kiepert und Kretschmer sowie Marthe aus dem Fläming und Lehmann aus der Niederlausitz. Weitere sechs Dozenten waren in den preußischen Landesteilen östlich der Oder beheimatet: Schlesier waren Richthofen aus Karlsruhe O. S. und Partsch aus Josephinenhütte im Riesengebirge. Stettin war Müllers Geburtsstadt, und bei Bromberg stand Krümmels Elternhaus. Aus Ostpreußen stammten Hoffmann in Wehlau, Neumann und Drygalski in Königsberg i.Pr. sowie Pencks Vorfahren. Diesen 20 Geographen aus preußischen Landschaften standen 7 Geographen aus nicht-preußischen Bundesstaaten gegenüber. In Hansestädten waren Wappäus und Barth (Hamburg) sowie E. Hahn (Lübeck) beheimatet. Die Mainlinie trennt die Geburtsorte von Rein bei Gießen und von Zöppritz in Darmstadt. Erlangen ist die Geburtsstadt Wagners und Stuttgart die von Sieglin. Aber kein Südwestdeutscher wurde unmittelbar aus seiner Heimat berufen. Der wiederholte Vorschlag, Siegmund Günther aus dem bayerischen Ansbach nach Preußen zu holen, wurde nie verwirklicht.

Als im Oktober 1899 Joseph Partsch in seiner Breslauer Rektoratsrede die geographische Arbeit des 19. Jahrhunderts überschaute, war er für das kommende Jahrhundert froher Zuversicht: „Die Menge regsamer Gelehrten, welche heute auf Deutschlands Hochschulen und an der Spitze bedeutender geographischer Anstalten wirken, giebt durch die Mannigfaltigkeit und feste Selbständigkeit der in ihr vertretenen Geistesrichtungen eine Gewähr, daß ... jeder ihrer Zweige eifriger Pflege und auch jede von außen kommende Anregung verständnißvoller Aufnahme sicher ist."[562]

3.2. DIE BEREITSCHAFT ZUR ÜBERLIEFERUNG IM 20. JAHRHUNDERT

Für das 20. Jahrhundert erhebt sich die Frage nach der Bereitschaft zur Überlieferung wissenschaftsgeschichtlicher Tatsachen aus vergangenen Jahrhunderten. Einen Einblick in die deutschen Verhältnisse gewährt die wissenschaftliche Biographie, die Leben und Werk verstorbener Persönlichkeiten deutscher Abstammung bzw. starken Einflusses auf den deutschen Sprachraum behandelt. Die in der Historischen Kommission der Bayerischen Akademie der Wissenschaften erarbeitete Biographie erschien in ihrer Ausgabe der Jahre 1875 bis 1912 in 56 Bänden als „Allgemeine Deutsche Biographie" (ADB) im Verlag Duncker & Humblot in Leipzig. Ihre derzeitige Neubearbeitung im gleichen Verlag mit dem Sitz in Westberlin erscheint seit 1953 als „Neue Deutsche Biographie" (NDB) und erreichte mit ihrem 13. Bande den Buchstaben „k". Wie weit beide Ausgaben deutsche Geographen auswählten, ergibt die nachstehende Zusammenstellung.

Die NDB übernahm bis Band 13 zehn Namen: F. Hoffmann (Todesjahr 1836), , A. v. Humboldt (1859), H. Barth (1865), J. Fröbel (1893), H. Kiepert (1899), Th. Fischer (1910), O. Krümmel (1912), A. Grund (1914), E. Hahn (1928), R. Lehmann (1942). E. v.- Drygalski (1949). NDB ließ von den bereits in ADB genannten Geographen H. A. Daniel (1871) und E. Kapp (1896) fallen. ADB muß bis auf weiteres noch für folgende Namen eintreten: A. Zeune (1853), C. Ritter (1859), O. Peschel (1875), E. Meinicke (1876), J. E. Wappäus (1879), C. Neumann (1880) und K. Zöppritz (1885). Unter den zahlreichen Geographen, die ADB als noch Lebende *nicht* aufnehmen konnte, sind in die bisherigen Bände der NDB nicht eingerückt: H. Ch. Dreis (1872), A. Kirchhoff (1907), R. Credner (1908), F. Hahn (1917) und K. Kretschmer (1945). Bis zum Erscheinen der nächsten Bände bleiben in ADB und NDB noch ungenannt: J. G. Mendelssohn (1874), F. Müller (1886), F. Marthe (1893), F. v. Richthofen (1905), J. J. Rein (1918), J. Partsch (1925), A. Merz (1925), H. Wagner (1929), W. Sieglin (1935) und A. Penck (1945). Der Abschluß des Lexikons ist nicht vor dem Jahr 2020 zu erwarten.

562 Partsch, J.: Die geographische Arbeit des 19. Jahrhunderts. Breslau 1899. Wiederabdruck in: Joseph Partsch. Aus fünfzig Jahren. Verlorene Schriften. Breslau 1927, S. 35–45 (44).

Die Geographen Österreichs und der Schweiz wurden unterdessen in eigene biographische Werke aufgenommen:
Historisch-biographisches Lexikon der Schweiz. Neuenburg i. Schweiz 1921–1934.
Neue Österreichische Biographie 1815–1918. Abt. I: Biographien. Wien 1923–1935, Abt. II: Bibliographie. Wien 1925.
Osterreichisches Geographisches Lexikon, hrsg. von der Österreichischen Akademie der Wissenschaften. Graz. Köln 1957 ff.

Unter den Kartographen bleibt die Auswahl der Namen noch immer durch das Vorurteil ihrer ausschließlich technischen Leistung beschränkt. Von 16 wissenschaftlichen Kartographen nennt NDB bisher nur H. Lange (1893) und H. Hartl (1903), während ADB ergänzend hinzufügt: A. Stieler (1836), G. D. Reymann (1837), D. F. Sotzmann (1840), C. W. v. Oesfeld (1843). A. Petermann (1878), K. v. Spruner (1892) und C. Vogel (1897). Von den Kartographen, die in ADB nicht vertreten sein können, ließ NDB fallen: W. H. Dufour (1875), B. Hassenstein (1902), R. Kiepert (1915), M. Groll (1916) und H. Haack (1966). — Noch weniger wurden die kartographischen Verlagsanstalten berücksichtigt. NDB nennt Kümmerly & Frey (gegr. 1884) und übergeht den von ADB erwähnten Verlag C. Flemming (gegr. 1833). ADB bringt noch die Verlage J. Perthes (1785), Velhagen & Klasing (1835) und D. Reimer (1845).

Über ADB und NDB hinaus reichen die biographischen Nachrichten in den Fachhandbüchern der Geographie. Ewald Banse gab 1923 im Verlag Georg Westermann in Braunschweig ein „Lexikon der Geographie" in 2 Bänden heraus, das 1933 in 2. Auflage erschien. Im gleichen Verlag folgte in den Jahren 1968–1972 „Westermanns Lexikon der Geographie" in 4 Bänden mit Registerband.

In Banse wie Westermann werden folgende Geographen genannt: A. v. Humboldt, C. Ritter, H. Barth, H. A. Daniel, O. Peschel, J. E. Wappäus, C. Neumann, H. Kiepert, F. v. Richthofen, A. Kirchhoff, R. Credner, Th. Fischer, O. Krümmel, F. Hahn, J. J. Rein, J. Partsch, A. Merz, E. Hahn, H. Wagner, R. Lehmann, A. Penck, K. Kretschmer und E. v. Drygalski. Banse fügte vier weitere Namen hinzu: K. Zöppritz, E. Kapp, A. Grund und W. Sieglin, während Westermann nur A. Zeune aufführt. Unerwähnt blieben in beiden Nachschlagewerken F. Hoffmann, der erst in der vorliegenden Abhandlung als Physischer Geograph eingeführt wird, und H. Ch. Dreis, G. B. Mendelssohn, C. E. Meinicke, F. Müller, J. Fröbel und F. Marthe.

Von den 16 wissenschaftlichen Kartographen nennen Banse wie Westermann: A. Stieler, E. v. Sydow, K. v. Spruner, C. Vogel, E. Ravenstein und R. Kiepert. Banse fügt noch vier Namen hinzu: W. H. Dufour, B. Hassenstein, M. Groll und H. Haack, während Westermann schweigt. Unerwähnt blieben beiderseits: G. D. Reymann, D. F. Sotzmann. C. W. v. Oesfeld, H. Lange, R. Lüddecke und H. Hartl. — Von den 8 kartographischen Verlagsanstalten nennen beide Lexika J. Perthes und Wagner & Debes. Banse führt noch L. Friederichsen und Westermann Kümmerly & Frey an.

Bei der zunehmenden Anteilnahme des gesamten Volkes an der Entwicklung des wissenschaftlichen Lebens erreichen die für einen weiten Leserkreis bestimmten Nachschlagebücher der großen Verlagsanstalten steigende Bedeutung. Aber der zunehmende Anspruch neuer Tatsachen schränkt die geschichtlichen Ausführungen der älteren Ausgaben ein und scheidet Vertreter der älteren Generationen aus. „Brockhaus Enzyklopädie in zwanzig Bänden" (Wiesbaden, F. A. Brockhaus. 1966–1976 in 24 Bänden) behält die bürgerliche Einstellung bei. „Meyers Neues Lexikon" (Leipzig, VEB Bibliographisches Institut, 1971–1978 in 18 Bänden) wertet aus der Auffassung des Sozialismus.

Brockhaus belegt 16 Hochschulgeographen mit Biographien: A. Zeune, A. v. Humboldt, C. Ritter, H. Barth, K. Zöppritz, H. Kiepert, F. v. Richthofen, A. Kirchhoff, O. Krümmel, J. J. Rein, J. Partsch, E. Hahn, H. Wagner, A. Penck, K. Kretschmer und E. v. Drygalski. Von den 16 Kartographen werden 8 ausgewählt: A. Stieler, E. v. Sydow, W. H. Dufour, K. v. Spruner, C. Vogel, H. Hartl, R. Kiepert und H. Haack. – Die kartographischen Verlage werden vertreten durch D. Reimer, Wagner & Debes, Kümmerly & Frey sowie Justus Perthes in Darmstadt.

In Meyers Neuem Lexikon sind 8 Hochschulgeographen durch Biographien belegt: A. v. Humboldt, C. Ritter, H. Barth, F. v. Richthofen, J. J. Rein, H. Wagner, A. Penck und E. v. Drygalski. – Von den 16 Kartographen werden 4 überliefert: A. Stieler, E. v. Sydow, W. H. Dufour und H. Haack. – Die 8 kartographischen Verlage vertritt nur Justus Perthes als VEB Hermann Haack. Geographisch-Kartographische Anstalt.

Jede Arbeit gewinnt an Wert, wenn sie sich auf die Kenntnis der Leistungen vorausgegangener Geschlechter gründen kann. Ihre Namen dürfen nicht verklingen.

DOKUMENTE ZUR HOCHSCHULGEOGRAPHIE IN PREUSSEN

Dokument 1
Schreiben August Zeunes an Friedrich Schleiermacher
Berlin 1810 VIII 12
Akte 9, Bd. 4 Bl. 119

Ew. Hochwohlgeboren
habe ich vergeßen, in meinem Schreiben vom Sonnabend, das ich in Dero Haus aufsetzte, mit anzuführen, daß im Fach der *Erdbeschreibung* bei der hier zu errichtenden hohen Schule noch kein Gelehrter berufen ist; ich um so lieber meine Dienste anbiete, da ich schon mehre Winter hier erdkundliche Vorlesungen gehalten, in meiner Vaterstadt Wittenberg akademischer Lehrer in derselben Wissenschaft war u. auch von Sr.Maj. in demselben Fach zum Prüfer bei der Offiziersprüfung berufen worden bin. Mein Handbuch *Gea* scheint Teutschland nicht ungern aufgenommen zu haben, da gerade in der Erdkunde eine neue festere und einfachere Bahn wohl Jedem am Herzen lag. Ich werde nicht ermangeln, Ew. Hochwohlgeb. von der zu Michaelis erscheinenden neuen Auflage, die mit 1 bis 2 Karten noch vermehrt herauskommt, einen Abdruck sogleich ergebenst zu übersenden[563].

Da es mir auf das erweiterte Wirken, und ich kann es nicht läugnen, auf die Ehre, von einer hohen Bildungsanstalt unter der Leitung der weisesten Männer des Staats Antheil zu haben, mehr als auf Geld ankommt, so würde ich mit einer geringern Vergütung gern dieses Fach übernehmen. Schon mit Sr. Exc. Hr. Minister [Wilhelm] v. Humboldt hatte ich darüber gesprochen, u. nur die Unterbrechung seiner Wirksamkeit in diesem Fache hat die Sache verschoben.

Mit tiefster Verehrung Ew. Hochwohlgeboren
unterthänigster Zeune
Berlin 12/8 10.   Gipsgraßweg 11

Dokument 2
Schreiben August Zeunes an Friedrich Schleiermacher
Berlin 1810 VIII 16
Akte 9, Bd. 4 Bl. 136

Ew. Hochwohlgeboren
habe ich die Ehre auf Hochderselben geehrtes Schreiben von gestern zu antworten, daß ich Ihnen gern meine Aufwartung machen werde, wenn Dieselben mir so gütig sein wollten, eine Stunde zu bestimmen, wo ich Sie gewiß treffe.

---

[563] Zeune, A.: Gea. Versuch einer wissenschaftlichen Erdbeschreibung. Berlin 1808, 2. Afl. 1811.

Wegen der heutigen Anzeige wegen Meldung wirklich gewesener akademischer Lehrer bei der neuen hohen Schule, habe ich die Ehre, zu meiner Rechtfertigung meine Einbürgerungsschrift Ew. Hochwohlgeb. gehorsamst zu übersenden. So gewiß ich jetzt den Inhalt der Streitschrift noch schärfer aufstellen würde, so sehr hat doch schon dieser schwache Versuch in meinem geliebten Teutschland damals Beifall gefunden u. ist in den Geogr. Ephemerid. 1803. April, vortheilhaft angezeigt worden[564].

Ich würde wöchentlich zweimal (jede Stunde des Nachmittags von 4—5 Uhr ist mir gleich) eine allgemeine Übersicht der sogenannten natürlichen Erdkunde lesen, und der politischen zwar auch, aber nur kurz und geschichtlich erwähnen, wovon einige Gedanken in der Beschreibung der von mir veranlaßten Erdbälle für Sehende u. Blinde aus Holzteig oder gepreßtem Holz vorkommen, die ich zugleich Ew. Hochwohlgeb. zu überreichen wage[565].

Mit tiefster Verehrung Ew. Hochwohlgeb.
Berlin, 16/8 1810.   unterthänigster Zeune.

Dokument 3
Schreiben des Kriegsministers v. Boyen an Kultusminister v. Altenstein
Berlin 1819 VIII 19
Akte 11, Bd. 6 Bl. 37

Die StudienDirektion der allgemeinen Kriegsschule hat dem KriegsMinisterio angezeigt, daß sich jetzt eine Aussicht zeigt, die vakante Stelle eines Lehrers der Statistik bei dieser Anstalt mit einem anerkannt tüchtigen Manne zu besetzen. Der rühmlich bekannte Verfasser des klassischen Werks: die Erdkunde im Verhältniß zur Natur und zur Geschichte des Menschen, Carl Ritter[566], der als Professor bei dem Gymnasio zu Frankfurt a/M. steht, soll nämlich nicht abgeneigt seyn, seinen dortigen Posten mit einem passenden Lehramte in Berlin zu vertauschen, wenn er eine seinen dortigen Einkünften gleichkommende Besoldung erhält. Jene betragen etwa 800 rth. und mithin das Doppelte des Honorars, auf welches er als Lehrer der allgemeinen Kriegsschule etatsmäßig Anspruch machen kann.

Die gedachte Direction bemerkt indeß hiebei, daß dies kein Hinderniß abgeben werde, da sie gehört habe, daß das Hochlöbliche Ministerium des Kultus und öffentlichen Unterrichts diesen Mann bei der hiesigen Universität anzustellen wünsche und sich nur wegen der Komplettirung seines Gehalts bis zu der Höhe seiner bisheri-

---

564 Zeune, A.: De Historia Geographiae. Pars I: de historia geographiae subjective. Pars II: de historia geographiae objective. Wittenberg 1802. Besprechung in: Allgemeine Geographische Ephemeriden. Weimar 11. 1803, S. 457—462.
565 Druckschrift zu A. Zeunes Blindenglobus von 1 1/2 rhein. Fuß [47 cm] Durchmesser. In: Akte 9, Bd. 4 Bl. 159.
566 Ritter, C.: Die Erdkunde im Verhältniß zur Natur und zur Geschichte des Menschen, oder allgemeine vergleichende Geographie als sichere Grundlage des Studiums und Unterrichts in physikalischen und historischen Wissenschaften. Berlin 1817—1818.

gen Einkünfte Schwierigkeiten fänden. Wenn nun der Wirkungskreis des Professors Ritter in dieser Art erweitert würde, so wäre die Erfüllung der obigen Bedingung möglich und indem ich mich daher beehre Ew. Excellenz von dieser Angelegenheit Kenntniß zu geben, ersuche ich dieselben ganz ergebenst, Sich darüber gegen mich gefälligst äußern zu wollen.
Berlin den 19ten August 1819   Boyen

Dokument 4
Schreiben Carl Ritters an Kultusminister v. Altenstein
Berlin 1832 IV 2
Akte 58, Bl. 11–12
Teildrucke:
Kramer, G.: Carl Ritter. Ein Lebensbild nach seinem handschriftlichen Nachlaß dargestellt. Bd.2.Halle (S.) 1870, S. 66–67.
Schwarz. G.: Die Entwicklung der geographischen Wissenschaft seit dem 18. Jahrhundert. In: Quellensammlung zur Kulturgeschichte, Schrift 5. Berlin 1948, S. 37–38.
Zögner, L.: Ritter in seiner Zeit 1779–1859. Ausstellung der Staatsbibliothek Preußischer Kulturbesitz Berlin, November 1979-Januar 1980. Ausstellungskatalog 11. Berlin 1979, S. 98.

Hochwolgeborner Herr Freiherr! insbesonders Hochgebietender Herr Staats-Minister!
 Die große Huld und weise Fürsorge, welche Ewro Excellenz selbst während der Zeit allgemeinster Bedrängniß nicht nur dem ganzen Staate und so vielen Tausenden zuwandten, sondern zugleich auch jedem Einzelnen, und insbesondre auch einer, wie der Förderung meiner persönlichen Angelegenheiten, und dem Gedeihen der von einer mit Vorliebe betriebenen Wissenschaften. Diese haben mich im Stillen mit Bewunderung und innigster, tiefgefühltester Dankbarkeit gegen Hochdieselben erfüllt.
 Erlauben Ewro Excellenz gnädigst, daß ich nun, wofür mich die äußern Schwierigkeiten und Hemmungen *alle,* welche eine längere Zeit hindurch mir Zeit und Kräfte raubend entgegen traten, auf das glücklichste, durch Dero Hohes Wohlwollen und einsichtsvolle Anerkennung meines redlichen Bestrebens, überwunden sind, diesen meinen Dank mit der tiefsten Ergebenheit und höchsten Verehrung, als schuldige Pflicht gegen Hochdieselben ausspreche, und versichere, daß ich nun vollkommen zufriedengestellt, den mir erneuerten, eigenthümlichen Lehr-Beruf nach bestem Wissen und Gewissen verfolgen kann, mit der festen Zuversicht, daß aus einer richtig verwendeten Gegenwart, die segenreichste Zukunft auch für dieses ganz besondere Verhältniß hervorgehen wird.
 Mein lebhafter Wunsch war es, sogleich meinen pflichtschuldigen Dank mit einem Beweise durch Hochderoselben gnädigen Fürsorge, *wiedererweckten literarischen Thätigkeit* zu begleiten; da indeß der nächste, starke Band der Fortsetzung meines größern critisch-geographischen Werkes, wozu mir nun die Muße zu Theil

geworden, obwol im Druck bedeutend fortgeschritten, doch noch nicht beendigt sein kann: so erlaube ich mir, wenn auch nur als geringere Zeichen des Fortschrittes, beifolgende *kleinere* Arbeiten zu übersenden, deren gnädige Aufnahme mich ungemein erfreuen würde, bis ich im Stande bin, den *ersten* Theil der 2ten Auflage meiner neuen Arbeit über *Asien,* überreichen zu dürfen[567]. Es sind

1) drittes Heft der *Karten von Afrika*[568],
2) Abhandlung über *Alexander des Großen Feldzug am Indischen Kaukasus*[569].
3) ein gelegentliches *Schreiben* polemischen Inhalts, über die *Bearbeitung meiner Erdkunde* und ihre *bisherige Wirksamkeit im Felde der Wissenschaft überhaupt,* aus Berghaus Geogr. Annalen[570].

Ich erlaube mir hierzu auf *zweierlei* Recensionen anderer Art, in hiesigen *Jahrbüchern für Wissenschaftliche Kritik* 1831 Nov. Nr. 83 und 1832 Febr. Nr. 35.36 hinweisen zu dürfen[571], um den *ganzen Umfang* der mir obliegenden, wissenschaftlichen Berufsarbeit nur fernher andeuten zu können. Diesem meine Kraft *ganz* zu widmen ist mir Lust und Freude; aber zugleich bei der Fülle des zu organisirenden Stoffes und bei den noch anderweitigen Berufspflichten, als Docent an doppelten Anstalten. Bei der doch immer einwohnenden *Schwäche des menschlichen Leibes* könnte der größte Eifer, ohne Vorsorge solcher Aufgabe, dennoch gänzlich erliegen, ein Gesichtspunct, auf welchen die große, literarische Anstrengung dieses letzten Jahres Rücksicht zu nehmen mir als heilige Pflicht gebietet.

In dieser Hinsicht wage ich zu Ewro Excellenz mir schon früherhin in dem gnädigen Rescript vom 11. Januar 1830[572] geneigtest ausgesprochenen Zustimmung einer Erleichterung, bei dem Fortschritte meiner geographischen Berufsarbeiten, wenn

---

567 Ritter, C.: Die Erdkunde . . ., Zweite Ausgabe. Teil 2: Asien, Bd. 1: Der Norden und Nordosten von Hochasien. Berlin 1832.
568 Ritter, C. u. F.A. O'Etzel: Handatlas von Afrika in 14 Blatt zur allgemeinen Erdkunde. Berlin 1831.
569 Ritter, C.: Über Alexander des Großen Feldzug am Indischen Kaukasus. In: Abhandlungen der Academie der Wissenschaften zu Berlin auf das Jahr 1829. Historisch-Philologische Abtheilung. Berlin 1832, S. 137–174.
570 Carl Ritters Schreiben an Heinrich Berghaus in Beziehung auf den vorstehenden Aufsatz des Herrn Julius Fröbel. In: Berghaus' Annalen der Erd-, Völker- und Staatenkunde. Berlin 4. 1831, S. 506–520. Diesem Schreiben ging voraus: Fröbel, J.: Einige Blicke auf den jetzigen formellen Zustand der Erdkunde. Ebenda S. 493–506.
571 Jahrbücher für wissenschaftliche Kritik. Stuttgart u. Tübingen 1831, Bd. 2, Nr. 83 u. 84, Sp. 663–664 u. 665–671: Diese Rezension „anderer Art" betrifft v. Felgermanns Besprechung über August Zeune: Gea. Versuch, die Erdkunde sowohl im Land- und Seeboden auf Natur- und Völkerboden zu schildern. 3. Afl. Berlin 1830. Jahrbücher . . . 1832, Bd. 1, Nr. 35 u. 36, Sp. 277–280 u. 281–288: Diese Rezensionen betreffen v. Felgermanns Besprechungen über Carl Ritter: 1) Über geographische Stellung und horizontale Ausbreitung der Erdtheile. Berlin 1829. 2) Bemerkungen über Veranschaulichungsmittel räumlicher Verhältnisse bei graphischen Darstellungen durch Form und Zahl. 1828. Berlin 1831.
572 Schreiben die Kronprinzen Friedrich Wilhelm an v. Altenstein, Berlin 1829 XI 30. Druck in: Stein, Frh.v.: Aus dem Altenstein'schen Cultusministerium. In: Deutsche Revue über das gesamte nationale Leben der Gegenwart. Berlin 7. 1882, Bd. 3 (Juli) S. 8, betr. C. Ritter.

diese den höchsten Grad der Sammlung der Kräfte und der Anstrengung zu neuer Gestaltung der Wissenschaft fordern würden, die Bitte um Vergünstigung, mich nun wirklich, *von jetzt an, wenn es seyn kann,* weil ich in gedrängtester Arbeit stehe, *während einiger Sommer-Semester der Verpflichtung der regel-und vorschriftsmäßigen Vorlesung an der Königlichen Universität zu entbinden.*

Die Winter-Vorlesungen könnten stets ihren Gang ungestört fortgehen, und selbst, wo ein Bedürfniß darnach sich lebhaft aussprechen sollte, erstatten, was im kürzern Sommersemester unterlassen wäre. Diese hohe Vergünstigung ersuche ich ganz ergebenst nach, *Theils* um *Zeit, Kraft* und *innern Zusammenhang* für das große mir nun zur *Hauptaufgabe* gewordene Unternehmen zu gewinnen, denn vita brevis, ars longa, *Theils* um während der *guten Jahreszeit,* die mir notwendige Zeit zu neuen Beobachtungen, Reisen, Sammlungen in der Natur und den verschiedenen Gäuen des deutschen Vaterlandes zu verwenden, *Theils,* wenn es der unausgesetzte Druck meiner Erdkunde, die Geldmittel und andre Umstände es erlauben oder erheischen, zum Behuf der Bearbeitung der *europäisch-geographischen* Verhältnisse — obwohl diese mich schon seit Jahrzehenden ernsthaft beschäftigen — auch noch manche Puncte des mir unbekannt gebliebenen *Auslandes* zu erforschen.

Ewro Excellenz wage ich, um so zuversichtlicher, um die gnädige Zustimmung dieser Vergünstigung ansprechen zu dürfen, da sie zur *Belebung der Universitäts-Vorträge* selbst, auf welche zu meiner Freude nun schon Rußland, Frankreich, England und Holland Rücksicht genommen haben, nicht wenig beitragen wird, und da ich mich, seit meinem ersten Antritt bei hiesiger Universität rühmen darf, niemals eine angekündigte Vorlesung unterlassen oder auch je, nur theilweise unterbrochen zu haben. Die Freude an der Mittheilung hat mich stets, wie auch gegenwärtig, bis zum allerletzten Termin jedes Semesters begleitet; aber *Verjüngung* durch *Anschauung* und *Beobachtung* wird dem Stubengelehrten endlich, und zumal dem *Geographen,* der sich durchaus im Raume bewegen muß, zum höchsten Bedürfniß, wenn er lebendig und frisch einwirken soll in das Wesen der Wissenschaft.

Halten daher Ewro Excellenz diese gehorsamste Bitte, einen nun schon Veteranen in diesem Fache, zu Gute, der HochDero einsichtsvoller und gnädiger Entscheidung mit Hoffnung und Vertrauen ehrfurchtvollster Ergebenheit entgegensieht, ganz unterthänigster

      C. Ritter Prof. p.o. an der Universität und Kriegsschule,
      Mitglied der Academie der Wissenschaften.

Berlin den 2. April 1832.

Dokument 5
Schreiben der Philosophischen Fakultät der Universität Berlin
an Kultusminister v. Bethmann-Hollweg
Berlin 1859 XI 3
Akte 14, Bd. 14 Bl. 351–353

Berlin, den 3.November 1859.

Betrifft die durch Professor Karl Ritter's Tod
erledigte Professur der Geographie

Ew. Excellenz
bittet die unterzeichnete philosophische Fakultät über die Professur der Geographie an unserer Universität das Folgende ehrerbietigst vortragen zu dürfen.

Durch des Professor Karl Ritter's Tod erlitt die Universität einen schweren Verlust. Schöpferisch in der neuen Gestaltung einer umfassenden Wissenschaft gehörte er seit 40 Jahren zu den anregendsten Lehrern der Universität. Seine Wirksamkeit war so groß und eigenthümlich, daß in Deutschland niemand ist, der ihn ersetzen könnte. Es ist indessen Pflicht der Facultät, in ernste Berathung zu ziehen, ob und wie in ihr die entstandene Lücke nach den Umständen am vortheilhaftesten könne gefüllt werden.

In Berlin bieten sich ihr bedeutende Kräfte, welche nach verschiedenen Seiten in Ritter's Sinne thätig sind.

An der Universität lehrt seit dem Winter Semester 1831/32 als Docent und seit dem 10.Januar 1845 als außerordentlicher Professor Dr. Ferdinand Müller, durch seine Werke über den ugrischen Volksstamm (1837.1839) und über die deutschen Stämme und ihre Fürsten oder historische Entwickelung der deutschen Territorialverhältnisse (seit 1840 5 Theile) litterarisch bekannt, ein gründlicher Gelehrter, nicht ohne philosophische Bildung, wie er solche in seiner Schrift (1839) über den Organismus und die Entwickelung der politischen Ideen des Alterthums oder die alte Geschichte vom Standpunkt der Philosophie kund gegeben hat[573]. Die Fakultät berichtete über ihn unter dem 26.October 1841 und 18.Juli 1844.

Ferner ist als Mitglied der Akademie der Wissenschaften Dr. Kiepert, Meister in der Kartographie, durch linguistische und historische Studien für Geographie besonders ausgebildet, bei der Universität thätig. Nachträglich hat er, durch Karl Ritter's Tod veranlaßt, noch in diesem Semester *die* Vorlesung aufgenommen,

---

[573] Müller, F.: Der ugrische Volksstamm oder Untersuchungen über die Ländergebiete am Ural und am Kaukasus in historischer, geographischer und ethnographischer Beziehung. Berlin 1837. 1839. Müller, F.: Die deutschen Stämme und ihre Fürsten oder historische Entwickelung der Territorialverhältnisse Deutschlands im Mittelalter, Berlin 1840–1852, Hamburg u. Gotha 1852. Müller, F.: Über den Organismus und den Entwickelungsgang der politischen Idee im Alterthum oder die alte Geschichte vom Standpunkt der Philosophie. Berlin 1839.

durch welche Karl Ritter einen so allgemeinen Einfluß auf die harmonische Bildung der Studirenden gewann, die allgemeine Geographie.

Endlich lebt gegenwärtig in Berlin Dr. Heinr. Barth, durch die geographischen Entdeckungen auf seiner africanischen Reise an Ruhm hervorragend.

Alle drei Männer haben Seiten in der geographischen Wissenschaft ausgebildet, welche ihnen, wenn es sich darum handelt, an Karl Ritter's Stelle einen Ordinarius in die Facultät zu setzen, Anspruch auf Berücksichtigung geben. Von allen dreien steht aber noch nicht in dem Maße fest, wie es für die Begründung eines Vorschlags nothwendig wäre, ob sie jene Lehrgabe und jene universelle Auffassung besitzen, welche gefordert werden müssen, um sie zu einem vollen Repraesentanten der Geographie zu machen.

Professor Ferdinand Müller, an der Königlichen allgemeinen Kriegsschule als Lehrer geschätzt und dort dem Vernehmen nach gern gehört, hat bis jetzt, so lange Karl Ritter neben ihm lehrte, an der Universität geringe Erfolge gehabt und war seit Jahren gegen seinen Wunsch fast ganz auf Publica beschränkt.

Dr. Kiepert, voll lebendigen Interesses, aber in der Weise seiner Mittheilungen fast hastig, wird erst jetzt Gelegenheit haben, seine Lehrgabe zu erproben, um sich eine größere Wirksamkeit zu erwerben. Bis dahin zu keiner Lehrthätigkeit verpflichtet, hielt er bei seinen vielen litterarischen Beschäftigungen nur nebenbei Vorlesungen. Die unterzeichnete Fakultät hat ihn daher, um ihn an den Universitätsunterricht enger anzuschließen, bereits unter dem 24.Januar d.J. auf Ew. Excellenz hochgeneigte Anregung zu einer außerordentlichen Professur mit angemessenem Gehalt vorzuschlagen sich erlaubt.

Über Dr. Heinr. Barth hat die Fakultät nach seiner Rückkehr aus Africa unter dem 15. November 1855 einen, seine großen Verdienste anerkennenden Bericht erstattet und ihn mit einem seiner ganzen Stellung entsprechenden Gehalt zu einer außerordentlichen Professur vorgeschlagen. Bis jetzt hat er indessen die Lehrthätigkeit, welche er an der Universität vor der zweiten africanischen Reise als Privatdocent auszuüben begonnen hatte, noch nicht wieder aufgenommen, und die Facultät entbehrt in dieser wesentlichen Beziehung eines genügenden Maßstabes durchaus.

Sollte bereits jetzt die Frage zu erörtern sein, ob und wie in der Facultät die Stelle eines Ordinarius der Geographie zu besetzen sei, so würde es nöthig sein, von der streng wissenschaftlichen Seite noch andere Männer ins Auge zu fassen und mit den hier vorhandenen Lehrkräften zu vergleichen, wie z.B. Professor Wappäus in Göttingen und namentlich den Director Dr. Meinicke in Prenzlau, K. Ritter's ältern Schüler, durch seine Schriften: das Festland Australien (2 Th. 1837), die Südseevölker und das Christenthum (1844) und sein Lehrbuch der Geographie (1839)[574] in der Wissenschaft bewährt, der in früheren Jahren, wenn wir nicht irren, seine Wirksamkeit im preußischen Vaterlande einem Rufe an die Kaiserliche Akademie in St. Petersburg vorzog.

574 Meinicke, C.E.: Das Festland Australien, eine geographische Monographie. Nach den Quellen dargestellt. Prenzlau 1837. Meinicke, C.E.: Die Südseevölker und das Christenthum, eine ethnographische Untersuchung. Prenzlau 1844. Meinicke, C.E.: Lehrbuch der Geographie für die oberen Classen höherer Lehranstalten. Prenzlau 1839.

Nach Obigem hält es die Fakultät für gerathener, die Frage für jetzt auszusetzen und wünscht, daß zunächst den genannten Männern, namentlich Dr. Kiepert und Dr. Barth der nöthige Raum für eine Lehrthätigkeit an der Universität gegeben und erst dann über die Besetzung in der Facultät entschieden werde. In diesem Sinne erlaubt sich die unterzeichnete Facultät die Anträge vom 15.November 1855 und 24.Januar d.J. betreffend den Dr. Heinrich Barth und Dr. Kiepert und ihre Ernennung zu außerordentlichen Professoren, ehrerbietigst zu erneuern und bittet schließlich: Ew. Excellenz wollen die Besetzung der ordentlichen Professur im Fache der Geographie hochgeneigtest verschieben und der Facultät gestatten, daß sie sich bis zu geeigneter Zeit ein Gutachten über dieselbe vorbehalte.

Decan und Professoren der philosophischen Facultät an der Königl.
Friedrich-Wilhelms-Universität hierselbst
Trendelenburg
Böckh Bekker Haupt Toelken A. Braun G. Magnus Gerhard G. Rose
Mitscherlich Bopp E. Helwing Dove H. Rose M. Ohm Kummer Encke
v. Raumer Ranke Droysen

Dokument 6
Schreiben Carl Neumanns an Kultusminister v. Mühler
Breslau 1865 III 12
Akte 31, Bd. 4 Bl. 265–266

Hochgebietender Herr Staatsminister!
Hochzuverehrender Herr Minister der geistlichen Angelegenheiten!

Ew. Excellenz hoher Erlaß vom 6.d.M., für den ich meinen gehorsamen Dank abstatte, hat mich klar darüber belehrt, daß ich bei einem Verbleiben in meinem bisherigen Wirkungskreise auf eine Fortdauer meines Gehaltes nicht zu rechnen habe und daß die mir früher in dieser Beziehung ertheilten amtlichen Zusicherungen hinfällig sind.
Da mir hiernach keine Wahl bleibt, ist selbstverständlich, daß ich mich bereit erkläre, Ew. Excellenz Befehle Folge zu leisten und mich auf einen Posten zu begeben, für den ich mich wenig geeignet fühle.
Ich thue es mit sehr schwerem Herzen. In kurzer Frist habe ich hier einen *gesicherten* Wirkungskreis gefunden, – da ich an dieser Universität eine Lücke auszufüllen habe, in die glücklicher Weise meine Kraft genau hineinpaßt. Meine historischen Vorlesungen werden von 30–40, meine geographischen von 20–30 Zuhörern besucht, obwol ich, als Extraordinarius, den Studierenden weder materielle Vortheile zuwenden noch bei dem Examen von Nutzen sein kann; mit großem persönlichen Vertrauen ziehen sie mich bei ihren Privatstudien zu Rath, – selbst da, wo es mir peinlich ist, hinsichtlich ihrer Seminar-Arbeiten, und meine Anzeige,

daß ich im nächsten Semester, freilich nur für einen kleineren Kreis historische Übungen und Disputatorien zu veranstalten beabsichtige, ist mit lebhafter Freude aufgenommen worden.

Zu besonderer Befriedigung mußte es mir gereichen, daß ich in der mir vorzüglich am Herzen liegenden geographischen Wissenschaft schon jetzt, viel früher als ich selbst es erwartet habe, auf ein brauchbares Fundament der Wirksamkeit gelangt bin. Während den Vorlesungen der beiden ersten Semester ein gemischter, offenbar nur vorübergehender Zuhörerkreis beiwohnte, haben sich jetzt weit vorwiegend Studirende der Naturwissenschaften dazu eingefunden, die an den Vorträgen ernstlichen Antheil nehmen und die mir schon wiederholt ihr Bedauern darüber ausgedrückt haben, daß sie, lediglich aus Unbekanntschaft mit meiner Methode, den Vorträgen der beiden vorigen Semester fern geblieben sind. Gerade dieser Kreis hat die Nachricht von meiner bevorstehenden Abberufung besonders unangenehm berührt; in ihm ist die seltsame, durch unbefugte Indiscretion in die Öffentlichkeit gelangte Idee entsprungen, den Senat um geeignete Schritte zu Gunsten meines Verbleibens an der hiesigen Universität zu ersuchen, – eine Idee, von deren Ausführung man zu meiner Zufriedenheit Abstand genommen hat, da ich mich mit derartigen auffälligen Schritten nicht befreunden kann.

Bei so befriedigenden Aussichten für eine gedeihliche Thätigkeit auf einem Felde, welches an andern Universitäten theils ganz vernachlässigt theils durch üble Behandlung verdorben ist, dürfte ich mich wol zu der Erwartung für berechtigt halten, daß die Verwaltung der Unterrichtsangelegenheiten mit Freude die Hand dazu bieten werde, den glücklichen Anfang nach Kräften zu fördern, – namentlich durch meine Fixirung an der hiesigen Universität als Ordinarius und durch eine Verbesserung meiner materiellen Lage, damit ich die nicht unerheblichen Ausgaben für das hier gänzlich mangelnde und doch unerläßliche Unterrichtsmaterial, Wand- und Spezialkarten u.dgl., zu bestreiten im Stande sei. Wenn ich dem hohen Ministerium in dieser Beziehung nicht mit Gesuchen beschwerlich gefallen bin, vielmehr die für meine Lehrzwecke erforderlichen Ausgaben, weit über die Mittel meines Budgets hinaus, persönlich übernommen habe, so geschah dies in der bescheidenen Erwartung, daß die mir schon vor mehr als Jahresfrist ertheilte Zuversicherung, das hohe Ministerium sei mit meiner Fixirung in Breslau beschäftigt, bald in Erfüllung gehen und daß ich bei einer Verbesserung meiner Lage auch wohl persönlich im Stande sein würde, die außergewöhnlichen Ausgaben der ersten Zeit allmählich zu decken. Am Wenigsten konnte ich darauf gefaßt sein, daß die Königliche Staatsregierung beabsichtigen könnte, meine in guter Entwicklung begriffene Wirksamkeit plötzlich zu unterbrechen und mich an einen Ort zu versetzen, welcher bei der kaum nennenswerthen Zahl derer, die sich an ihm mit Naturwissenschaften beschäftigen, für die Pflege der geographischen Wissenschaft unter allen preußischen Universitäten zweifelsohne die allerkümmerlichsten Aussichten darbietet.

Niedergebeugt durch diesen unerwarteten Schlag, dachte ich zunächst daran, Ew. Excellenz einfach um Zurücknahme dieser Entscheidung zu bitten. Aber nach den Belehrungen, die ich aus dem hohen Erlaß vom 6.d.M. schöpfe, kann ich nur nicht verhelen, daß ich gegen mich unverantwortlich leichtsinnig handeln würde, wenn ich, trotz aller dieser Erfahrungen, unter den bisherigen Bedingungen in meiner gegenwärtigen Stellung verbliebe. *Nach* jenem Erlaß könnte nur eine sofortige Fixirung derselben und zwar unter Bedingungen, bei denen ich mich nicht auf Ew. Excellenz fernere Güte verwiesen sähe, mir selbst eine genügende persönliche Sicherstellung, den hiesigen Studirenden die Überzeugung gewähren, daß sie mich an dieser Universität nicht als einen Zugvogel zu betrachten hätten, sondern daß sie die von ihnen begonnenen geographischen Studien auch unter meiner Leitung würden fortsetzen können.

Sollten Ew. Excellenz die hier berührten Umstände einer Berücksichtigung nicht für werth halten und bei meiner Versetzung nach Greifswald beharren, so würde mir zunächst obliegen, Ew. Excellenz für die hochgeneigte Zusicherung, bei der Besetzung der außerordentlichen Professur der Geschichte in Greifswald die Wahl auf einen Gelehrten lenken zu wollen, welcher als Docent die Fächer der mittleren und neueren Geschichte vertritt, meinen gehorsamsten Dank auszusprechen. Sie eröffnet mir die beruhigende Aussicht, daß von den allerdings zahllosen Unzuträglichkeiten, die von meiner Verwendung an einer Universität mit nur *einem* Ordinariat für Geschichtswissenschaften unzertrennlich sind, wenigstens ein Theil verwischt werden wird, und daß ich mich nicht genöthigt sehen werde, in schon vorgerückten Jahren auf wissenschaftliche Felder zurückzukehren, die ich bei dem wachsenden Umfang meiner geographischen Studien schon seit vielen Jahren verlassen habe. Es würde mir eventuell sehr erwünscht sein, wenn Ew. Excellenz jene Ernennung möglichst beschleunigen und mir hochgeneigtest gestatten wollten, mit meinem Herrn Collegen hinsichtlich der Prüfungen, der Leitung des historischen Seminars u.dgl. ein den sachlichen Interessen entsprechendes Abkommen zu treffen.

Da ich im Vertrauen auf die mir früher ertheilten Zusicherungen mich hier vollständig häuslich eingerichtet habe, auch in Folge meiner plötzlichen Abberufung meine hiesige Wohnung einstweilen behalten muß, erwachsen mir durch die Übersiedlung unerwartet bedeutende Kosten, zu deren Bestreitung ich in keiner Weise factisch im Stande bin. Mit Rücksicht auf den Umstand, daß ich diese Versetzung nicht beantragt habe, glaube ich überzeugt sein zu dürfen, daß Ew. Excellenz geneigt sein werden, durch Anweisung einer Summe zur Deckung der Kosten des Umzugs und der neuen Einrichtung etwa im Betrage von 250 Thalern mir die Übersiedlung möglich zu machen.

Der ich in tiefster Ehrerbietung verharre, Ew. Excellenz ganz gehorsamster
Prof. Dr. K. Neumann.

Breslau 12.März 1865.

Dokument 7
Brief von Johann Eduard Wappäus an Heinrich Wuttke
Göttingen 1871 IX 12
Akte 116, Brief 1871 IX 12

Göttingen, den 12.September 1871.

Hochgeehrter Herr College,
von einer Reise zurückgekehrt finde ich hier das von Ihnen mir zugesandte Exemplar Ihrer Schrift: Zur Geschichte der Erdkunde[575] vor und beeile ich mich, für dies mir sehr werthvolle Geschenk Ihnen meinen verbindlichsten Dank auszudrücken. Sie haben durch diese Veröffentlichung der geographischen Wissenschaft in der That einen großen Dienst geleistet, denn nur zu wahr ist es, daß die Geschichte der Erdkunde, unerachtet der verdienstvollen Leistungen Lelevel's, Santarem's (dessen Atlas sich übrigens auch auf unserer Universitätsbibliothek befindet und der mir auch nach und nach von Santarem, nachdem ich ihn in Paris in seinen Arbeiten kennen gelernt hatte, auf das Zuvorkommendste mitgetheilt worden), Jomard's, Humboldt's sich noch immer in Anfängen befindet (wenn auch Peschel dies vielleicht etwas übel nimmt), und hat es mich besonders gefreut, daß Sie in dieser Zeit der allgemeinen deutschen Selbstüberschätzung und Selbstberäucherung es ausgesprochen haben, daß wir in Deutschland noch viel von den Franzosen lernen können und das richtiger Kenntniß Gewinnung für die Menschheit von höherer Wichtigkeit gewesen, als die Gründung oder Umstoßung von großen und kleinen Reichen. Nach der Kenntniß, welche ich von der geographischen Bildung in Deutschland und Frankreich mir erworben habe, möchte ich sogar behaupten, daß wir Deutsche darin vor den Franzosen, deren geographische Ignoranz bar und sprichwörtlich geworden oder vielmehr künstlich zu einem politischen Glaubensartikel gemacht ist, wenig oder garnichts voraus haben und daß wir den Franzosen darin wahrscheinlich noch näher stehen würden, wenn Carl Ritter nicht außer Professor an der Universität auch Professor an der Kriegsschule in Berlin gewesen wäre. Denn dadurch sind zwar Arbeiten und Lehren für die militärische Bildung in Preußen einigermaßen erhalten und eifrig verwerthet worden, während dieselben für die gelehrte Bildung in Deutschland und als allgemeines pädagogisches Element so gut wie ganz verloren gegangen sind. Dies hat Carl Ritter selbst in den letzten Jahren seines Lebens mir wiederholt mündlich ausgesprochen und ich selbst habe das in wahrhaft erschreckender Weise bestätigt gefunden, seitdem ich hier [seit 1866] als außerordentliches Mitglied der Königlich preußischen wissenschaftlichen Prüfungscommission diejenigen Candidaten des höheren Schulamts, welche eigens die facultas docendi in Geschichte und Geographie für die oberen Klassen der Gymnasien etc. beanspruchen in der Erdkunde zu examiniren habe. Ich habe darunter eigentlich noch keinen einzigen gefunden, der einen klaren Begriff von

---

575 Wuttke, H.: Zur Geschichte der Erdkunde in der letzten Hälfte des Mittelalters. Die Karten der seefahrenden Völker Südeuropas bis zum ersten Druck der Erdbeschreibung des Ptolemäus. In: Jahresbericht des Vereins für Erdkunde zu Dresden, Hefte 6 u. 7. Dresden 1870.

der geographischen Auffassung Humboldts und Ritters und auch nicht diejenige Kenntniß von der Existenz der grundlegenden Arbeiten dieser beiden Männer gehabt hätte um annehmen zu können, daß er erforderlichenfalls wissen werde, woher er für den Unterricht in der Erdkunde die erste Instruction sich zu holen habe. Dagegen sind mir mehrere vorgekommen welche selbst die gewöhnlichste geographische Kunst, welche eigentlich schon jeder aufmerksame Zeitungsleser sich erwerben kann und wie sie selbst in den besseren Volksschulen gelehrt werden, völlig abging und die in den geographischen Begriffen eine Confusion zeigten, die man erfahren haben muß, um sie für möglich zu halten. Darnach muß der geographische Unterricht auf unseren Gymnasien durch die Bank wirklich unter aller Kritik seyn, und wenn man bedenkt, daß dieser Art Leuten später der geographische Unterricht auf den höheren Schulen anvertraut wird, so muß man auch die Hoffnung auf ein Besserwerden aufgeben, denn ein Unterricht von solchen Lehrern kann den Schülern nur den Geschmack an der Erdkunde gründlich und namentlich für die Universitätszeit vollständig verderben. Ohne Zweifel fällt die Hauptschuld an diesem Übelstande auf unsere Regierungen, die trotz gelegentlicher schöner Phrasen über die Wichtigkeit geographischer Studien und trotz vieler officieller Complimente für Carl Ritter und Al.v.Humboldt bis jetzt doch nichts dafür gethan haben, ein wirkliches Studium der Erdkunde zu fördern oder auch nur zu ermöglichen. Wie die so vielbeschriene Statistik, so ist auch die Erdkunde noch immer nicht als berechtigte und ebenbürtige akademische Disciplin anerkannt (ist doch nicht einmal in Berlin die Professur Ritters wieder besetzt worden) und fehlt es auch noch allen unsern Universitäten an den sonstigen Hülfsmitteln für das Studium der Erdkunde und namentlich an öffentlichen Kartensammlungen, die den Studirenden so zur Benutzung offen stehen wie die Universitätsbibliotheken. Es wird Ihnen vielleicht bekannt seyn, daß die Errichtung von solchen öffentlichen akademischen Kartensammlungen zur Förderung der geographischen Studien auf Universitäten eine Lieblingsidee Carl Ritters in seinen letzten Lebensjahren war und daß sein Wunsch auch in so fern erfüllt wurde, daß der König Friedrich Wilhelm IV. die berühmte Kartensammlung des Generals v. Scharnhorst in Berlin ankaufte um als Grundlage für eine solche akademische Kartensammlung zu dienen. Leider ist aber dieser Plan ganz unausgeführt geblieben, da sowohl Ritter wie sein hoher Gönner darüber wegstarben, ehe die nothwendigen Fonds für die Aufstellung der Sammlung, für weitere Anschaffungen und für die Besoldung von Conservatoren und sonstigen Beamten für das Institut herbeigeschafft waren und wenn ich nicht irre, so liegt gegenwärtig diese schöne Kartensammlung noch unausgepackt ganz unbenutzbar da[576]. Ob der neue deutsche Kaiser jetzt wohl die Metropole des

---

576 Während die aus den Befreiungskriegen von 1813/15 heimgekehrten Generale mit großen Landgütern bedacht worden waren, zahlte bei Gerhard v. Scharnhorst, der 1813 in Prag seinen Wunden erlegen war, der preußische Staat den Hinterbliebenen 1856 die Summe von 30 000 Talern gegen die Überlassung der Kartensammlung Wilhelm v. Scharnhorsts. Die Karten wurden nach kurzer Lagerung im Schloß Monbijou nach Schloß Bellevue überführt. Als die Hofverwaltung 1859 das Schloß beanspruchte, wurden die Karten in das Gebäude der Königlichen Bibliothek am Opernplatz umgelagert. Dort blieb die Samm-

Reiches mit einem solchen Institute ausstatten wird! Ich zweifle sehr daran, wenn es nicht etwa in genauestem Zusammenhang mit militaerischen Zwecken zu bringen ist und fürchte, daß diejenigen, welche sich wirklich dem Studium der wissenschaftlichen Erdkunde widmen wollen, auch fernerhin, wie ich es habe thun müssen, unverhältnißmäßig große Opfer auf die Anschaffung der nothwendigsten Hülfsmittel verwenden müssen, so daß schwerlich viele sich solchen Studien widmen werden, weil es weder auf Universitäten noch auf Gymnasien eigene Lehrstühle für Erdkunde giebt, welche eine Kompensation für die auf solche Studien gewendeten pecuniären Opfer — auch durch Reisen, die unbedingt nothwendig sind — gewähren könnten. Was ist das für ein Zustand[577], nachdem Ritter schon im J. 1858 es für nothwendig erklärt hat, daß auf den Universitäten nicht allein eine Professur für Geographie, sondern schon 4—5 haben müsse, für Europa, Asien, Afrika, Amerika und Australien. — (Vgl. den von mir an Kramer mitgetheilten Brief Ritters an meinen Schwiegervater Hausmann in Kramers „Carl Ritter" II S. 61)[578]. Doch genug von diesem unerquicklichen Thema und vielleicht schon zu viel für einen Brief, der lediglich meinen Dank ausdrücken sollte. Indem ich diesen nochmals wiederhole, und auch noch verspreche, denselben, wenn es meine Zeit irgend erlaubt, auch durch Besprechung Ihrer Arbeit in den Götting. gelehrten Anzeigen[579] zu bethätigen, habe ich die Ehre zu seyn mit vorzüglicher Hochachtung

Ihr ergebenster
Wappäus.

N.S. Haben Sie nicht Lust, einmal einen Nachtrag zu Ihrer vortrefflichen Schrift über die deutschen Zeitschriften etc[580]. oder eine Neubearbeitung derselben zu veröffentlichen? Wenn Sie diesen Gegenstand weiter verfolgt haben, wie zu hoffen, so werden Sie seit 1866 dafür unschätzbares Material gesammelt haben. —
[Randbemerkung:]
Verzeihen Sie gütigst den zuletzt noch fatalerweise entstandenen Dintenfleck, es fehlt mir die Zeit zur Abschrift.

lung als selbständige Institution, bis sie 1861 in die Kartenabteilung der heutigen Deutschen Staatsbibliothek eingereiht wurde.
577 In der Zeit, an die Wappäus denkt, war nach Carl Ritters Tode „die Geographie in den Hörsälen deutscher Universitäten nahezu verstummt" (J. Partsch). In Breslau lehrte seit 1863 Carl Neumann, und in Göttingen trat 1866 Wappäus unter preußische Herrschaft.
578 Kramer, G.: Carl Ritter. Ein Lebensbild nach seinem handschriftlichen Nachlaß dargestellt. Halle 1864. 1870.
579 Eine Besprechung H. Wuttkes ist in den Göttingischen gelehrten Anzeigen nicht vorhanden.
580 Wuttke, H.: Die deutschen Zeitschriften und die Entstehung der öffentlichen Meinung. Ein Beitrag zur Geschichte des Zeitungswesens. Leipzig 1866, 2. Afl. 1875.

Dokument 8
Statut für das Geographische Seminar in Halle
(Entwurf von Alfred Kirchhoff)
Berlin 1885 IX 30
Akte 38, Bd. 1 Bl. 37–38

Entwurf eines Reglements für das geographische Seminar an der Königlichen Universität zu Halle

§ 1 Das geographische Seminar hat den Zweck, die Vorlesungen über Erdkunde in doppelter Weise zu ergänzen 1) durch Anleitung zu eigener Forschung 2) durch praktische Einführung in schulmethodische Methodik.
§ 2 Für die Teilnahme am Seminar ist kein Honorar zu entrichten.
§ 3 Die Zahl der zuzulassenden Mitglieder unterliegt dem Ermessen des Direktors.
§ 4 Die Teilnahme der Studierenden am Seminar ist an keine Semesterzahl bereits zurückgelegten erdkundlichen Studiums gebunden. Ausnahmsweise können auch solche zur Teilnahme zugelassen werden, welche ihre akademische Studien schon vollendet haben. Der Direktor ist befugt, sich von der genügenden Vorbildung der Aspiranten durch eine mündliche oder schriftliche Prüfung zu überzeugen.
§ 5 Die Mitgliedschaft dauert in der Regel höchstens zwei Jahre.
§ 6 Die Beteiligung am Seminar wird wie die an den Vorlesungen in das Abgangszeugnis aufgenommen.
§ 7 Die Seminarübungen sind teils Untersuchungen, Beobachtungen, Aufnahmen im Freien, teils Vorträge, sowohl solche über selbst ausgeführte Untersuchungen als auch schulgeographische.
§ 8 Die Themata zu den Vorträgen werden mit dem Direktor des Seminars vereinbart. Die Vorträge werden schriftlich ausgearbeitet, aber ausnahmslos frei gehalten; in beiderlei Form werden sie vor versammeltem Seminar zensiert.
§ 9 Unfleißige und unwürdige Mitglieder können vom Direktor aus dem Seminar ausgeschlossen werden.
§ 10 Die Dotation des Seminars wird theils zur Beschaffung einer Seminarbibliothek, theils zum Ankauf der nötigen Instrumente und Karten verwendet[581].

---

581 Das Statut wurde von Minister v. Goßler am 30. September 1885 nach Streichung von § 10 in Kraft gesetzt. In: Akte 38, Bd. 1, Bl. 37–38.

Dokument 9
Denkschrift Ferdinand v.Richthofens
an Dienststellen Preußens und des Deutschen Reiches
Berlin 1898 VIII 8
Akte 2, Bl. 74–107

Denkschrift betreffend die Erweiterung des Geographischen Instituts der Universität Berlin zu einer Lehr- und Arbeitsstätte der Geographie in ihren wirtschaftlichen Grundlagen und ihren praktischen Beziehungen.

A. Allgemeine Motive für die Errichtung eines größeren geographischen Instituts in der deutschen Reichshauptstadt; Zweck und Ziel desselben.

Die Geographie als die Wissenschaft von der Erdoberfläche und der mit ihr in ursächlichem Zusammenhang stehenden Erscheinungen hat wie jede andere Wissenschaft manche Wandlung betreffs der Abgrenzung ihrer Aufgaben gehabt. Insbesondere hat sie in der Neuzeit einerseits eine Vertiefung ihrer wissenschaftlichen Grundlagen erfahren, andererseits durch die Erweiterung der Kunde vorher unbekannter Länder, die Erstarkung der kolonialen Interessen und die beispiellose Steigerung des Weltverkehrs eine hohe praktische Bedeutung für das Leben der Völker und die Interessen der Staaten erhalten.

Der Einfluß dieser Ausdehnung des Interessenkreises macht sich besonders im Deutschen Reich geltend. Ist auch hier seit langer Zeit eine wissenschaftliche Erdkunde gepflegt worden, so konnte doch die Förderung der Nachbargebiete, mit denen sie in engsten Beziehungen steht, wie der Geologie, der Meteorologie, der Ethnologie und der Volkswirtschaft, nicht verfehlen ihre Aufgaben zu erweitern und methodisch fester zu begründen. Andererseits wirken die thatsächlichen Berührungen mit fernen Ländern, die koloniale Festsetzung Deutschlands an überseeischen Küsten, der Aufschwung der Kriegsmarine, die Zunahme der Handelsflotte, die Erwerbung einer gefestigten, wirtschaftlichen Stellung in Ostasien, das Bedürfniß nach steter Erweiterung der Verkehrsbeziehungen zwischen dem wachsenden Industriestaat und seinen Absatzgebieten, sowie der berechtigte Wunsch nach zweckmäßiger Ausdehnung des überseeischen Besitzes als mächtige Faktoren, um den Sinn für die Kunde der Erde zu beleben und die Grenzen des Arbeitsgebietes weiter zu rücken.

Es liegt daher im Interesse der Wissenschaft und des Staates, einerseits Kräfte heranzubilden, welche geeignet sind, in den einzelnen Theilen des großen und verzweigten Gebietes streng wissenschaftlich forschend zu wirken und die erworbene Kenntniß durch Lehrthätigkeit zu verbreiten, andererseits eine Centralstelle zu schaffen, wo unter geeigneten und zureichenden Bedingungen geographische Arbeiten von geschulten Kräften ausgeführt und die Materialien nach verschiedenen Gesichtspunkten so angesammelt werden können, daß sie sich jederzeit im Fall des Bedürfnisses zur Information und zur Bearbeitung verwenden lassen.

Es dürfte keinem Zweifel unterliegen, daß Berlin der geeignetste Ort für eine solche Pflegstätte der Geographie ist. Zugleich ist die Verbindung mit der Universität geboten, weil diese allein die Gelegenheit zum Studium der außerhalb des Gebietes der Geographie gelegenen fundamentalen und ergänzenden Wissenschaftszweige und damit zur fortdauernden Heranbildung neuer Kräfte darbietet. Es besteht bereits an der Universität Berlin ein Geographisches Institut in kleinem Maaßstab. Um die anzustrebenden Ziele zu erreichen, ist eine bedeutende Erweiterung desselben erforderlich.

Als solche Ziele sind näher zu bezeichnen:

1. Die Ausbildung von Lehrern der Geographie an höheren Schulen und Hochschulen.
2. Die Ausbildung von Forschern und Forschungsreisenden, welche auf gesicherter wissenschaftlich-geographischer Grundlage theils für die auf Vertiefung und Erweiterung der Kenntniß der Erde gerichteten Aufgaben verwandt zu werden, theils im Dienst des Staates den Ausbau der Kunde seines Besitzes zu fördern geeignet sind.
3. Die Ausbildung von solchen, welche befähigt sind, sich mit der literarischen Verarbeitung des angesammelten geographischen Materials für wissenschaftliche oder praktische Zwecke zu beschäftigen.
4. Die Gewährung der Gelegenheit zu eingehendem Studium für diejenigen, welche als Geologen, Botaniker, Geodäten, Meteorologen, Historiker oder Nationalökonomen der Geographie als einer grundlegenden Wissenschaft bedürfen.
5. Die Darbietung der Mittel zu einer zweckentsprechenden Ausbildung auf geographischem Gebiet für diejenigen Offiziere und Staatsbeamten, welchen durch ihren Beruf im Dienste der Colonien oder als consularische Vertreter oder in der Verwendung der Kriegsmarine oder in anderer Weise Aufgaben zufallen, für deren Lösung die eingehende Kunde fremder Länder und ihrer wirtschaftlichen Verhältnisse erforderlich ist.

Außerdem müßten herangebildeten Gelehrten die Hilfsmittel zur Anfertigung von Arbeiten zur Verfügung gestellt werden können.

Als Mittel zur Erreichung dieser Ziele würden Lehr- und Arbeitssammlungen anzulegen sowie Räumlichkeiten für deren Unterbringung, für Vorlesungen und für die Ausführung von Arbeiten bereit zu stellen sein. Die an der Universität für die Geographie vorhandenen Lehrkräfte würden nach Möglichkeit für das Institut zu verwenden und im Fall des Bedürfnisses zu vermehren sein.

B. Entwicklung der Geographie in Deutschland und ihre heutigen Aufgaben.

Ehe diese Mittel ausführlicher besprochen werden, seien einige Bemerkungen über die Entwicklung der Geographie gestattet, um deren gegenwärtigen Standpunkt und heutige Aufgaben zu kennzeichnen.

Der Begründer der heutigen Geographie ist Alexander v. Humboldt. Was als ihre Aufgabe am Schluß des 19.Jahrhunderts erscheint, hat er an dessen Schwelle erkannt und in dessen ersten Decennien durch sein vielseitiges Schaffen bethätigt; nur müssen sich jetzt Viele, je nach ihrer individuellen Vorbildung, in das Gebiet theilen, welches er noch einheitlich zu beherrschen vermochte. Nicht nur war er der erste, welcher geographische Forschungsreisen in großem Stil ausgeführt hat; er verstand es auch, den Gesammtbereich des Beobachteten unter großen Gesichtspunkten zusammenzufassen wie Wenige vor oder nach ihm. Er erblickte die Grundlage der Kenntniß der Erdräume in der Festlegung und graphischen Wiedergabe ihres plastischen Bildes und führte selbst Ortsbestimmungen, Höhenmessungen und Kartenaufnahmen aus. Diese Kenntniß ergänzte er nach einer Seite durch die Erforschung der Kräfte der Erde, insbesondere der Erdwärme und des Erdmagnetismus, nach der anderen durch Untersuchungen über Klima und Pflanzenverbreitung. Diese grundlegenden Studien führten ihn zur musterhaften Behandlung der ursächlichen Beziehungen des Bodens zum Menschen, sowie einzelner praktischer Gesichtspunkte, welche sich auf Siedlung, Handel und Verkehr beziehen.

Da Humboldt Privatgelehrter war, blieb seine umfassende Behandlung der Geographie ohne Erfolg für die Universitäten. Es bestand für diese Wissenschaft in Deutschland nur *eine* Professur, welche Karl Ritter in Berlin inne hatte. Seine philosophische Denkungsart, sein umfassendes länderkundliches und geschichtliches Wissen, sein tief religiöser Sinn und seine würdevolle Persönlichkeit fesselten die Zuhörer, und seine Werke sind wegen ihrer erschöpfenden Gründlichkeit und ihres philosophischen Gehalts von bleibendem Werth. Aber die Ritter'sche Geographie war methodisch nicht entwicklungsfähig. Trotz vierzigjähriger akademischer Wirksamkeit hatte er, abgesehen von Historikern, nicht einen einzigen Schüler, welcher seine Wissenschaft fortzubilden vermocht hätte. Er blieb eine einsame Größe. Die Verbindung mit der Geschichte aber, die er als großer Meister herbeiführte, ist verhängnißvoll geblieben für die akademische Auffassung der Geographie in Deutschland. Es wurde übersehen, daß die Erdoberfläche ein Objekt naturwissenschaftlicher Betrachtung und Erforschung ist, und nur auf dieser Grundlage die Geographie entwicklungsfähig ist. Die Erdkunde sank zu einer Magd der Geschichte und der klassischen Philologie herab.

So kam es, daß, als nach dem Jahre 1870, nach einer Zeit völligen Brachliegens, Lehrstühle der Geographie an deutschen Universitäten gegründet wurden, keine Geographen für ihre Besetzung zu finden waren. Man wählte dafür meist Historiker und Philologen, die durch ihre Arbeiten eine erdkundliche Neigung bethätigt hatten. Die staatliche Anerkennung aber, welche die Geographie durch ihre Erhebung zu einer akademischen Disciplin erfuhr, hat es herbeigeführt, daß sie sich rasch emporgeschwungen hat, und daß sie nach der Ansicht aller Nachbarnationen Deutschlands gegenwärtig die erste Stelle in ihrer Pflege einnimmt.

Als die neuen akademischen Lehrer den Bestand des Wissens überblickten und zugleich mit ihm die Fülle der Thatsachen und Beobachtungen, welche in der damaligen Zeit der kontinentalen Entdeckungen einströmte, wissenschaftlich zu verarbeiten suchten, entwickelte sich unmerklich, unabsichtlich und ganz von selbst die Humboldt'sche Auffassung als Richtschnur für die moderne Geographie. Die Verbindung mit der Geschichte war nicht mehr Hauptziel, sondern sank zu einem nebensächlichen, wenn auch höchst belehrenden und anregenden Gesichtspunkt der Betrachtung herab. Keiner von den Neuberufenen vermochte sich der Strömung der Zeit zu entziehen. Der Jurist Peschel wandte sich der Morphologie zu; Gerland in Straßburg, früher klassischer Philolog und Ethnograph, ging in das Extrem über, nur der Geophysik eine wissenschaftliche Bedeutung zuzugestehen und Alles, was sich auf den Menschen bezieht, aus der Geographie auszuscheiden. Die Historiker Theobald Fischer in Marburg, Partsch in Breslau, Kirchhoff in Halle, Sievers in Gießen, sowie der Statistiker Hermann Wagner in Göttingen, haben mehr und mehr, zum Theil mit großem Erfolg, die naturwissenschaftliche Vorbildung nachzuholen gesucht, deren frühere Nichterwerbung sie als einen Mangel empfanden.

Wie in Deutschland, so geht auch in anderen Ländern der Zug der Zeit dahin, die Geographie als eine naturwissenschaftliche, auf der Kenntniß der Physik, Chemie und Geologie beruhende Disciplin aufzufassen. Allgemein bricht sich die Erkenntniß Bahn, daß der auf die Organismen und den Menschen bezügliche Oberbau nur auf Grund des ursächlichen Verbandes mit diesem festgefügten Unterbau einer strengeren wissenschaftlichen Behandlung fähig ist.

Der naturwissenschaftliche Grundbau hat sich seit Humboldt's Zeit erweitert. Die Erdmessung hat sich als Geodäsie zu einer besonderen Disciplin entwickelt, deren Ergebnisse der Geograph benutzt, einerseits um kartographische Bilder der Plastik der Erdoberfläche herzustellen. andererseits um auf deren Erkenntniß fußend und mit Zuhilfenahme der Ergebnisse geologischer Forschung, die Geomorphologie zu entwickeln, welche sich mehr und mehr als die vornehmste Grundlage der Geographie herausstellt. Sie hat eine feste Gestaltung erst in der Neuzeit erfahren. Ein außerordentlicher Fortschritt hat durch Verbesserung der Instrumente und die Fülle ziffermäßiger Beobachtungen in der Klimatologie stattgefunden, welche Humboldt begründen half. Die Oceanologie hat erst in den letzten Decennien ihre Ausbildung erhalten, während die Geophysik schon damals eifrig und mit Erfolg betrieben wurde. Von besonderer Wichtigkeit waren die Fortschritte der Geologie, welche in der Paläontologie und Petrographie ihre Sondergebiete hat, aber in manchen auf die Erdoberfläche bezüglichen Problemen in nahe Berührung mit der Geographie tritt.

Der auf diesem Fundament ruhende Oberbau gestaltet sich sehr reichhaltig. Durch ihn tritt die Geographie in Beziehung mit mehreren anderen Disciplinen. Die wichtigsten Gesichtspunkte sind die folgenden:

1. Die Verbreitung von Thieren und Pflanzen, mit denen sich Zoologen und Botaniker auf geographischer Grundlage beschäftigen; ferner die Vertheilung der Vegetationsformationen, also der Wälder verschiedener Art, der Steppen, Wiesen, Savannen, Wüsten u.s.w., welche nur aus ihren geographischen Existenzbedingungen, d.h. ihren Beziehungen zu Boden, Klima, Geschichte der jüngeren Veränderungen und dem Eingreifen des Menschen verstanden werden können.

2. Die Verbreitung der Menschen nach Dichtigkeit in großen und kleinen Gebieten, nach Rassen, Stämmen und Sprachen; bei ihrer Behandlung kommen außer Klima, Boden und Pflanzendecke noch viele Momente in ursächlichen Betracht wie Völker- und Staatengeschichte, Wanderungen, Entwickelung von Cultur und Industrie, Anbau von Nutzpflanzen u.a.

3. Die Vertheilung der Formen der menschlichen Siedlung in ihrer großen Mannigfaltigkeit von Zuständen zwischen nomadischem Umherschweifen und den

Großstädten der Gegenwart; ebenso zwischen Ursprungsländern und colonialen Abzweigungen.
4. Der Verkehr und Güteraustausch zu Wasser und zu Lande. Die Siedlungs- und Verkehrsgeographie, welche auch als Wirtschafts- und Handelgeographie bezeichnet wird, erhält ebenfalls auf der von Humboldt angebahnten naturwissenschaftlichen Grundlage, eine stetig wachsende Bedeutung und strengere systematische Behandlung.

Alle bisher genannten Gebiete bilden zusammen die Allgemeine Geographie. Sie haben die gemeinsame Eigenschaft, daß sie die Thatsachen und Erscheinungen in ihrer Gesamtheit zusammenfassen und der analytischen Behandlung unterwerfen. Methodisch davon verschieden ist die Länderkunde, welche beschreibend vorgeht. Sie kann eine geordnete Registrirung des Thatsächlichen sein; doch geht das Streben in Deutschland jetzt allgemein dahin, auch hier die Betrachtung nach dem Prinzip des Kausalzusammenhanges zu gliedern, indem sie von den invariablen Größen der Erdoberfläche und des Klimas ausgeht, um daran die variablen Größen, insbesondere Alles, was sich auf den Menschen bezieht, in aufsteigender Folge anzureihen.

C. Nationale Verschiedenheit in der Pflege der Geographie. Bezeichnung der Punkte, nach denen sie in Deutschland voran und zurück ist.

Die Behandlung der bezeichneten Aufgaben ist verschieden, nicht nur nach Individuen und Schulen, sondern auch nach Nationen. Es ist nützlich, sich über die besonders in letzterer Hinsicht obwaltenden Unterschiede klar zu werden, da sich daraus ergibt, nach welchen Richtungen wir hinter dem Ausland zurückstehen.

Nach einer in den Nachbarstaaten verbreiteten Ansicht nimmt, wie bereits bemerkt, Deutschland seit längerer Zeit die leitende Stellung in der Pflege der Geographie ein. Zu dieser günstigen Meinung hat nicht wenig die bei den Kriegen hervorgetretene ausgezeichnete Schulung deutscher Offiziere in der Geländekenntniß und im praktischen Gebrauch der Landkarte beigetragen. Einen mehr dauernden Anlaß gaben die deutschen kartographischen Institute, besonders die Justus Perthes' sche Anstalt in Gotha, durch ihre technisch und wissenschaftlich hervorragenden Leistungen. Bedeutend war der Einfluß von Petermann, der alle neuen Entdeckungen gewissenhaft registrirte und auf Karten niederlegte. Ein weiteres Motiv gaben später die zahlreichen in Deutschland ausgeführten vorzüglichen Arbeiten auf den Einzelgebieten der Geographie, welche zum Theil der Einführung dieser Wissenschaft unter die akademischen Lehrfächer ihr Dasein verdanken. Es wurde im Ausland nicht beobachtet, daß der geographische Unterricht an den Gymnasien, mit wenigen Ausnahmen, noch immer eine sehr untergeordnete Stellung einnimmt, und allgemeine geographische Bildung in Deutschland wenig verbreitet ist. Wie bei manchen anderen Fächern, beruht auch in diesem Fall Deutschlands Führung mehr in der intensiven und gründlichen Arbeit einzelner Individuen, welche dem Gegenstand besonderes Studium zuwenden, als in der extensiven Verbreitung wirklicher Kenntniss und in deren Nutzbarmachung für die Allgemeinheit.

In England sind praktische Gesichtspunkte leitend. An den Universitäten ist die Geographie schwach vertreten und ihre theoretischen Gebiete werden wenig betrieben, wenn auch einzelne Gelehrte Bedeutendes geleistet haben. Hervorragend sind die britischen Verdienste um die Meereskunde, selbst über die praktischen Bedürfnisse der Schiffahrt hinaus. Verbreitet ist das Interesse für Länderkunde. Zum Zweck ihrer Erweiterung werden Reisende im Gebrauch von Messungs-Instrumenten gut unterwiesen; aber es fehlt ihnen in der Regel die wissenschaftlich- geographische Vorbildung und der Sinn für tiefere Beobachtung. Unter den Ländern verlegt man sich in erster Linie auf die auswärtigen britischen Besitzungen und Handelsgebiete. Da aber diese auf alle Continente verteilt sind, so laufen Reiseberichte aus den verschiedensten Regionen der Erde in sehr großer Zahl ein. Sie werden viel gelesen, und es ist daher eine Kenntniß der Beschaffenheit und Produktionsfähigkeit der für England wichtigen Ländern und ein Verständniß für ihre politischen und territorialen Verhältnisse verbreitet. Darüber hinaus ist die Kunde meist mangelhaft, und es herrscht unter englischen Geographen die Überzeugung, daß man dort, besonders im Vergleich mit Deutschland, zurückgeblieben ist.

Frankreich hat seit 1880 einen bedeutenden Anlauf in der Pflege der Geographie genommen und sucht, zum Theil durch Nachahmung deutscher Arbeitsmethode, den leitenden Standpunkt wieder zu gewinnen, den es im 18.Jahrhundert eingenommen hat. An höheren Schulen wird Geographie gelehrt, und an den Pariser Hochschulen allein bestehen für sie sechs Ordinariate. Vorzügliche Arbeiten auf wissenschaftlich-geographischem Gebiet sind in neuerer Zeit angefertigt worden. Die Länderkunde wird gepflegt und ist populär. Frankreich besitzt weitaus die besten und vollständigsten geographischen Lexica, welche auch für Deutschland die einzigen ausreichenden Nachschlagewerke dieser Art sind. Gut ausgebildete Forschungsreisende werden freigebig vom Staat unterstützt und haben höchst erfolgreiche Expeditionen ausgeführt.

Eine Vergleichung der drei Staaten fällt dabei nicht durchaus zum Vortheil von Deutschland aus, insbesondere wenn man den Betrieb der Länderkunde nach dem Gesichtspunkt ihrer praktischen Nutzbarmachung für den Staat beurtheilt. Es hat in diesem Zweig der Geographie bei uns von dem Zeitpunkt der Entdeckungen an bis in die Neuzeit stets ein ideales, unegoistisches, der Sache selbst geltendes Interesse gewaltet, welches alle Länder der Erde gleichmäßig umfaßte und sich dem fernen Ausland vielfach lieber zuwandte als der engeren Heimath. Diejenigen, welche ihre Studien, sei es selbst forschend, sei es literarisch verarbeitend, diesem Gebiete zuwandten, waren und sind bestrebt, die Kunde aller Länder wissenschaftlich zu erfassen, während Engländer und Franzosen, und in noch weit höherem Grad Russen, ihr Interesse weitaus vorwaltend den von ihnen beherrschten oder begehrten Ländern angedeihen ließen und in erster Linie die Kenntniß ihrer topographischen, politischen und wirtschaftlich nutzbaren Verhältnisse erstrebten.

Dies hat sich geändert, seitdem Deutschland sich, wie es bei jenen Mächten seit langer Zeit der Fall ist, eines kolonialen Besitzes erfreut. Aber man verfiel in das entgegengesetzte Extrem, nun die Arbeit der geographischen Forschung den Schutzgebieten fast ausschließlich zuzuwenden und sie auch dort, wo politische Grenzen noch nicht gezogen waren, nur wenig über den Bereich der unmittelbar und leicht zugänglichen Küstengebiete hinaus auszudehnen. Wissenschaftliche Reisende für andere Länder, die früher zahlreich waren, giebt es seitdem nur wenige. Hat sich schon in dieser Hinsicht Deutschland seit 1884 [Kongo-Konferenz in Berlin] von Frankreich und England überflügeln lassen, so ist die gedachte räumliche Beschränkung innerhalb des Colonialbesitzes verhängnißvoll gewesen. Denn indem jene anderen Nationen den Begriff wirtschaftlicher Interessensphären von höherem Gesichtspunkt erfaßten, gewannen sie vor Deutschland einen bedeutenden Vorsprung durch vorbereitende Auskundschaftung des fernen Hinterlandes und Erwerbung umfassender praktisch-geographischer Kenntniß darüber, welche Deutschland abging. Dieser Gegensatz hat sich bei der Vertheilung Afrikas unter die europäischen Staaten und bei der politischen und wirthschaftlichen Besitznahme von ostasiatischen Ländern in empfindlicher Weise fühlbar gemacht. Betreffs beider Regionen sind England und Frankreich Sieger in der Conkurrenz gewesen, ganz abgesehen von Rußland, welches sich gänzlich auf die Erforschung seiner gewaltigen Interessensphäre beschränkt, darin aber Erstaunliches leistet. Aus den genannten Umständen allein ist die Benachtheiligung Deutschlands bei den Grenzregulierungen afrikanischer Besitzungen einerseits and die fast übergroße Ausdehnung des französischen Colonialbesitzes in Afrika und Hinterindien andererseits herzuleiten, ebenso die Thatsache, daß England im Hinterland des deutschen Kiautschou gigantische Concessionen erlangen konnte, und zwar auf Grund eingehenden Studiums deutscher, in Deutschland selbst nicht beachteter Forschungsarbeit.

Es sei gestattet, noch auf eine andere Seite dieses Gegensatzes hinzuweisen. Unter den Quellen, welche in der Regel benutzt werden, um zuverlässige Belehrung über die wirtschaftlich-geographischen Verhältnisse überseeischer Länder zu erlangen, stehen mit in vorderster Linie die Berichte der Consuln, welche in diesen Ländern angestellt sind. Es ist aber eine oft gemachte Erfahrung, daß deutschen Consularberichten selten viel Brauchbares zu entnehmen ist, während man sich fast nie umsonst an die britischen Blue books und manche ähnliche Veröffentlichungen aus andern Ländern wendet. Sie enthalten eine Fülle höchst brauchbarer Nachrichten, welche nicht selten über das rein Statistische und Kaufmännische weit hinausgehen. In Parallele damit steht die von Reisenden berichtete Wahrnehmung, daß die Landeskenntniß des deutschen Kaufmanns an überseeischen Plätzen meist nicht über den Handelsplatz, an dem er lebt, hinausreicht, während es unter den Angehörigen der älteren Handelsmächte in der Regel eine weit größere Zahl solcher giebt, welche bemüht gewesen sind, sich alle erreichbare Kunde über das Land zu verschaffen, zu dem der Handelsplatz gehört.

Es geht hieraus hervor, daß im deutschen Studium der Geographie Lücken vorhanden sind. Denn so berechtigt die Anschauung sein mag, daß in Deutschland der Betrieb der wissenschaftlichen Geographie in mancher Hinsicht über dem in anderen Ländern steht, ist es doch offenbar überall dort im Nachtheil, wo es auf eine weite praktisch-geographische Überschau an den maaßgebenden Stellen ankommt. Es fehlt im entscheidenden Augenblick die Information, welche anderen Nationen zu Gebote steht, und es fehlt der Trieb, sie durch ernstliches Studium, oder, wo es nothwendig wäre, durch besondere vorbereitende Aussendung von Expeditionen zu erwerben; es scheint auch die Erkenntniß nicht allgemein zu sein, daß sie ein nothwendiger Besitz ist, um unter gegebenen Verhältnissen große und dauernde politische oder wirtschaftliche Vortheile zu erwerben.

D. Das gegenwärtige Institut; für die hier bezeichneten Aufgaben und Ziele unzureichend.

Es leuchtet aus den unter B und C gegebenen Erörterungen ein, daß, wenn auch eine rein wissenschaftliche Pflege das vornehmste Ziel des Betriebes der Geographie in Deutschland sein und bleiben muß, es doch als eine wichtige Aufgabe zu betrachten ist, auch den wirtschaftlichen und staatlichen Beziehungen dieser Wissenschaft mehr als bisher gerecht zu werden. Dies ist zwar, insofern es sich um eine allgemeine Diffusion der Kenntniß handelt, wesentlich dadurch zu erreichen, daß dem geographischen Studium eine erhöhte, von der Geschichte losgelöste Stellung an den höheren Lehranstalten eingeräumt und der Unterricht nur von dazu besonders qualifizirten Lehrern bis in die oberen Klassen hinein ertheilt wird, so daß Alle, welche sich später kaufmännischen und technischen Berufszweigen oder dem Staatsdienst widmen, eine Kenntniß der Erde und ihrer Bewohner, ein Verständniß für die umgebende Natur und eine Einsicht in die natürlichen Bedingungen des Verkehrs, sowie des Schauplatzes, auf dem das Leben der Völker und Staaten sich bewegt, in ihre weiteren Studien und ihre Berufsthätigkeit mitnehmen. Aber auch an der Universität sollte eine erhöhte Pflege der Geographie nach ihrer praktischen Seite hin betrieben werden. Und damit ist dem geographischen Institut der Universität Berlin eine der Richtungen angewiesen, nach welcher seine Erweiterung stattzufinden hat. Es ist keineswegs die einzige.

Das gegenwärtige Institut ist für die Verfolgung der Gesammtheit der hier bezeichneten Aufgaben völlig unzureichend. Die jährliche Dotation von 2 300 M wird fast zur Hälfte für äußere Ausgaben, wie Heizung, Beleuchtung, Reinigung u.s.w. verwandt, der Rest dient wesentlich zur Vermehrung der Sammlungen. Dem Institut sind vortreffliche Räume zur Verfügung gestellt. Neben einem Apparat für Vorlesungen befinden sich darin leicht benutzbare Sammlungen von Büchern, Karten, Reliefs und einigen Apparaten, welche den Studierenden Gelegenheit zur Ausführung von Arbeiten geben. Trotz der Kleinheit der Mittel und der geringen Lehrkräfte, welche bis vor Kurzem auf meine Person beschränkt waren, sind immerhin einige befriedigende Erfolge zu verzeichnen. Die Abhaltung von Übungen in einem der Räume hat dazu beigetragen, das Institut zu einer geographischen Arbeits-Heimstätte zu gestalten, und seine besseren Mitglieder pflegen, trotz ihrer Zerstreuung über weite Länder, noch nach Jahren eng zusammen zu halten. Da ich es mir stets angelegen sein ließ, die freie Entwicklung eines Jeden, je nach individueller Neigung und Begabung, zu begünstigen, haben die in erfreulicher Anzahl daraus hervorgegangenen tüchtigen jungen Männer nach sehr verschiedenen Richtungen Verwendung gefunden. Abgesehen von Lehrern an höheren Schulen sind eine größere Zahl an Universitäten und technischen Hochschulen des In-und Auslandes als ordentliche und außerordentliche Professoren und Privatdocenten thätig; andere sind an der Königlichen Kriegsakademie, an der Seewarte, an der Geologischen Landesanstalt, am Meteorologischen Institut, am Statistischen Amt oder im Colonialdienst angestellt. Mehrere haben Forschungsreisen von Bedeutung ausgeführt oder sind jetzt damit beschäftigt.

Wenn hieraus hervorgeht, daß auch in kleinen Verhältnissen einige Erfolge erzielt werden konnten, so ist zu hoffen, daß sie bei einem größeren Institut nicht nur bedeutender, sondern auch mannigfaltiger und nutzbringender sein werden. Ein einseitiger Zug im Unterricht und in der Anregung konnte nicht ausbleiben, wo der Director die einzige leitende Kraft des Instituts war und neben sich nur die Hilfskraft eines gering remunerirten Studenten für etwas äußere Arbeit hatte. Vielseitiges Arbeiten, tiefes Eindringen dort, wo die Geographie ihre Wurzel hat, breite Gesichtspunkte dort, wo sie lebensvoll nach oben Berührungen sucht, Nutzbarmachung für die Allgemeinheit, das sind Erfordernisse, denen bisher nur sehr unvollkommen Rechnung getragen worden ist. Und gerade in Berlin, wo die Berührungen so vielfache sind, ist die höchste und weitgehendste Pflege geboten. Die Erweiterung des Instituts oder vielmehr die Schaffung eines großen neuen geographischen Instituts mit Benutzung des bestehenden darf als ein Bedürfniß der Zeit bezeichnet werden.

[Richthofen ließ noch folgende Abschnitte folgen:]
E. Mittel zur Erreichung dieser Ziele.
F. Übersicht der zu beschaffenden Lehr-und Arbeits-Sammlungen.
G. Erforderliche Räumlichkeiten.
H. Kostenanschlag.
I. Personal des Instituts.

Es darf die Erwartung ausgesprochen werden, daß ein nach den Grundsätzen des hier dargelegten Entwurfs organisirtes und dotirtes, in eigenen und zweckentsprechenden Räumlichkeiten untergebrachtes geographisches Institut unter guter und gewissenhafter Leitung von Nutzen für den Staat sein würde, und zwar ebenso durch die Heranbildung von Lehrern, Forschungsreisenden und wissenschaftlichen Arbeitern auf den verschiedenen geographischen und mit der Geographie sich berührenden Gebieten, wie durch die Verbreitung erdkundlichen Wissens in Kreisen, wo es eine praktische Bedeutung für politische und wirthschaftliche Interessen haben kann, und durch die Concentrirung der Ansammlung des auf die Kunde der Erdoberfläche bezüglichen Materials an einem geeigneten Brennpunkt.
Berlin den 8. August 1898.

v Richthofen

Dokument 10
Schreiben der Philosophischen Fakultät der Universität Berlin an
Kultusminister Studt
Berlin, 1905 XI 11
Akte 19, Bd. 15 Bl. 151–156 (Original)
Akte 88, Bl. 235–239 (Konzept)

Euerer Exzellenz
beehrt sich die Fakultät auf die Verfügung vom 30.Oktober 1905 die folgenden Vorschläge für die Wiederbesetzung der durch den Tod Ferdinand v. Richthofens erledigten ordentlichen Professur für Geographie ganz gehorsamst zu unterbreiten.

Maßgebend waren hierbei der Fakultät zwei Tatsachen:

Einmal ist sicher, daß die hervorragende und eigenartige Bedeutung v. Richthofens als physischer Geograph nur dadurch bedingt wurde, daß er von breiter naturwissenschaftlicher Grundlage aus an die Geographie herangetreten ist, daß er dieser naturwissenschaftlichen Richtung bis an sein Lebensende treu geblieben ist, und daß er die Notwendigkeit einer naturwissenschaftlichen Grundlage für die Geographie wieder und immer wieder betont hat.

Zweitens aber liegt die Tatsache vor, daß außer dieser erledigten Professur in der philosophischen Fakultät noch ein zweites Ordinariat für Geographie besteht, dessen Vertreter, um den Wünschen des nicht mathematisch-naturwissenschaftlichen Teils der Fakultät gerecht zu werden, unter denen gewählt wurde, die von der historisch-philosophischen Seite aus an die Geographie herangetreten sind.

Auf solche Weise sind also, was an deutschen Universitäten bisher nur noch in Wien der Fall ist[582], an der Berliner Universität diese beiden Richtungen der Geographie nebeneinander vertreten. Nachdem daher jetzt das Ordinariat naturwissenschaftlicher Grundlage erledigt worden ist, fordern das Interesse des Unterrichtes wie der Wissenschaft, daß die Wiederbesetzung dieses Ordinariats [im Konzept: nur] durch einen Forscher gleicher Grundlage geschehe. Selbstverständlich erscheint hierbei allerdings die Voraussetzung, daß dieser Geograph auch durch seine Beziehungen zur Länderkunde die Gewähr einer tüchtigen Vertretung dieses wichtigen Zweiges der Geographie gebe.

Als durchaus nötig erscheint es, für die Übernahme der erledigten Professur eine noch sehr rüstige Kraft zu gewinnen; denn einerseits die Leitung des geographischen Institutes und des Institutes für Meereskunde, andererseits die vielfachen sonstigen Anforderungen, welche in heutiger Zeit an den Professor der Geographie in Berlin in viel höherem Maße als an die Vertreter anderer Wissenschaften herantreten, erfordern eine vollste Manneskraft. Eine Trennung aber des geographischen Institutes und des Institutes für Meereskunde erscheint, allein schon wegen der räum-

---

582 An der Wiener Universität entstanden 1885 durch die Teilung der Lehrkanzel Friedrich Simonys die Lehrstühle für Physische Geographie (Albrecht Penck) und Historische Geographie (Wilhelm Tomaschek).

lichen Verhältnisse, als kaum möglich, ohne zu den schwersten Unzuträglichkeiten zu führen.

In erster Linie glaubt die Fakultät den ordentlichen Professor der Geographie an der Wiener Universität, Dr. Albrecht Penck, nennen zu müssen. Geboren 1858, war Penck ursprünglich Mitglied der Königlich Sächsischen geologischen Landesanstalt. Er ist also von rein geologischer Grundlage aus an die Geographie herangetreten und hat eine große Reihe von Arbeiten ganz auf dieser Basis ausgeführt. Vor Allem hat ihn das Problem der diluvialen Eiszeit angezogen, so daß zahlreiche, vortreffliche geologische Untersuchungen über die ehemalige Vergletscherung der Alpen, Pyrenäen und anderer Gebiete [im Konzept: Länder] ihm zu verdanken sind. Er hat hierbei für Deutschland und die Alpen zuerst den Standpunkt vertreten, daß diese Vergletscherung auch für diese Länder eine mehrmalige gewesen ist. Bis in die neueste Zeit hinein hat Penck die diluviale Eiszeit behandelt; so noch seit 1901 in seinem mit Brückner zusammen herausgegebenen Werke „Die Alpen im Eiszeitalter"[583].

Im Anschluß an diese Untersuchungen ergab sich denn eine Reihe weiterer geologischer Arbeiten über die Entstehung der Seebecken und Flußtäler, zunächst in Beziehung zu den vereisten Gebieten, später auch losgelöst von diesen.

Die Beschäftigung mit den genannten Oberflächenformen der Erde führte ihn dann zu weiteren Studien auf diesem Gebiete. Als deren Frucht entstand 1894 seine zweibändige „Morphologie der Erdoberfläche"[584]. In geistvoller Darstellung bringt er die verschiedenartigen Formen der Erdoberfläche in Zusammenhang mit ihrer Entstehungsweise und zeigt so, ganz wie v. Richthofen das getan hat, das absolute Abhängigkeitsverhältnis, in welchem dieser Teil der Geographie zur Geologie steht.

Bei der ungewöhnlich fruchtbaren schriftstellerischen Tätigkeit, die Penck entfaltete, hat die Zahl seiner, allerdings vielfach nur kleinen Schriften jetzt bereits die 150 überschritten[585]. Unter diesen sind ganz besonders auch seine Länderkunde von Deutschland, Belgien und den Niederlanden, in denen er geistvolle Werke geschaffen hat, hervorzuheben[586].

---

583 Penck, A. u. E. Brückner: Die Alpen im Eiszeitalter. Leipzig 1901–1909. Bis 1905 erschienen die Lieferungen 1–7 (S. 1–784).
584 Penck, A.: Morphologie der Erdoberfläche. In: Bibliothek Geographischer Handbücher, Bd. 7. Stuttgart 1894.
585 Bis zur Übersiedlung Pencks nach Berlin weist seine Bibliographie 290 Titel auf. Engelmann, G.: Bibliographie Albrecht Penck. In: Wissenschaftliche Veröffentlichungen des Instituts für Länderkunde. Neue Folge 17/18. Leipzig 1960, S. 331–447.
586 Penck, A.: Das Deutsche Reich. In: Länderkunde des Erdteils Europa. Erster Teil, erste Hälfte, S. 115–506. Wien, Prag, Leipzig 1887. Penck, A.: Das Königreich der Niederlande / Das Königreich Belgien / Das Großherzogtum Luxemburg. Ebenda Erster Teil, zweite Hälfte, S. 421–581. Wien, Prag, Leipzig 1889.

Auch über das fließende Wasser und die Meere hat Penck treffliche Darstellungen gegeben[587]. Eigenen oceanographischen Forschungen dagegen hat er fern gestanden, wie er auch eigentliche Entdeckungs-bez.Forschungsreisen in ferne Länder nicht unternommen hat.

Als Lehrer hat Penck eine erfolgreiche Tätigkeit entfaltet und, innerhalb der Grenzen seiner Arbeiten eine große Schule gemacht.

Trotz dieser vielfachen Verdienste Pencks sind jedoch Zweifel laut geworden, ob Penck in die hiesigen, durch die Verbindung zwischen Universität und den zwei Instituten, sowie in noch weiterer Beziehung nicht gerade leichten Verhältnisse hinein passen werde, da er in seinen bisherigen Stellungen wiederholt Differenzen [im Konzept: mit seinen Kollegen] hatte.

In zweiter Linie glaubt die Fakultät den außerordentlichen Professor der Geographie an der Universität Berlin, Dr. Erich v. Drygalski, nennen zu sollen, der 1865 geboren ist.

Gleich dem verstorbenen namhaften Geographen Zöppritz ist v. Drygalski von mathematischer und geophysikalischer Seite aus an die Geographie herangetreten. Gleich seine erste Arbeit über das Geoid zur Eiszeit[588] ist grundlegend für die schwierige Frage der Hebungen und Senkungen geworden, indem er den Meeresspiegel, wie er zur Eiszeit gestaltet gewesen sein mußte, konstruierte und den Betrag seines Ansteigens gegen die großen Eiskappen hin feststellte. Auch noch auf einem zweiten Wege, durch theoretisch physikalische Untersuchungen über die Wärmeschwankungen in der Erdrinde und das Auf-oder Absteigen der Geoïsothermen, hat v. Drygalski dieses Problem zu lösen gesucht. [Im Konzept folgt der Satz: Am geodätischen Institute unternahm er auf Veranlassung von Professor Helmert die Rechnungen für dessen Arbeit über die Schwerkraft im Hochgebirge und für (Amandus) Fischer's Arbeit über Lotabweichungen bei Berlin.]

In den Jahren 1891–1893 führte er seine beiden bekannten Forschungsreisen nach Grönland aus, deren Ergebnisse er in seinem großen Werke „Grönlands Eis und sein Vorland" 1898 veröffentlichte[589]. In diesem vielbenutzten, physikalisch-geographischen Werke hat er seine sorgfältigen Untersuchungen über Wärme, Struktur und Bewegung des Inlandeises niedergelegt. Zwar haben seine, der bisherigen Anschauungsweise entgegengesetzten Ansichten über die Art und Weise der Bewegung des Inlandeises den lebhaften Widerspruch (Sebastian) Finsterwalders

---

587 Penck, A.: Die Donau. In: Schriften des Vereines zur Verbreitung naturwissenschaftlicher Kenntnisse in Wien. 31. 1891, S. 1–101. Penck, A.: Neuere Untersuchungen über das Adriatische Meer. In: Report of the VIII International Geographic Congress held in the United States Washington 1904. Washington 1905, S. 115.

588 Drygalski, E.v.: Die Geoïd – Deformation der Kontinente zur Eiszeit und ihr Zusammenhang mit den Wärmeschwankungen in der Erdrinde. In: Zeitschrift der Gesellschaft für Erdkunde zu Berlin. 22. 1887, S. 169–280.

589 Drygalski, E.v.: Grönlands Eis und sein Vorland. In: Grönland- Expedition der Gesellschaft für Erdkunde zu Berlin 1891–1893, Bd. 1. Berlin 1897. Drygalski, E.v. u. H. Stade: Erdmagnetische, Meteorologische, Astronomische und Geodätische Arbeiten im Umanak-Fjord. Ebenda Bd. 2, Teil II.

und Anderer erregt. Aber Finsterwalders bester Schüler, (Hans) Hess, hat jetzt diese Auffassung Drygalskis voll und ganz zu der seinen gemacht; und die Beobachtungen im antarktischen Eise haben sie aufs neue bestätigt.

Drygalski hat dann weiter als Führer der Deutschen Südpolar-Expedition zunächst eine Reihe neuer Methoden und Instrumente erdacht, welche den Beobachtungen dienten. Die eingehende Bearbeitung des großen Beobachtungsmateriales, welches eine umfangreiche Erweiterung unserer Kenntnisse verspricht, steht noch aus[590]. Drygalski selbst hatte auf der Expedition die oceanographischen Untersuchungen übernommen; und seine bisherigen Berichte haben bereits wertvolle praktische und theoretische Arbeiten über Tiefe, Temperatur, Dichte und Strömungen der Tiefsee, dazu über Ortsbestimmungen, Schwerkraftsmessungen und neue Eisforschungen ergeben. Das bisher nur vermutete Vorhandensein einer gewaltigen langsamen Strömung, die sich auf dem Boden des Oceanes vom antarktischen Gebiete aus bis zum Äquator bewegt, ist durch Drygalskis Forschung nun sicher erwiesen. Von Supan ist sein umfangreiches Buch „Zum Kontinent des eisigen Südens" 1904[591] als ein „Muster wissenschaftlicher Reiseschilderung" erklärt worden.

Schon als Ergebnis seiner Grönlandreisen veröffentlichte v. Drygalski länderkundliche Berichte; und auch diese antarktische Reise zeitigte länderkundliche Schilderungen von Südafrika, den oceanischen Inseln und der Antarktis. An der Universität hat er seit einer Reihe von Jahren Länderkunde von Deutschland, Westeuropa, Afrika, Nord-und Südamerika, Australien und den Polargebieten, sowie über die Geographie der Meere gelesen.

Daß v. Drygalski durch seine eigenen oceanographischen Forschungen zur Leitung des Institutes für Meereskunde ganz besonders geeignet ist, liegt auf der Hand. Auf Pencks Wunsch ist v. Drygalski auch nach Wien gereist, um dort durch einen Vortrag das Interesse an oceanographischen Forschungen zu beleben.

Daß ein so verdienter Forscher wie v. Drygalski bisher [Im Konzept: nur einmal nämlich nach Tübingen als Ordinarius berufen worden ist] noch Extraordinarius in Berlin ist, könnte befremden, erklärt sich aber leicht aus zwei Gründen: Einerseits ist längere Abwesenheit auf Forschungsreisen erschwerend für einen Ruf; andererseits mochte man nach seiner Rückkehr befürchten, er werde, wenn nach auswärts berufen, doch noch lange Zeit seinen Schwerpunkt in Berlin suchen, bis das reiche auf seinen Reisen zusammengetragene Material seine Bearbeitung gefunden habe. In der Tat ist er so für „unabkömmlich" erklärt worden.

Euere Excellenz haben uns [im Konzept: zwar] aufgefordert, noch einen dritten Geographen zu nennen; wir haben demgemäß auch eingehend erwogen, ob unter den eingangs hervorgehobenen Bedingungen etwa Professor Dr. Brückner in Halle und Professor Dr. Philippson in Bern voll geeignet sein könnten, um an dritter Stelle von uns vorgeschlagen zu werden. Aus mehrfachen Gründen glauben wir jedoch das

---

590 Drygalski, E.v. (als Herausgeber): Die Deutsche Südpolar-Expedition 1901–1903. 20 Bde. Berlin 1905–1931.
591 Drygalski, E.v.: Zum Kontinent des eisigen Südens. Berlin 1904.

nicht tun zu können: Bei dem Erstgenannten weil sein Hauptarbeitsgebiet, welches ihn zu seinen „Klimaschwankungen"[592] führte, ausnahmsweise gerade in Berlin, wo ein Ordinarius und ein Extraordinarius für Meteorologie in unserer Fakultät bestehen, nicht die wünschenswerte Ergänzung bringen würde und weil Brückner der Oceanographie nicht so nahe steht. Bei dem Letztgenannten, weil dieser erst zu kurze Zeit akademisch bewährt ist.

Dekan und Professoren.

Berlin, 11. November 1905

Bauschinger, Dekan, Erman, Prodekan
[Das Konzept trägt noch folgende Unterschriften:]
W. Branco Helmert C. Klein v. Bezold
Sieglin D. Schäfer

---

[592] Brückner, E.: Klima-Schwankungen seit 1700 nebst Bemerkungen über die Klimaschwankungen der Diluvialzeit. In: Geographische Abhandlungen, hrsg. von Albrecht Penck in Wien, Bd. 4, Heft 2. Wien u. Olmütz 1890.

QUELLENNACHWEIS

ZENTRALES STAATSARCHIV POTSDAM

Akte 1
Auswärtiges Amt 09. 01, Nr. 32 707: Die technische Studienreise des Dr. Justus Rein nach Japan 1873–1876
Akte 2
Auswärtiges Amt 09. 01. Nr. 37 657: Geographische Werke 1877–1899
Akte 3
Politisches Archiv des Auswärtigen Amtes 09. 02. Spez. 12 492: Deutsche Gesandtschaft China. Deutsche Marinestationen in Ostasien

ZENTRALES STAATSARCHIV, DIENSTSTELLE MERSEBURG

Akte 4
Ehemaliges Geheimes Civil-Cabinet 2. 2. 1. Nr. 13 369: Die asiatischen Staaten (Japan, Persien, China, Siam, Birma) 1862–1902
Akte 5
Ehemaliges Geheimes Civil-Cabinet 2. 2. 1. Nr. 19 606: Forschungsreisender Prof. Dr. Paul Güßfeld 1889–1912
Akte 6
Kultusministerium Rep. 76 I Sekt. 30 Abt. I Nr. 429: Die Korrespondenz mit dem Wirkl. Geh. Rat Freiherrn [Alexander] von Humboldt Exc. über wissenschaftliche und sonstige Gegenstände, Gelehrte und Künstler 1830–1840
Akte 7
Kultusministerium Rep. 76 I Sekt. 30 Abt. I Nr. 439: Anstellung der außerordentlichen Regierungsbevollmächtigten und der Universitätsrichter 1819–1845
Akte 8
Kultusministerium Rep. 76 Va Sekt. 1 Tit. X Nr. 9: Errichtung von Seminarien bei den Königlichen Landes-Universitäten 1861–1902
Akte 9
Kultusministerium Rep- 76 Va Sekt. 2 Tit. I Nr. 2: Einrichtung der Universität zu Berlin 1809–1822
Akte 10
Kultusministerium Rep. 76 Va Sekt. 2 Tit. I Nr. 5: Bericht des Herrn Staats Raths Uhden über die Bereisung mehrer Universitäten Deutschlands im Jahre 1810
Akte 11
Kultusministerium Rep. 76 Va Sekt. 2 Tit. IV Nr. 5: Anstellung und Besoldung der ordentlichen und außerordentlichen Professoren bei der Universität zu Berlin 1810–1832
Akte 12
Kultusministerium Rep. 76 Va Sekt. 2 Tit. IV Nr. 6: Ebenso 1833–1843
Akte 13
Kultusministerium Rep. 76 Va Sekt. 2 Tit. IV Nr. 8: Privatdozenten in der Philosophischen Fakultät der Universität zu Berlin und deren Remuneration 1819–1844
Akte 14
Kultusministerium Rep. 76 Va Sekt. 2 Tit. IV Nr. 47: wie Akte 11 zu Berlin 1843–1886

Akte 15
Kultusministerium Rep. 76 Va Sekt. 2 Tit. IV Nr. 51: wie Akte 13 zu Berlin 1845—1934
Akte 16
Kultusministerium Rep. 76 Va Sekt. 2 Tit. IV Nr. 61: wie Akte 11 zu Berlin 1886—1916
Akte 17
Kultusministerium Rep. 76 Va Sekt. 2 Tit. X Nr. 12: Anschaffung, Aufbewahrung und Benutzung der zu den Vorlesungen auf der hiesigen Universität erforderlichen ... geographischen ... Instrumente ... 1811—1889
Akte 18
Kultusministerium Rep. 76 Va Sekt. 2 Tit. X Nr. 85: Geographische Sammlung (Apparat) bei der Universität zu Berlin 1874—1912
Akte 19
Kultusministerium Rep. 76 Va Sekt. 2 Tit. X Nr. 125: Das geographische Seminar der Universität zu Berlin 1886—1918
Akte 20
Kultusministerium Rep. 76 Va Sekt. 3 Tit. IV Nr. 2: Anstellung und Besoldung der o.u.ao. Professoren bei der Universität zu Bonn 1830—1855
Akte 21
Kultusministerium Rep. 76 Va Sekt. 3 Tit. IV Nr. 4: Die bei der Universität zu Bonn sich habilitirenden Privat-Dozenten und deren Remuneration 1819—1846
Akte 22
Kultusministerium Rep. 76 Va Sekt. 3 Tit. IV Nr. 40: wie Akte 20 zu Bonn 1846—1902
Akte 23
Kultusministerium Rep. 76 Va Sekt. 3 Tit. IV Nr. 45: wie Akte 21 zu Bonn 1847—1933
Akte 24
Kultusministerium Rep. 76 Va Sekt. 3 Tit. X Nr. 72: Die geographische Sammlung (Apparat) bei der Universität Bonn 1874—1936
Akte 25
Kultusministerium Rep. 76 Va Sekt. 4 Tit. IV Nr. 36: Die Anstellung und Besoldung der o.u.ao. Professoren in der Philosophischen Fakultät der Universität zu Breslau 1847—1910
Akte 26
Kultusministerium Rep. 76 Va Sekt. 4 Tit. IV Nr. 41: Die Privat-Dozenten in der Philosophischen Fakultät der Universität zu Breslau und deren Remuneration 1847—1934
Akte 27
Kultusministerium Rep. 76 Va Sekt. 4 Tit. X Nr. 72: Die geographische Sammlung (Apparat) [später: Institut] der Universität zu Breslau 1874—1929
Akte 28
Kultusministerium Rep. 76 Va Sekt. 6 Tit. IV Nr. 1: Die Anstellung und Besoldung der o.u.ao. Professoren bei der Universität zu Göttingen 1866—1934
Akte 29
Kultusministerium Rep. 76 Va Sekt. 6 Tit. IV Nr. 4: Die bei der Universität zu Göttingen sich habilitierenden Privatdozenten und deren Remuneration 1866—1927
Akte 30
Kultusministerium Rep. 76 Va Sekt. 6 Tit. X Nr. 36: Die geographische Sammlung (Apparat) bei der Universität zu Göttingen 1874—1938
Akte 31
Kultusministerium Rep. 76 Va Sekt. 7 Tit. IV Nr. 22: Die Anstellung und Besoldung der o.u.ao. Professoren in der Philosophischen Fakultät der Universität zu Greifswald 1846—1934
Akte 32
Kultusministerium Rep. 76 Va Sekt. 7 Tit. IV Nr. 26: Die bei der Universität zu Greifswald sich habilitierenden Privatdozenten und deren Remuneration 1846—1933

Akte 33
Kultusministerium Rep. 76 Va Sekt. 7 Tit. X Nr. 38: Die geographische Sammlung (Apparat) bei der Universität zu Greifswald 1874–1921
Akte 34
Kultusministerium Rep. 76 Va Sekt. 8 Tit. IV Nr. 1: Anstellung und Besoldung der o.u.ao. Professoren der Universität zu Halle 1815–1831
Akte 35
Kultusministerium Rep. 76 Va Sekt. 8 Tit. IV Nr. 2: ebenso zu Halle 1832–1844
Akte 36
Kultusministerium Rep. 76 Va Sekt. 8 Tit. IV Nr. 34: ebenso zu Halle 1845–1910
Akte 37
Kultusministerium Rep. 76 Va Sekt. 8 Tit. IV Nr. 38: Die bei der Universität zu Halle sich habilitierenden Privatdozenten und deren Remuneration 1845–1934
Akte 38
Kultusministerium Rep. 76 Va Sekt. 8 Tit. X Nr. 46: betr. den geographischen Unterricht und die geographische Sammlung (Apparat) bei der Universität zu Halle 1874–1932
Akte 39
Kultusministerium Rep. 76 Va Sekt. 9 Tit. IV Nr. 1: Anstellung und Besoldung der ao.u.o. Professoren in der Philosophischen Fakultät der Universität zu Kiel 1866–1897
Akte 40
Kultusministerium Rep. 76 Va Sekt. 9 Tit. IV Nr. 2: Die bei der Universität zu Kiel sich habilitierenden Privatdozenten und deren Remuneration 1866–1934
Akte 41
Kultusministerium Rep. 76 Va Sekt. 9 Tit. X Nr. 27: Die geographische Sammlung (Apparat) bei der Universität zu Kiel 1874 [nicht mehr vorhanden]
Akte 42
Kultusministerium Rep. 76 Va Sekt. 11 Tit. IV Nr. 21: Anstellung und Besoldung der ao.u.o. Professoren der philosophischen Fakultät der Universität zu Königsberg 1844–1934
Akte 43
Kultusministerium Rep. 76 Va Sekt. 11 Tit. IV Nr. 25: Die bei der Universität zu Königsberg sich habilitierenden Privatdozenten und deren Remuneration 1844–1934
Akte 44
Kultusministerium Rep. 76 Va Sekt. 11 Tit. X Nr. 43: Die gregraphische Sammlung (Apparat) bei der Universität zu Königsberg 1874–1923
Akte 45
Kultusministerium Rep. 76 Va Sekt. 12 Tit. IV Nr. 2: Anstellung und Besoldung der ao.u.o. Professoren in der Philosophischen Fakultät der Universität zu Marburg 1866–1934
Akte 46
Kultusministerium Rep. 76 Va Sekt. 12 Tit. IV Nr. 3: Die bei der Universität zu Marburg sich habilitierenden Privatdozenten und deren Remunerationen. 1866–1933
Akte 47
Kultusministerium Rep. 76 Va Sekt. 12 Tit. X Nr. 28: Die geographische Sammlung (Apparat) bei der Universität zu Marburg 1874–1924
Akte 48
Kultusministerium Rep. 76 Va Sekt. 13 Tit. IV Nr. 3: Anstellung und Besoldung der o.u.ao. Professoren in der Philosophischen Fakultät der Akademie zu Münster 1875–1934
Akte 49
Kultusministerium Rep. 76 Va Sekt. 13 Tit. IV Nr. 6: Die bei der Akademie [später: Universität] zu Münster sich habilitierenden Privatdozenten und deren Remuneration 1875–1932
Akte 50
Kultusministerium Rep. 76 Va Sekt. 13 Tit. X Nr. 9: Die geographische Sammlung (Apparat) bei der Akademie [später: Universität] zu Münster 1883–1936

Akte 51
Kultusministerium Rep. 76 Vc Sekt. 1 Tit. XI Teil 5 A Nr. 1: Die wissenschaftlichen Reisen und der daraus zu ziehende Nutzen 1810–1934
Akte 52
Kultusministerium Rep. 76 Vc Sekt. 1 Tit. XI Teil 5A Nr. 5: Die wissenschaftlichen Bestrebungen (Reisen etc.) zur Erforschung des Innern von Asien und Afrika 1852–1891
Akte 53
Kultusministerium Rep. 76 Vc Sekt. 1 Tit. XI Teil 5B Nr. 20: Das von dem Geologen Dr.Frh.v. Richthofen in Berlin herausgegebene Werk über seine Reisen in China und Japan 1871–1915
Akte 54
Kultusministerium Rep. 76 Vc Sekt. 3 Tit. XXIII Nr. 5: Professor Berghaus, Lehrer bei der allgemeinen Bau-Schule in Berlin und die von demselben in Potsdam errichtete geographische Kunst-Schule 1830–1870
Akte 55
Kultusministerium Rep. 76 Vd Sekt. 31 Nr. 8: Betr. den Ankauf und die Verwendung der von dem verstorbenen General der Infanterie a.D. [Wilhelm] v. Scharnhorst hinterlassene Karten- und Bücher-Sammlung, das Kartographische Institut bei der Königlichen Bibliothek zu Berlin 1854–1874
Akte 56
Kultusministerium Rep. 76 Vf Lit. H Nr. 20: Prof. Dr. Friedrich Hoffmann, jetzt in Halle und seit Juli 1833 Professor der Philosophie an der Universität zu Berlin 1827–1838
Akte 57
Kultusministerium Rep. 76 Vf Lit. N Nr. 14: Dr. philos. Carl Neumann 1859–1876
Akte 58
Kultusministerium Rep. 76 Vf Lit. R Nr. 9: Dr. und Professor an der Universität und Kriegsschule, auch Mitglied der Akademie der Wissenschaften Carl Ritter 1823–1861
Akte 59
Ministerium des Innern Rep. 77 Tit. 536 Nr. 13: Das Personal der Beamten beim statistischen Bureau . . . sowie die sonst zu statistischen Zwecken bei demselben beschäftigten Personen 1845–1910
Akte 60
Nachlässe Rep. 92: Nachlaß Friedrich Althoff A I Nr. 134: Hermann Wagner
Akte 61
Nachlaß Friedrich Althoff B Nr. 24: Rudolf Credner
Akte 62
Nachlaß Friedrich Althoff B Nr. 40: Theobald Fischer
Akte 63
Nachlaß Friedrich Althoff B Nr. 60: Friedrich Hahn
Akte 64
Nachlaß Friedrich Althoff B Nr. 89: Friedrich Marthe
Akte 65
Nachlaß Friedrich Althoff B Nr. 90: Wilhelm Sieglin
Akte 66
Nachlaß Friedrich Althoff B Nr. 103: Otto Krümmel
Akte 67
Nachlaß Friedrich Althoff B Nr. 108: Karl Lamprecht
Akte 68
Nachlaß Friedrich Althoff B Nr. 110: Richard Lehmann
Akte 69
Nachlaß Friedrich Althoff B Nr. 142: Friedrich Hahn, Joseph Partsch
Akte 70
Nachlaß Friedrich Althoff B Nr. 143: Joseph Partsch, Albrecht Penck

Akte 71
Nachlaß Friedrich Althoff B Nr. 150: Otto Krümmel, Justus Rein
Akte 72
Nachlaß Friedrich Althoff B Nr. 152: Friedrich Hahn, Joseph Partsch, Albrecht Penck, Ferdinand v. Richthofen, Karl Zöppritz
Akte 73
Nachlaß Friedrich Althoff B Nr. 184: Alexander Supan
Akte 74
Nachlaß Friedrich Althoff B Nr. 191: Hermann Wagner
Akte 75
Nachlaß Friedrich Althoff C Nr. 9: Theobald Fischer
Akte 76
Nachlaß Johannes Schulze Nr. 25: Ferdinand Müller

UNIVERSITÄTSARCHIV BERLIN

Akte 77
Philosophische Fakultät Nr. 24: Friedrich Hoffmann
Akte 78
Philosophische Fakultät Nr. 27: Carl Ritters Nachfolge
Akte 79
Philosophische Fakultät Nr. 30: Ferdinand v. Richthofen
Akte 80
Philosophische Fakultät Nr. 1220: Konrad Kretschmer
Akte 81
Philosophische Fakultät Nr. 1222: Erich v. Drygalski
Akte 82
Philosophische Fakultät Nr. 1232: Eduard Hahn
Akte 83
Philosophische Fakultät Nr. 1431: Ferdinand Müller
Akte 84
Philosophische Fakultät Nr. 1455: Heinrich Kiepert
Akte 85
Philosophische Fakultät Nr. 1456: Ferdinand Müller
Akte 86
Philosophische Fakultät Nr. 1461: Ferdinand v. Richthofen
Akte 87
Philosophische Fakultät Nr. 1463: Erich v. Drygalski, Wilhelm Sieglin
Akte 88
Philosophische Fakultät Nr. 1464: Erich v. Drygalski
Akte 89
Philosophische Fakultät Nr. 1466: Carl Ritters Lehrstuhl
Akte 90
Philosophische Fakultät Nr. 1467: Carl Ritters Lehrstuhl
Akte 91
Philosophische Fakultät, Kuratorium H 60: Ernst von Halle
Akte 92
Philosophische Fakultät, Kuratorium S 104: Wilhelm Sieglin

UNIVERSITÄTSARCHIV BONN

Akte 93
Philosophische Fakultät: Personalakte Theobald Fischer
Akte 94
Philosophische Fakultät: Personalakte Georg Benjamin Mendelssohn
Akte 95
Philosophische Fakultät: Personalakte Ferdinand v. Richthofen

UNIVERSITÄTSARCHIV HALLE

Akte 96
Philosophische Fakultät Dekanat Pfaff: Friedrich Hoffmann
Akte 97
Philosophische Fakultät Dekanat Nitzsch: Friedrich Hoffmann

UNIVERSITÄTSARCHIV HEIDELBERG

Akte 98
Philosophische Fakultät: Personalakte Hans Christian Dreis
Akte 99
Philosophische Fakultät: Nachlaß Alfred Hettner

UNIVERSITÄTSARCHIV KIEL
Restbestände im Landesarchiv Schleswig-Holstein in Schleswig

Akte 100
Philosophische Fakultät Abt. 47 I Nr. 163, 2: Gesuch Hans Christian Dreis
Akte 101
Philosophische Fakultät Abt. 47 I Nr. 166, 5: Reisestipendium Hans Christian Dreis

UNIVERSITÄTSARCHIV LEIPZIG

Akte 102
Philosophische Fakultät: Personalakte Ferdinand v. Richthofen

ZENTRALARCHIV DER AKADEMIE DER WISSENSCHAFTEN DER DDR IN BERLIN

Archivabschnitt II: Archivalien seit 1812:

Akte 103
Archivabteilung IIIa: Personalien der ordentlichen Mitglieder

Akte 104
Archivabteilung IIIb: Personalien der auswärtigen, Ehren- und korrespondierenden Mitglieder
Akte 105
Archivabteilung Va: Gesamt-Sitzungs-Protokolle
Akte 106
Archivabteilung Vf: Sitzungsprotokolle der philosophisch-historischen Klasse

Alexander v. Humboldt-Forschungsstelle:
Akte 107
Briefsammlungen: Briefe Alexander v. Humboldts

STAATSBIBLIOTHEK PREUSSISCHER KULTURBESITZ IN [WEST-] BERLIN

Akte 108
Sammlung Darmstaedter in der Handschriftenabteilung

ALTES ARCHIV DER GESELLSCHAFT FÜR ERDKUNDE ZU BERLIN
in Treuhandverwaltung der Deutschen Staatsbibliothek Berlin

Akte 109
Ferdinand v. Richthofen: Sammelmappe Afrikanische Gesellschaft

STAATSARCHIV DRESDEN

Akte 110
Ministerium für Volksbildung Nr. 10 175/1: Die Bearbeitung einer geognostischen Specialkarte von Sachsen, Bd. 1. 1872–1903
Akte 111
Ministerium für Volksbildung Nr. 10 210/16: Die Ersetzung der o. Professuren bei der philosophischen Fakultät zu Leipzig, Bd. 8, 1868–1871
Akte 112
Ministerium für Volksbildung Nr. 10 229: Die Besetzung der Professur für Geographie an der Universität Leipzig 1875–1882
Akte 113
Ministerium für Volksbildung Nr. 10 281/159: Professor Dr. ph. Friedrich Gustav Hahn in Leipzig 1884–1885
Akte 114
Ministerium für Volksbildung Nr. 10 281/203: Professor Dr. Karl Lamprecht 1890–1917
Akte 115
Ministerium für Volksbildung Nr. 10 281/250: Professor Dr. Ferdinand Freiherr von Richthofen in Leipzig 1882–1886

STADTARCHIV DRESDEN

Akte 116
Nachlaß Heinrich Wuttke

HANDSCHRIFTENABTEILUNG DER NIEDERSÄCHSISCHEN STAATS- UND UNIVERSITÄTS BIBLIOTHEK GÖTTINGEN

Akte 117
Cod. hs. Hermann Wagner 40, Briefe von Ferdinand v. Richthofen.

ARCHIV IM ERNST – HAECKEL – HAUS JENA

Akte 118
Briefe Ferdinand v. Richthofens an Ernst Haeckel

ARCHIV DES INSTITUTS FÜR GEOGRAPHIE UND GEOÖKOLOGIE DER AKADEMIE DER WISSENSCHAFTEN DER DDR IN LEIPZIG

Akte 119
Briefsammlung, Kasten 57
Akte 120
Briefsammlung, Kasten 58
Akte 121
Briefsammlung, Kästen 179, 204, 332

STAATSARCHIV POTSDAM

Akte 122
Provinz Brandenburg Rep. 30 Berlin C: Polizeipraesidium Tit. 94 Lit. K Nr. 660: Heinrich Kiepert
Akte 123
Provinz Brandenburg Rep. 37 Gutsarchiv Liebenberg Nr. 395: Briefe Ferdinand v. Richthofens an Graf Fritz zu Eulenburg

AUTORENVERZEICHNIS DER BENUTZTEN LITERATUR

Anm. = Anmerkung Nr.
Dok. = Dokument Nr.

Adickes, E. 1911 Anm. 307
Alberti, E. 1867/68 Anm. 335
Amburger, E. 1950 Anm. 12
Andree, C. 1855 Anm. 149; 1865 Anm. 231
Andree, R. 1875 Anm. 86, 108
Angenheister, G. 1964 Anm. 245
Asen, J. 1955 Anm. 117
Bader, F.J.W. 1978 Anm. 495
Barth, H. 1857/58 Anm. 155
Baschin, O. 1911 Anm. 472; 1819–1898 Anm. 476
Beck, H. 1979 Anm. 28
Behrmann, W. 1954 Anm. 341
Berghaus, H. 1826 Anm. 16
Bergman, T. 1769 Anm. 96
Bernhardt, P. im Druck Anm. 28
Bernleithner, E. 1965 Anm. 411
Bertelsmann, E. 1980 Anm. 448
Biereye, J. 1926 Anm. 247
Biermann, K.-R. 1960 Anm. 12
Böhm, A.v. 1899 Anm. 412
Böhm, W. 1972 Anm. 445
Brandt, M.v. 1901 Anm. 279
Braun, G. 1917 Anm. 445
Breuste, J. im Druck Anm. 28
Brückner, E. 1890 Dok. 10; 1901–1909 Dok. 10; 1915 Anm. 549
Buch, L.v. 1877 Anm. 111
Büttner, M. 1980 Anm. 28
Creutzburg, N. 1949 Anm. 525
Crusius, J. 1969 Anm. 6
Daniel, H.A. 1861 Anm. 85; 1862 Anm. 85; 1863 Anm. 85
Dechen, H.v. 1837 Anm. 93
Defant, A. 1933 Anm. 272
Dejung, E. 1944 Anm. 43
Diener, C. 1908 Anm. 408
Dinse, P. 1894 Anm. 476
Dietrich, B. 1921 Anm. 384
Dilthey, W. 1894 Anm. 8
Dörries, H. 1939 Anm. 341
Drygalski, E.v. 1887 Dok. 10; 1897 Anm. 476, Dok. 10; 1904 Dok. 10; 1905–1931 Dok. 10; 1906 Anm. 272; 1924 Anm. 395; 1933 Anm. 272, 274; 1949 Anm. 525; 1953 Anm. 243
Dunken, G. 1960 Anm. 12
Ebel, J.G. 1793 Anm. 32; 1798 Anm. 32; 1808 Anm. 32
Ebers, G. 1876 Anm. 233
Eckenstein, J. 1835 Anm. 10
Eckert-Greifendorff, M. 1913 Anm. 390
Eichhorn, J.G. 1818/1821 Anm. 54; 1820 Anm. 71
Engelbrecht, T.H. 1928 Anm. 500
Engelmann, G. 1930 a Anm. 410; 1930 b Anm. 410; 1960 Anm. 378, Dok. 10; 1962 Anm. 184; 1965 Anm. 233; 1967 Anm. 150; 1969 Anm. 104; 1977 a Anm. 184, 191; 1977 b Anm. 164; 1979/80 Anm. 184; 1981 Anm. 87; im Druck Anm. 467, 534
Erdmann, G. 1956 Anm. 356
Escher, H. 1835 Anm. 32
Ettinghausen, R. 1969 Anm. 516
Felgermann, v. 1831 Dok. 4; 1832 Dok. 4
Fels, E. 1959 Anm. 525
Fickert,- 1938 Anm. 235
Finsterwalder, S. 1928 Anm. 533
Fischer, H. 1893 Anm. 487
Fischer, Th. 1903 Anm. 382
Forster, A.E. 1902 Anm. 427
Fränkel, L. 1900 Anm. 16
Frech, F. 1894 Anm. 476
Freitag, U. 1979 Anm. 282
Friedländer, E. 1886 Anm. 3
Fröbel, J. 1831 a Anm. 188; 1831 b Anm. 189, Dok. 4; 1832 Anm. 193; 1834 Anm. 192; 1856/57 Anm. 196, 201; 1858 Anm. 196; 1859 Anm. 196; 1890/91 Anm. 195, 201
Futterer, K. 1896 Anm. 476
Geiser, S.W. 1946 Anm. 197
Glauert, G. 1961 Anm. 299
Goetz, W. 1950 Anm. 514
Gollwitzer, H. 1953 Anm. 25
Grau, K. 1975 Anm. 494

Greim, G. 1923 Anm. 395
Günther, L. 1930 Anm. 395
Günther, S. 1885 Anm. 348; 1900 Anm. 348; 1921 Anm. 299
Guthe, H. 1867 Anm. 236; 1868 Anm. 236
Guts Muths, J.C.F. 1810/13 Anm. 58
Haack, H. 1901 Anm. 185; 1910 Anm. 184; 1920 Anm. 341
Haefke, F. 1961 Anm. 15
Hänsch, F. 1902 Anm. 31
Hahn, E. 1896 Anm. 476; 1907 Anm. 500; 1910 Anm. 501, 502, 504
Hahn, F. 1893–1916 Anm. 447; 1895 Anm. 446
Hammer, W. 1908 Anm. 408
Hantzsch, V. 1904 Anm. 234; 1906 Anm. 197
Harnack, A. 1900 Anm. 11
Hassert, K. Anm. 476
Hassinger, H. 1944 Anm. 510
Hauck, S. 1980 Anm. 307
Hausmann, J.F.L. 1879 Anm. 71
Hedin, S. 1900 Anm. 476; 1931 Anm. 477
Heeren, A. 1793/96 Anm. 7; 1833 Anm. 62
Hellwald, F.v. 1869 Anm. 209; 1876 Anm. 233
Hertz, M. 1891 Anm. 26
Hess, H. 1908 Anm. 408
Hettner, A. 1892 Anm. 476; 1906 Anm. 272; 1935 Anm. 302, 481
Hirschfeld, G. 1885 Anm. 348, 352
Hoffmann, F. 1830 Anm. 98; 1837 Anm. 97, 118
Hohmann, J. 1966 Anm. 395; 1968 Anm. 330; 1969 Anm. 127
Horn, W. 1960 Anm. 184, 384
Humboldt, A. v. 1827/28 Anm. 106
Jordan, K. 1953 Anm. 334
Jüggli, A.E. 1959 Anm. 32
Kapp, E. 1845/46 Anm. 198; 1868 Anm. 202; 1877 Anm. 204; 1879 Anm. 203
Kerp, H. 1918 Anm. 330
Kinzl, H. 1970/72 Anm. 533
Kirchhoff, A. 1871 Anm. 255; 1877 Anm. 258; 1878 Anm. 257
Kirsten, E. 1959 Anm. 69
Kistner, A. 1918 Anm. 395
Klaer, U. 1970 Anm. 215, 221
Köpke, R. 1835 Anm. 85; 1860 Anm. 1
Kötzschke, R. 1938 Anm. 517
Koner, W. 1866 Anm. 149
Kosegarten, J.G.L. 1856/57 Anm. 356
Kramer, G. 1864/70 Anm. 84, Dok. 4, 7

Krebs, N. 1915 Anm. 549; 1933 Anm. 272
Kretschmer, K. 1892 Anm. 476; 1909 Anm. 523
Kühn, A. 1939 Anm. 215; 1969 Anm. 520
Kupferschmidt, F. 1935 Anm. 223
Lange, G. 1964/65 Anm. 322
Langhans, P. 1915 Anm. 409; 1920 Anm. 341
Lauer, W. 1969 Anm. 330
Lehmann, F.W.P. 1921 Anm. 310; 1925 Anm. 310, 539
Lehmann, H. 1956 Anm. 535; 1964 Anm. 535; 1966 Anm. 549
Leib, J. 1978 Anm. 329, 381
Lembke, H. 1966 Anm. 15
Lenz, M. 1910/18 Anm. 1, 25, 27, 78
Link, H.F. 1826 Anm. 105
Löwl, F. 1893 Anm. 476
Luedecke, O. 1905/06 Anm. 244; 1906 Anm. 244
Lüdicke, R. 1918 Anm. 3, 6, 8, 25, 26, 27
Marthe, F. 1877 Anm. 269; 1879 Anm. 267
Martin, G. 1972 Anm. 93
Matthäus, W. 1967 Anm. 390
Meckbach, V. 1969 Anm. 235
Mecking, L. 1942 Anm. 449
Meinardus, W. 1893 Anm. 476; 1912 Anm. 390; 1929 Anm. 341; 1930 Anm. 341; 1949 Anm. 525
Meinicke, C.E. 1837 Anm. 177;, Dok 5; 1839 Dok. 5; 1844 Dok. 5; 1875/76 Anm. 177
Mendelssohn, G.B. 1835 Anm. 135; 1836 Anm. 132
Meynen, E. 1942/43 Anm. 449
Milkutat, E. 1955 Anm. 533
Mommsen, W. 1956 Anm. 187
Müller, F. 1837 Anm. 62; 1837/39 Anm. 146, 573, Dok. 5; 1839 Dok. 5; 1852 Dok. 5
Müller, G. 1908 Anm. 187
Müller-Wille, W. 1980 Anm. 448
Müsebeck, E. 1918 Anm. 3, 6, 8, 25, 26, 27
Müseler, W. 1931 Anm. 187
Neuhoven, O. Anm. 474
Neumann, C. 1885 Anm. 228; 1901 Anm. 227, 228
Neumann, L. 1919 Anm. 245
Oberhummer, E. 1925 Anm. 550; 1931 Anm. 369
Oehme, R. 1976 Anm. 17
Oestreich, K. 1912 Anm. 299
O'Etzel, F.A. 1831 Dok. 4
Partsch, J. 1882 Anm. 223; 1885 Anm. 223,

Autorenverzeichnis

228; 1886 Anm. 315; 1888, 1889, 1890 Anm. 316; 1896/1911 Anm. 318; 1899 a Anm. 310; 1899 b Anm. 183, 211, 562; 1901 a Anm. 222, 228, 320; 1901 b Anm. 164, 167, 172; 1901 c Anm. 234; 1903 Anm. 528; 1903/04 Anm. 324, 326; 1915 a Anm. 328; 1915 b Anm. 164; 1916 Anm. 321; 1917 Anm. 445
Penck, A. 1886 Anm. 411; 1887 Anm. 434, Dok. 10; 1889 Anm. 434, Dok. 10; 1891 a Dok. 10; 1891 b Anm. 411; 1894 Anm. 119, Dok. 10; 1898 Anm. 412; 1901/09 Dok. 10; 1905 Dok. 10; 1907 Anm. 432, 435, 438; 1910 Anm. 542; 1918 Anm. 15, 124; 1924 a Anm. 120; 1924 b Anm. 433; 1926 Anm. 550; 1928 a Anm. 230; 1928 b Anm. 310; 1928 c Anm. 533; 1933 Anm. 272
Peschel, O. 1865 Anm. 212; 1866/69 Anm. 213; 1868 Anm. 210
Pestalozzi, H. 1797 Anm. 46; 1801 Anm. 47, 49, 51; 1803 Anm. 48
Petermann, A. 1866 Anm. 186
Peuker, K. 1896 Anm. 412
Pfaffen, H. 1979 Anm. 334
Pfauch, W. 1978, Anm. 29
Pfeifer, G. 1959 Anm. 103
Philipp, H. 1935 Anm. 505
Philippson, A. 1892 Anm. 476; 1897 Anm. 476; 1917/18 Anm. 330; 1933 Anm. 125
Plewe, E. 1957 Anm. 18; 1958 Anm. 18; 1959 Anm. 61; 1974 Anm. 103; 1975 Anm. 500; 1975/76 Anm. 500; 1977/78 Anm. 86, 108; 1978 Anm. 87
Plott, A. 1963 Anm. 28
Poeck, D. 1972 Anm. 197
Poser, H. 1966 Anm. 237
Praesent, H. 1926 Anm. 310
Preuß, H. 1950 Anm. 16; 1958 Anm. 16; 1959 Anm. 16
Prutz, H. 1894 Anm. 307
Quiring, H. 1957 Anm. 121
Rathjens, C. 1957 Anm. 361
Ratzel, F. 1885 Anm. 176; 1887 Anm. 233; 1906 Anm. 306
Regel, F. 1909 Anm. 241
Reindl, J. 1908 Anm. 395
Rhode, J.G. 1820 Anm. 54
Richthofen, F.v. 1884 Anm. 273
Richthofen, F.v. 1860 Anm. 276; 1874 Anm. 298; 1877 Anm. 292; 1883 Anm. 270; 1907 Anm. 283; 1908 Anm. 468
Ritter, C. 1805 Anm. 50; 1806 Anm. 33, 42; 1810 Anm. 44; 1812 Anm. 60; 1817/18 Anm. 54, 55, 56, 65, Dok. 3; 1820 Anm. 69; 1822–1859 Anm. 62, 63, Dok. 4; 1826–1879 Anm. 85; 1828/31 Anm. 66; 1829/32 Dok. 4; 1831 a Anm. 190, Dok. 4; 1831 b Dok. 4; 1835 Anm. 39
Römer, F. 1889 a Anm. 121; 1889 b Anm. 121
Rothmaler, W. 1956 Anm. 356
Rudolphi, H. 1914 Anm. 549; 1930 Anm. 410
Rühl, A. 1921 Anm. 299
Ruge, S. 1865 Anm. 231; 1878 Anm. 176, 179
Sachse, A. 1928 Anm. 363
Sapper, K. 1919 Anm. 245; 1940 Anm. 245
Sass, H.M. 1978 Anm. 197
Scharfenort, L.v. 1910 Anm. 13, 26, 89. 268
Schenck, A. 1889 Anm. 473, 476
Schiffers, H. 1967 Anm. 149
Schindler, H.-G, 1954 Anm. 543
Schlawe, F. 1959 Anm. 178
Schlenger, H. 1968 Anm. 334
Schlicker, W. 1975 Anm. 494
Schlüter, O. 1952 Anm. 242
Schmidt, G. 1966 Anm. 256
Schmidt, M.G. 1938 Anm. 247
Schmitthenner, H. 1957 Anm. 214
Schnell, P. 1904 Anm. 299
Schönebaum, H. 1942 Anm. 40
Schott, G. 1893 Anm. 476; 1902 Anm. 476
Schubert, G.v. 1897 Anm. 149
Schüller, W. 1925 Anm. 395
Schulte-Althoff, F.-J. 1971 Anm. 327, 494
Schwarz, G. 1948 Dok. 4
Selle, G.v. 1937 Anm. 215
Sieger, R. 1902 Anm. 427
Sieglin, W. 1910 Anm. 515
Sievers, W. 1888 Anm. 476
Simony, F. 1851 Anm. 413; 1853 Anm. 414; 1886 Anm. 416, 422, 426
Skalweit, St. 1959 Anm. 27
Sölle, G.v. 1944 Anm. 307
Solger, F. 1955/56 Anm. 272
Spethmann, H. 1935 Anm. 266
Spörer, J. 1870 Anm. 194, 205
Spranger, E. 1909 Anm. 1; 1910 Anm. 2
Stade, H. 1897, Anm. 584
Steffen, H. 1893 Anm. 476; 1919 Anm. 247
Stein, H. 1972 Anm. 409
Steinhauser F. 1975 Anm. 550
Stewig, R. 1979, Anm. 334

Supan, A. 1911 Anm. 222
Tiessen, E. 1906 Anm. 272; 1907 Anm. 283
Troll, C. 1966 Anm. 544; 1971 Anm. 544
Ule, W. 1907 Anm. 247, 259
Valk, van der, J. G. 1939? Anm. 197
Varrentrapp, C. 1889 Anm. 26
Wätjen, H. 1938 Anm. 517
Wagner, H. 1877 Anm. 236; 1880 Anm. 216; 1882 Anm. 364; 1885 Anm. 348; 1888 Anm. 366; 1890/91 Anm. 241, 366; 1900 Anm. 236; 1910 II a Anm. 15; 1910 II b Anm. 299; 1919 Anm. 345; 1920 Anm. 384; 1923/24 Anm. 341; 1928 Anm. 237
Wahle, E. 1966 Anm. 500
Waldbaur, H. 1927 Anm. 310; 1951/52 Anm. 310
Wappäus, J.E. 1871 Anm. 218; 1874 Anm. 237; 1875 Anm. 219; 1879 Anm. 85, 180, 216, 217, 254

Wegemann, G. 1915 Anm. 390
Wegner, E. 1981, Anm. 356
Wehrmann, M. 1906 Anm. 356
Weigel, I.O. 1861 Anm. 87
Weller, E. 1911 Anm. 184; 1914 Anm. 184
Wenk, H.-G. 1966 Anm. 334, 335
Wentzke, P. 1961 Anm. 187
Wolkenhauer, W. 1872 Anm. 181; 1885 Anm. 341; 1896 Anm. 216; 1898 Anm. 197, 200, 206; 1911 Anm. 299
Wuttke, H. 1866 Anm. 580; 1870 Anm. 575
Zaunick, R. 1961 Anm. 244
Zeune, A. 1802 Dok. 2; 1808 Anm. 20; 1815 Anm. 19; 1842 Anm. 24
Ziegler, J. 1919 Anm. 330
Zögner, L. 1979 Anm. 14, 28; Dok. 4
Zöppritz, K. 1866 Anm. 349; 1877 Anm. 350; 1878–1879 Anm. 351; 1884 Anm. 353

AUTORENVERZEICHNIS DER BENUTZTEN DOKUMENTE

Anm. = Anmerkung Nr.

Achenbach, H.v. 1876 Anm. 332
Altenstein, K.v. 1819 Anm. 74; 1823 Anm. 94; 1835 Anm. 134; 1836 Anm. 123
Althoff, F. 1883 Anm. 365, 372; 1884 Anm. 444; 1885 Anm. 403
Barth, H. 1855 Anm. 154; 1859 Anm. 160; 1864 Anm. 163
Beseler, W.H. 1882 Anm. 304, 305
Bethmann-Hollweg, M.A. 1847 Anm. 136, 140, 141; 1859 Anm. 161
Boeckh, A. 1848 Anm. 152
Boyen, H.v. 1819 Anm. 73, 75
Brandis, Ch.A. 1847 Anm. 139
Credner, R. 1902 Anm. 362
Delbrück, v. 1833 Anm. 114
Dreis, H.Ch. 1848 Anm. 336, 337
Eichhorn, J.G. 1847 Anm. 137
Engel, E. 1866 Anm. 263
Falk, A. 1873 Anm. 260; 1874 Anm. 238
Fischer, Th. 1883 Anm. 300, 340, 367, 368, 376, 380, 383, 389
Friedrich Wilhelm, Kronprinz von Preußen (IV.) 1829 Anm. 80, 572
Goßler, G.v. 1885 Anm. 264, 454, 457, 459; 1886 Anm. 462; 1887 Anm. 465
Helmert, F.R. 1905 Anm. 531
Hoffmann, F. 1824 Anm. 95; 1827 Anm. 100, 102, 109; 1828 Anm. 112; 1829 Anm. 101; 1833 Anm. 110, 115, 116
Humboldt, A.v. 1828 Anm. 128; 1836 Anm. 122; 1856 Anm. 182
Ideler, Ch.L. 1824 Anm. 79
Kiepert, H. 1858 Anm. 169; 1859 Anm.168; 1866/67 Anm. 262; 1870 Anm. 165; 1874 Anm. 175; 1875 Anm. 173; 1882 Anm. 261, 271; 1885 Anm. 174
Kirchhoff, A. 1873 Anm. 248; 1874 Anm. 249; 1897 Anm. 339; 1887 Anm. 251, 252; 1895 Anm. 259; 1896 Anm. 508
Kretschmer, K. 1907 Anm. 524
Krümmel, O. 1883 Anm. 391
Lautensach, H. 1960 Anm. 546
Lehmann, R. 1883 Anm. 450
Mendelssohn, G.B. 1828 Anm. 129; 1835 Anm. 133
Müller, F. 1838 Anm. 144
Neumann, C. 1865 Anm. 225, 226; 1876 Anm. 229
Nicolovius, G.H.L. 1792–1821 Anm. 4
Nöggerath, J.J. 1828 Anm. 131
Partsch, J. 1885 Anm. 398, 406, 407; 1905 Anm. 537
Penck, A. 1885 Anm. 399, 401, 403, 405; 1886 Anm. 436; 1889 Anm. 317, 430; 1901 Anm. 428; 1902 Anm. 429; 1903 Anm. 325; 1905 Anm. 540; 1960 Anm. 547, 548; 1909/11 Anm. 545; 1910 Anm. 503, 504, 551; 1911 Anm. 393, 431; 1908 Anm. 528; 1914 Anm. 519, 554; 1915 Anm. 555; 1919 Anm. 439; 1928 Anm. 539
Pestalozzi, H. 1810 Anm. 37; 1818 Anm. 41
Petermann, A. 1866 Anm. 186
Puttkammer, R.V.v. 1881 Anm. 253
Ranke, L.v. 1839 Anm. 145
Raumer, O.v. 1856 Anm. 158
Rehfues, P.J.v. 1828 Anm. 130
Rein, J.J. 1883 Anm. 303, 373, 387; 1884 Anm. 375
Richthofen, F.v. 1855 Anm. 275; 1857 Anm. 277; 1860 Anm. 483; 1862 Anm. 280; 1871 Anm. 284, 285; 1872 Anm. 281; 1873 Anm. 286; 1877 Anm. 288, 291, 297; 1878 Anm. 289; 1882 Anm. 301, 452; 1883 Anm. 214, 293, 370, 374, 560; 1884 Anm. 485; 1885 Anm. 386, 396, 402, 417, 418, 419, 420, 421, 424, 440, 443, 455, 456, 536; 1886 Anm. 458, 461, 463, 464, 466; 1887 Anm. 475; 1888 Anm. 484, 496; 1890 Anm. 265, 492; 1891 Anm. 469; 1893 Anm. 480, 522; 1895 Anm. 295, 490, 491, 493, 497, 561; 1896 Anm. 470; 1897 Anm. 526, 529; 1898 Anm. 476, 499; 1899 Anm. 511; 1900 Anm. 240; 1901 Anm. 471, 482, 486; 1903 Anm. 314, 323, 478; 1904 Anm. 312, 319; 1905 Anm. 392, 530; 1907 (Tagebücher) Anm. 283
Ritter, C. 1807 Anm. 34, 35, 50, 52; 1808 Anm. 36; 1810 Anm. 37, 38, 59; 1815/16 Anm. 45; 1818 Anm. 67, 70; 1819 Anm. 76;

1820 Anm. 72, 77, 126; 1821 Anm. 81, 82;
1831 Anm. 190, 570; 1832 Anm. 83, 91;
1833 Anm. 57; 1839 Anm. 147; 1852 Anm.
68; 1853 Anm. 166; 1855 Anm. 153, 156;
1856 Anm. 92; 1858 Anm. 159, 169
Schmoller, G.v. 1910 Anm. 502
Schulze, J. 1829 Anm. 113
Sieglin, W. 1899 Anm. 512; 1900 Anm. 513;
1903 Anm. 518; 1909 Anm. 521
Solger, F. 1964 Anm. 479
Studt, v. 1900 Anm. 527; 1906 Anm. 542

Süvern, J.W. 1810/1812 Anm. 9
Supan, A. 1884 Anm. 385
Uhden, W.v. 1810 Anm. 7
Wagner, H. 1883 Anm. 343, 354, 371, 388,
451; 1885 Anm. 355, 394; 1888 Anm. 366,
425; 1896 Anm. 507; 1900 Anm. 344; 1905
Anm. 538
Wappäus, J.E. 1871 Anm. 90, 220
Witzleben, A.v. 1824 Anm. 99
Wuttke, H. 1870 Anm. 171
Zeune, A. 1810 Anm. 21, 22, 23

Philosophische Fakultäten der Universitäten:

Berlin 1844 Anm. 148; 1848 Anm. 151;
1855 Anm. 157; 1859 Anm. 142, 143, 170,
208; 1862 Anm. 162, 239; 1870 Anm. 232;
1886 Anm. 460; 1899 Anm. 509; 1905
Anm. 532; 1914 Anm. 552, 553; 1915 Anm.
556, 557
Bonn 1847 Anm. 138
Breslau 1876 Anm. 311
Göttingen 1880 Anm. 342

Greifswald 1876 Anm. 357; 1881 Anm. 358,
359, 360
Halle 1873 Anm. 246
Kiel 1848 Anm. 338
Königsberg 1873 Anm. 308; 1875 Anm. 309;
1885 Anm. 397, 441; 1888 Anm. 347
Marburg 1883 Anm. 333, 377
Münster (Akademie) 1884 Anm. 453

Alexander von Humboldt

Albrecht Penck

Ferdinand von Richthofen

Carl Ritter